JN114371

NALA'S WORLD

One man, his rescue cat and a bike ride around the globe

Dean Nicholson

translator : Yamana Yumiko

K&B PUBLISHERS

ナラの世界へ

NALA'S WORLD

子猫とふたり旅自転車で世界一周

One man, his rescue cat and a bike ride around the globe

Dean Nicholson

translator : Yamana Yumiko

ディーン・ニコルソン

訳 山名弓子

NALA'S WORLD
by
Dean Nicholson
with Garry Jenkins

Copyright © Dean Nicholson and Connected Content Limited 2020

Japanese translation rights arranged with
Aitken Alexander Associates Limited
through Japan UNI Agency, Inc., Tokyo

探しものは、探していないとき見つかるものだ。

作者不明

猫の愛より偉大な贈り物があろうか。

チャールズ・ディケンズ

目次

第一章　道を探して

ボスニア・ヘルツェゴビナ ― モンテネグロ ― アルバニア ― ギリシャ

第二章　山あり谷あり

ギリシャ ― トルコ ― ジョージア ― アゼルバイジャン

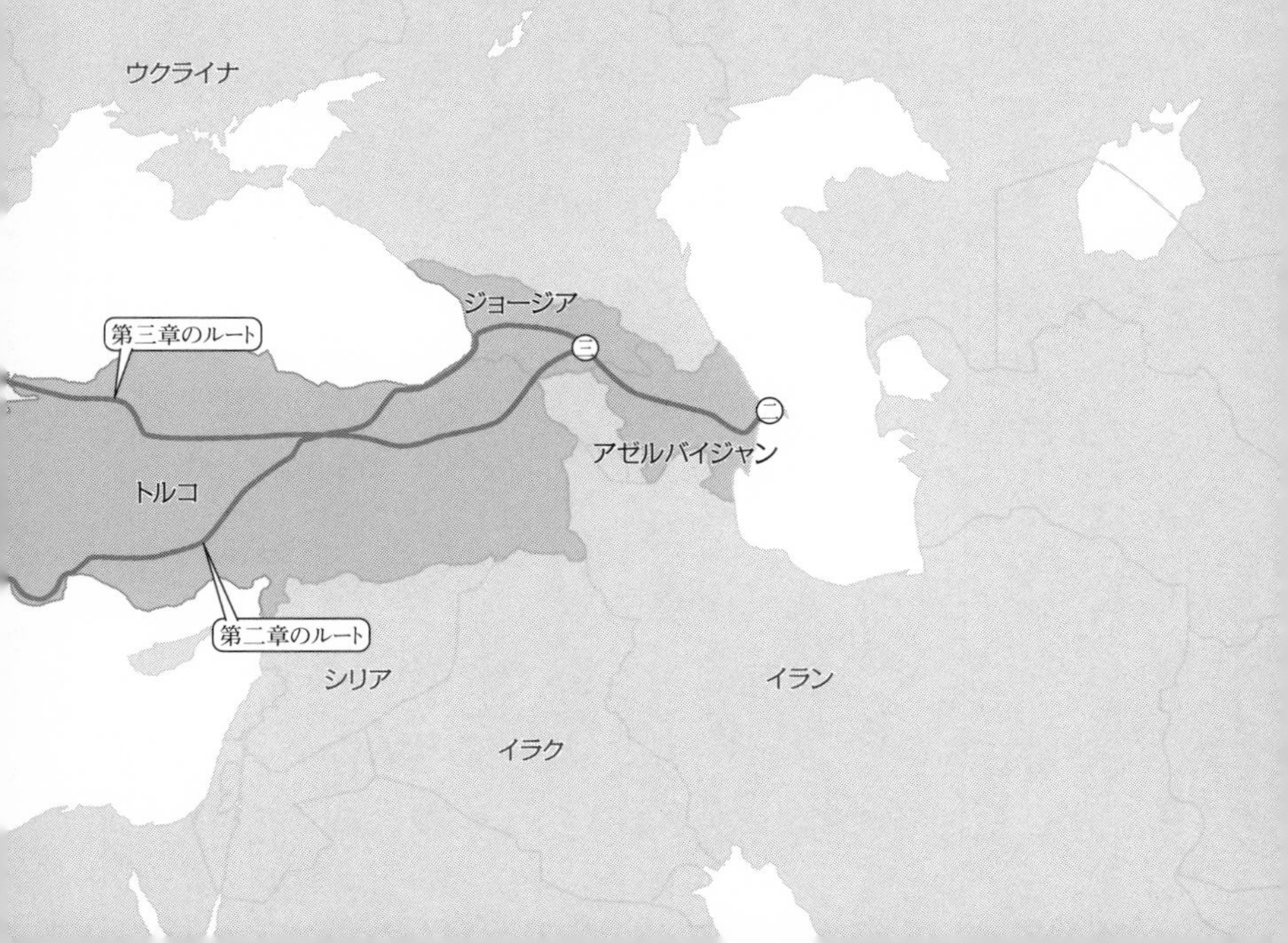

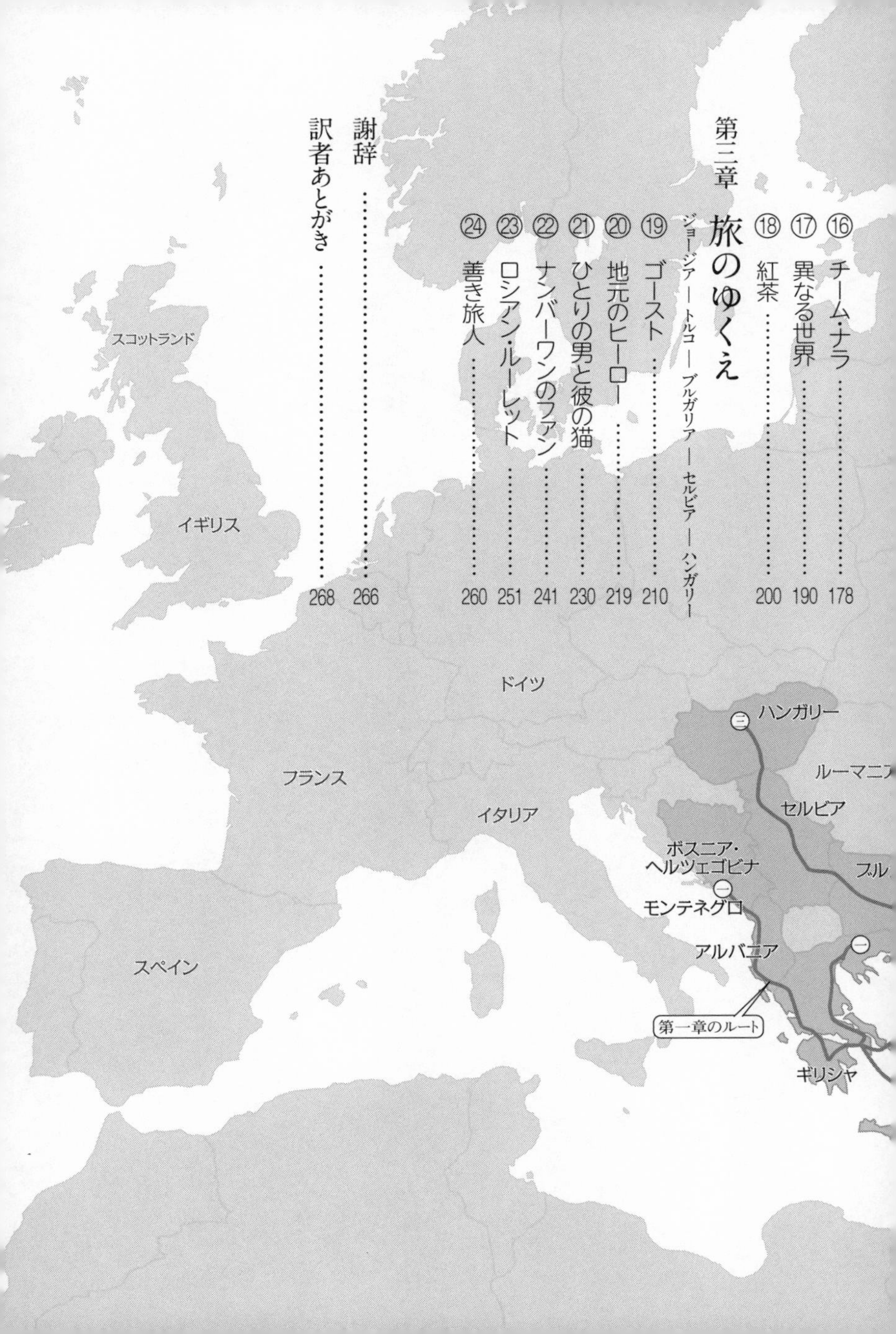
スコットランド
イギリス
ドイツ
フランス
イタリア
スペイン
ハンガリー
セルビア
ボスニア・
ヘルツェゴビナ
モンテネグロ
アルバニア
ギリシャ
第一章のルート

第一章

道を探して

ボスニア・ヘルツェゴビナ
〜
モンテネグロ
〜
アルバニア
〜
ギリシャ

PART ONE

Trebinje, Bosnia to Athens, Greece

MAP

ボスニア・ヘルツェゴビナ

A トレビニェ

モンテネグロ

① ブドヴァ

② バール

アルバニア

③ シュコドラ

④ ティラナ

⑤ ヒマラ

⑥ サランダ

ギリシャ

⑦ ギリシャ北部

⑧ ペロポネソス半島

⑨ アテネ

⑩ テルモピュレ

⑪ ネオス・スコポス

⑫ テッサロニキ

1

カム・ホーム

ぼくの生まれ育ったスコットランドにはこんな古い言い伝えがある。〝起こることはすべて必然なのだ〟ってね。たしかに人生にはときどきそういうことが起こる。避けられない。運命ってやつだ。

ナラと出会った瞬間、その予感があった。あの日、まったく同じ時間、同じ場所にぼくとナラが居合わせたということ。ナラはぼくの人生のなかへ、まさしくピンポイントで現れたんだ。人生の目的も方向性も定まっていなかったぼくのために、ナラは送られてきたんだ。もちろんナラに聞けはしないが、考えれば考えるほどそう思う。ぼくたちはそういう友情でつながっている。ふたりで成長しながら、新しい世界を見る運命なんだ。

ナラと会う三か月前の二〇一八年九月、ぼくは、故郷スコットランド東岸のダンバーから自転車で世界に飛び出した。三〇歳を迎えたばかりで、変化のない日常から自由になりたかった。もっと意味のあることがしたいと思ったんだ。

正直に言うと、計画どおりとはいかなかった。

ヨーロッパ北部をスタートしてから、失敗と挫折、回り道と後退の連続だった。出発からして時間を間違えたし。

悪友リッキーと始めた旅だったが、彼はまもなく帰ってしまった。結果としては、それでよかったんだと思う。お互い足を引っ張りあっていたから。

十二月の最初の週、ぼくはひとり、ボスニア・ヘルツェゴビナ南部からモンテネグロ経由で、アルバニア、そしてギリシャを目指して自転車で走っていた。ようやく旅が前進しはじめた。ぼくには夢がある。長い時間をかけて、小アジアからシルクロードを通って東南アジア、そこから南のオーストラリア、そして太平洋を横断しアメリカ大陸を南から北上する。ベトナムの泥んこ道、カリフォルニアの砂漠、ウラル山脈の山道、ブラジルの海岸、そういうところを自転車で走り抜けたい。好きなことができる。時間はたっぷりある。期限も決めていない。その必要はない。相談相手は、もう一緒に旅していない。


その朝、トレビニェ近くにある小さな村でテントをたたんでいた。七時半くらいでようやく明るくなってきたころだ。何匹かの犬が吠えている。清掃車が走っている。艶やかな石畳の道にはほかに誰もいない。ぼくのオフホワイトの自転車は石畳のデコボコにタイヤが弾んで、寝ぼけている頭にいい刺激になる。ここから山に入って、目指すはモンテネグロの国境だ。

天気予報ではここ二、三日は雪かみぞれだったが、いまは晴れていて暖かい。これから距離を稼げるだろう。また道路に戻って自転車をこげるのは気分がいい。この数週間はストレスがたまっていたんだ。

すぐそこの古都モスタルで、有名なスタイ・モストという古い橋から飛び込んで、足に怪我をし、先週はほとんどギプスをはめて休んでいた。バカなことをしたもんだ。土地の人も、冬の川は深くて流れが速いからやめとけと言ったのに。これまでもぼくはずっとバカなことをしてきた。一度でもクラスのお調子者になったら、もう変われないんだ。ダンバーでもよく崖から飛び込んでいたから自信はあったけれど、こっちのガイドから違う方法を教わって、従ったのが失敗だった。凍るような冷たい水面にぶつかったとき、ちょっと足が曲がっていた。川から出たときにはもう違和感があった。医者は、右膝の前十字靭帯を損傷しているから、三週間ギプスで固定していろと言った。

何もすることがないままにじっとしていることに我慢ができなくなって、一週間で勝手にギプスを外し、次の診察前にモスタルを発った。

その朝は、太陽が昇ると同時に長く緩やかな坂道をたどって山の中へ入っていった。膝に負担をかけないことには気をつけた。横に動かさなければ大丈夫ってことはわかっている。

足をリズミカルに上下に動かすことだけに集中する。いい調子になってきた。このままいけば五〇マイル、いや一〇〇マイルだって進めそうだ。


午前中にはボスニア・ヘルツェゴビナの南端にある山岳地帯に入った。文明からずいぶんと遠ざかった気がする。最後に見た小さな町は、もう一〇マイル以上も離れている。そこから何マイルか過ぎて無人の採石場もあった。ひとり旅だった。カーブする山道は、険しくはなく、傾斜の緩い上り坂で、ぼくにぴったりだった。道が崩れて通りにくいところは、ちょうどいい休憩になった。ここは最高の眺めだ。尾根を走りながら目を上げると、雪の山々が見える。素晴らしい。

気分が上がって、音楽をかけることにした。好きなアーティスト、エイミー・マクドナルドの『カム・ホーム』が自転車の後ろにくくりつけたスピーカーから流れてきた。ハイになったぼくは、一緒に歌いはじめた。この歌詞を聴くとときどき、ホームシックになる。スコットランドにいる両親と妹は、ぼくが帰る日を待っている。仲のいい家族だから会えなくて寂しいけれど、いまはそれが気にならないくらい楽しい。家に帰るのは、もうちょっと先にさせてもらおう。もちろん、このすぐあとに、ぼくを待っているものがあるなんて、このときは思ってもいなかった。ここでまた家族ができるなんて。


別の上り坂を走っているときだった。後ろからかすかに高い音が聞こえた気がした。何かわからなかった。後輪がきしんでいるか、着替えや道具を入れている大きなバッグがしっかり固定できてないのだと思った。次の休憩で油を差そう。歌うのをやめたら、はっきり聞こえた。何の音かわかった。嘘だろ？　そんなはずがない。

猫の鳴き声だ。

振り向くと、目の端に姿が入った。痩せっぽちで、灰色がかった白い子猫が、道を必死に走ってぼくに追いつこうとしている。とっさにブレーキをかけて止まった。

衝撃的だった。

「こんなところで何をしてるんだ！」

この道路をずっとくだった丘には小さなヤギ小屋や農家があったが、こんな山の中ではもう何マイルも建物なんてなかった。しばらく人や車も見ていない。この子猫はどこから来て、どこに行こうとしているんだ。見当もつかない。

自転車を停めて近寄ろうとしたら、子猫はガードレールをくぐって石がゴロゴロしているところに逃げた。近くにしゃがんでみる。どうみても生後数週間の子猫だ。すごく小さい。痩せていて、耳はぴんと立っている。長い手足に、太いしっぽ。風雨にさらされた毛はボサボサで、赤茶の斑点がある。緑色の大きな目はまっすぐにぼくを見つめている。観察しているようだ。野生の本能で逃げるかなと思ったが、さらに近づいても警戒心はまったくなかった。手を伸ばしたら、素直に首を撫でさせて、人に会えたのがよっぽど嬉しいのか、ぼくの手に寄りかかってきた。

この猫は人の家で飼われていたんだろう。逃げてきた？　違う、捨てられたんだ。そう考えると怒りがわいた。たまらない気持ちになった。「かわいそうじゃないか」

自転車に戻って、バッグを開ける。食べ物はあまり持ち合わせてはいなかったが、ランチ用のパスタソースをスプーンで分けてやることにした。具入りの赤いソースを岩の上に出して、子猫が届くようにした。何日も食べてなかったみたいだ。夢中でがつがつと食べた。

いつもインスタグラムで旅の面白い出来事を友だちや家族に報告しているので、この不思議な出会いもスマホで撮ろうと思った。あとで投稿しよう。可愛い子猫だ。石や岩のあいだをちょこちょこ走っては、レンズに寄ってくる。もっとも可愛ければいいってもんじゃない。ここに放っておけば、寒さや飢えで死んでしまう。ときどき通る大型トラックに轢《ひ》かれるかもしれない。山頂の空高くを飛んでいる猛禽類にやられる可能性もある。小さいから、ワシやタカなら簡単にかっさらうだろう。ぼくはスコットランドにいた子どものころから動物が好きで、捨てられていたり、衰弱している動物を見たら助けずにはいられなかった。小さいネズミ、ニワトリ、ヘビ、魚、ナナフシなんかの世話をしていたこともある。小学生のころ、怪我をした子どものカモメを保護して、夏休みのあいだ世話をしていたことがある。両親はいまでも、ぼくがカモメを肩に乗せて散歩している写真を持っている。カモメは無事回復し、新学期が始まる前に飛んでいった。

もちろんすべての動物を助けられるわけじゃない。農場で働いていたとき、母親をなくした二頭の子豚を家に連れて帰ったことがある。ベッドルームに入れて、寒くないようにライトを点けておいた。大失敗だった。子豚たちは暴徒のように走り回って、部屋中のものを壊しまくった。鳴き声もひどい。断末魔みたいな金切り声で鳴くんだ。人生で最悪の夜だった。

本当のことを言うとぼくは猫よりも犬派だ。猫には攻撃的なイメージがあるからだ。でもこの子猫は無防備で無邪気だ。とてもおとなしい。拾ってやりたかった。でも、頭はまだ冷静だった。ここまでにもいろんな出来事があった。やっと前に進めるところなのだ。今晩中にモンテネグロに到着したい。計画が狂うのは困る。

道路に戻って自転車を押して歩くと、子猫は横を走ってついてきた。なんとなく、すぐ飽きてどこかへ遊びに行ってしまうだろうと思っていたが、五分経っても、どこにも行こうとしない。この子には行く場所がないんだ。石と岩しかない過酷な環境で、天気予報が当たるとすればもうすぐ雪が降りはじめる。ここにいたらあと数日生きられるかどうかだ。

深呼吸した。気持ちのほうが勝った。ほかに選択肢はない。

子猫を抱き上げて自転車に戻る。手のひらにすっぽりおさまるくらい小さい。重みなんてほとんどない。肋骨が動いて呼吸しているのを感じる。自転車の前には、ドローンが入っている機材用の小さなバッグがある。そこからドローンを取り出してほかのバッグに移し、クッション代わりにTシャツを敷いて、そっと子猫を入れた。子猫は小さな頭を出して、不安そうな目でぼくを見ている。居心地が悪そうだ。でも、そこしかない。慣れてくれればと思いながら自転車をこいでいたら、子猫は、自分で居場所を見つけた。

数百ヤードも行かないうちに、子猫はバッグから飛び出して、ぼくの腕をよじのぼり首の後ろにやってきて、そこに落ち着いた。ぼくの首筋に鼻をつけるようにして丸くなり、静かに呼吸している。ぼくはといえば、嫌でも困ったでもなく、すごく嬉しかった。子猫にもそこが心地いいのは明らかだった。驚いたことに、ペダルを踏み続けているうちに、すやすや眠ってしまったんだ。

ひと息つくことはできた。さてこれからどうするか。悩ましい。気楽なひとり旅だったが、相棒がいるっていうのも悪くない。子猫だから邪魔にはならない。一緒にいたら楽しいのは間違いない。でもこんなことは想定外だ。ぼくは何をしているんだ。また悩んでしまう。

灰色がかった青空には太陽が高く昇っていて、もうすぐ昼だ。GPSを見ると、午後には国境近くまでたどり着けそうだ。それまでの数時間でどうするか決めなくてはならない。

心の奥底では、とっくに決めていた。〝起こることはすべて必然〟なんだ。運命ってやつだ。

②
密入国

一時間半ほどで国境近くまで来たが、ぼくの首根っこにいる新しい乗客は、あいかわらずすやすや眠っていた。このくらい呑気になれたらいいのだが。

山道を走っているあいだ、必死に考えていた。正しいことをしたのは間違いない。こんなに小さくて弱い生き物を、あんな危険な場所に置き去りにはできない。でもこれからどうしよう。すぐ先に国境検問所がある。いや、入国できたとしてもその先はどうする？ 猫と一緒に旅をするなんて考えてもいなかった。

もちろん、子猫のことを申告すべきだと思った。正直なほうがいい。何があったか説明しよう。道で拾ったので獣医に連れていくんだって。わかってくれるかもしれない。べつに悪いものを持ち込もうってわけじゃない。ただの子猫だ。そこまで考えて、この線はダメだとわかった。どの国にも動物の移動については規則がある。生き物は病気を運ぶこともあるし、子猫はとりわけ病気になりやすい。検疫が必要になるかもしれない。最悪の場合は殺処分も…。いや、それだけは避けなければ。

じゃあ、自分の飼い猫だと言ってみたらどうだろう。いや、必要な書類は何も持っていない。これも却下だ。

こっそりモンテネグロに入国するしかない。それからのことは入国してから考えることにしよう。国境まであと五キロという標識を通過して、道路脇の待避所に入った。まだ諦めがついていなかった。スマホで地図を確認する。もしかしたら、検問所のない山道とか小道とかあるかもしれない。でも、モンテネグロに入れるような道はほかになかった。どちらにしろバカげた発想だ。もし、そんな道から潜り込んだら、何かの折に警察に捕まったりしたときに、大変なことになる。しっかりしろ、ディーン。抜け道なんてあるわけない。国境検問所は通らなくてはならない。どうしたらこの子猫を隠せる？　さあ、どうしたものか。

スコットランドにいたとき、やんちゃをして音楽フェスにマリファナと酒をこっそり持ち込もうとしたことがある。成功も失敗もあった。見つかったときには、思い切り手をひっぱたかれた。でも、今回はそんなものじゃ済まない。この国では、検問所の職員は銃を持っている。

道路脇に座って自転車を見つめながら必死で考えた。後ろのバッグに隠すのはダメだ。そもそも荷物でいっぱいで余地がない。持ち物全部がそこに入っている。一番厚手のジャケットを取り出して着てしまえば、そこに子猫を入れるスペースくらいはできるかもしれない。いや、それもダメだ。子猫がじっとしているわけがない。ひょっこり顔を出して、検問官にハローってやっちゃうかも。

けっきょく、フロントバッグに入れて、検問官に気づかれないことを祈るしかなかった。かなりリスキーだ。この子は初めてそこに入れたときにもすぐに出てきた。今回おとなしくしてくれるわけがない。でもほかに選択肢がない。それに賭けるしかなかった。

子猫と遊んで疲れさせる作戦を思いついた。その辺に咲いていた茎の長い花を何本か抜いて、子猫の前で振ってみる。ぐるぐる元気いっぱい走り回って、トランポリンの上みたいに跳ねている。絶望した。終わりがない。子猫は無限のエネルギーが詰まったボール、長寿命バッテリー搭載の猫型ロボットといったところだ。ところが、二〇分ほどそうして遊んでいたら、魔法がかかったみたいに電池が切れて、子猫はぼくのそばの岩の上に寝転がった。眠りそうだ。いまがチャンスだ。

「オーケー、行くぞ」

道路にはモンテネグロに向かう車が急に増えてきた。よかった。ぼくが着くころにはまだ混雑しているかもしれない。そうしたら検問官は忙しくて、ぼくにあまり注意を払わないだろう。しかし、そういう淡い期待はすぐに消えた。一〇分後に着いたときには、車は一台もいなくなっていた。ぼくしかいない。いや、正確に言うと、ぼくと、密入国しようとしている子猫だけ。

国境検問所はモダンな金属フレーム構造の屋根にレンガ造りの建物でできていて、ゲートとブースが並んでいる。ブースに進み、自転車をできるだけ前のほうに停め、子猫が入っているフロントバッグが検問官から見えないようにした。まだ眠っているけれど、いつ起きてニャアと言いだすかわからない。念のため小さめの音量で音楽を流した。若い検問官とぼくのあいだにガラスの仕切りがあるのは救いだ。もし子猫が鳴いても声が届きにくいだろう。音楽の低音のダッダダッダダというリズム音も、猫の声をかき消してくれそうだ。

検問官は気だるそうに仕事をしている。パスポートをぱらぱらめくって、ぼくの顔を見ることもなく質問もない。スタンプを手にして、押せそうなページを探しはじめた。ぼくはできるだけ落ち着いて、目が合ったときに備えて、笑顔でまっすぐに検問官を見ながら待機した。あともうちょっと。そう思ったとたん、フロントバッグが動いた。少し開けておいたファスナーから、手が出てきている。ニャアと鳴く声も。それもかなり大きく。

口から心臓が飛び出しそうになった。なんとか顔に出さないのが精一杯。落ち着け、検問官を見ろ、それだけを自分に言い聞かせた。でもニャアニャア声はずっと聞こえている。もう気づかれてしまう。諦めかけた。

ぼくはスピリチュアルなもの、たとえば守護天使とか、守護霊とか、そういうものを信じるほうじゃない。でもそのときはそれが降りてきたのだ。どこからともなく小さなトラックがやってきた。それもかなりの年代物で、ガタガタ音を立てている。

それが鳴き声をかき消してくれた。すべてがうまくいった。

検問官はスタンプを押して、何も気づかないままパスポートを返してくれた。たぶんそのブースには一分ほどしかいなかったが、一時間くらいに感じた。自転車を押し、振り返らずにその場を離れた。でも、安心するのはまだ早い。ボスニア・ヘルツェゴビナは無事に出国できたが、次はモンテネグロに入国しなくてはならない。出国より入国のほうが厳しい。ここからが勝負だ。

ほら、やっぱり。入国の検問官のほうが軍人もいて物々しい。検査を受けている大きなトラックの周りには、銃を持った男たちもいる。

ゆっくりと自転車を押して、さっきと同じことを繰り返した。自転車をできるだけ前の位置に置く。それから今度はもうちょっと予防策を講じた。音楽のボリュームを少し上げて、フロントバッグにさりげなく指をつっこんで動かし、子猫と遊べるようにした。何度か指を強く噛まれて叫びそうになったけれど、なんとか我慢した。そりゃあもう痛かった。子猫の小さい歯って、針のように刺さる。

こっちの検問所はきっちりしている。パスポートの写真とぼくの顔を見比べている。検問官は自分のあご髭を撫でるジェスチャーで、ぼくの髭がパスポートの写真よりずっと濃いと言いたいらしい。笑顔で頷いた。英語は通じなかったから、自分の二の腕を両手で抱えてみせた。髭があると暖かいから伸ばしているのさ。検問官はただ頷いた。

パスポートにスタンプが押される音が、今日一番の嬉しい言葉だった。国境を突破し、自転車を押して道路に向かいながら、重力なんてないんじゃないかってくらい軽い気持ちになった。安心して、子猫を出そうと体をかがめたときに、血の気が引いた。もうひとつ検問所がある。

警備も薄いし、形式ばった検問ではなさそうだ。だからといってここで止められない保証もない。ぼくはゆっくりと歩み寄り、三度目で失敗しないように祈った。

ディーン、ここが正念場だ。

自転車を停めようとしたとき、小さなブースから検問官が出てきた。ケータイで話し続けていて忙しそうだ。ぼくをちらっと見て、行け、と手で合図をした。ぼくは、わかった、と親指を立てて自転車を押した。すぐさまダッシュしたかったが、我慢した。何かやましいことがあって逃げているように思われるわけにはいかない。正確に言えば、やましいことはあったのだが。

③ 二度目のチャンス

国境を越えてしばらく走ると田園風景が広がった。幹線道路は工事中で、その日は工事が休みのようだった。ショベルカーやトラクターだけ置かれて作業員はいない。ぼくは道路から外れた。長い上り坂の連続で、膝が悲鳴をあげている。休憩もしたかった。朝からいろんな出来事がありすぎて、高ぶった神経を落ち着けたかった。

ショベルカーのキャタピラに腰を下ろして、子猫を自由に遊ばせた。すぐに走り回って草むらに入ったり、積まれた縁石で遊んでいる。この子が何を探しているのか、ぼくにはわからない。あるいは何も探していないのかもしれない。ただこの瞬間だけをひたすら楽しんでいるようにも見える。

子猫の写真を何枚か撮ってから、スマホでモンテネグロの動物病院を検索した。アドリア海に面したブドヴァという町にあるのが一番よさそうだった。ここから二、三時間で行けそうだ。今日中に着けるかギリギリだが、行ってみることにした。でもまずは腹ごしらえだ。子猫にもパスタソースを分ける。しばらくそこに座って、冬の太陽を浴びながらこれまでの出来事を思い出していた。　思い返すとずっとアドレナリンが出っぱなしだった。

車のエンジン音が聞こえて、古いシルバーのフォルクスワーゲンが脇道から入ってきていた。運転席にいるのは十八、九の若者で、仲間たちも一緒だ。大音量で音楽を流している。ぼくを見てにやにやしながら手を振って何か叫んでいた。姿が見えなくなってから、僕は頭を振って苦笑いした。過去の自分を見ているようだった。父が持っていたのとまったく同じ車だった。そう、この旅は、四年前のあの夜から始まっていたのだ。

ここ一〇年くらいはバカなことばかりしていた。その夜、いつものように悪友リッキーが助手席に座っていた。リッキーとぼくはいつも共犯者だ。二〇代の初めごろから、自分たちを〝愛すべき悪党〟と呼んでいた。たむろってはマリファナを吸ったり、悪さをする。リッキーとは音楽の趣味が同じで、人生についても同じような考え方をしていた。ふたりともパーティー好きで、よく言えば自由を好む人種だった。教科書どおりにはしなかった。

事件が起きたのは夜だった。目的を言わず父の車を持ち出したぼくらは、ダンバーから一時間ちょっとくらいのところにあるキンロスを目指した。そこの原っぱで一週間後に大きな野外フェスが開かれることになっていた。ほとんど毎年参加していた、一番大きな夏のイベントで、有名なバンドも来て、素晴らしい週末を酒やマリファナを吸いながら思いっきり楽しめる。そこでぼくたちは、フェスが始まってから取り出せるように、マリファナとエクスタシーをあらかじめ会場内に隠しておこうと思ったのだ。そのときは天才だと思った。しかし、逆だった。

誰にも見つからないように、真夜中にそこへ向かった。まだ何も準備は始まっていなかったが、過去の経験から、フェンスが張られる場所や、ステージが設置される場所はだいたいわかっていた。懐中電灯を持って、ちょうどいい場所を見つけて埋めてから、道路に戻る。リッキーは自動車保険の対象外だったから、行きも帰りもぼくが運転した。しかし、その日は仕事で疲れていて、半分くらいのところで居眠りをしてしまった。

目を閉じたことは覚えている。次に覚えているのは、縁石か何かにぶつけた衝撃で中央分離帯を飛び越えて、転がりながら畑に落ちたことだ。三〇フィートくらいある丘をゴロゴロと転がった。何もかもがスローモーションみたいで、映画の中にいるような感覚だった。いまでもエアバッグが出てきて顔にぶつかったのをありありと思い出せる。乾燥機の中に入ったみたいに転がったのも覚えている。ようやく止まると、リッキーもぼくも座ったまま逆さになっていて、すぐ目の前にへこんだ天井があった。無事を確認して思わずハグしあった。それからは放心状態。あちこち出血して震えてはいたが、それだけの傷で済んだのは奇跡だった。

そんな事故でも死ななかったのは、人生を考えるきっかけになった。

死んでもおかしくなかったのに、生きるための二度目のチャンスをもらったと思えたんだ。人生のターニングポイントだった。人生の見方が変わった。もっといろんなことをして、いろんな体験がしたいと真剣に思うようになった。もう一日たりとも人生を無駄にしない。だから、二〇一八年の初め、旅をしないかとリッキーが言いだしたとき、ぼくはそれに飛びついた。

ぼくたちは戸外で、いつものようにマリファナを吸っていた。理由は忘れたが、リッキーがメキシコに行きたいと言いだした。魅力的なアイデアだった。ぼくはその何年か前に、ガールフレンドとタイへ旅行したことがあった。すごく楽しかったけれど、バスやタクシーで移動したせいで物足りなさもあった。もっと知りたかった。どんな人が住んでいるのだろう。どんな生活をしているのだろう。旅行者としてではなく、もっとその土地に関わる経験をしたいと思った。

旅をしたくなったのには、もうひとつ理由がある。ぼくはダンバーから離れなくてはならないと思うようになっていた。車の事故は、それまで何年もずっと思っていたことが表面化したきっかけに過ぎない。

ぼくの世界旅行は、何かからの逃げなんじゃないかと思う人もいるだろう。そうかもしれない。でも、ぼくには家族から逃げる必要もなかった。いいことも悪いこともあるけれど、両親や妹とは仲良しだし、祖母とも一緒に住んでいる。違う場所で生きたくなったわけでもない。自分が生まれ育ったダンバーの町も人も、ぼくは大好きだ。とてもいいところだ。ぼくが逃げようとしているとしたら、それは過去の自分からだ。そして、自分が作り上げてしまっていた、代わり映えのしない日常から。

自分で言うのもなんだが、ぼくは悪い人間じゃない。でも、お調子者で人に迷惑をかけることが多かった。特に酔っぱらったときはひどかった。何度も警察に罰金を払ったし、あちこちで口喧嘩もした。普段はのんびり屋だが、飲みすぎるとカッとなる。酒がぼくを変えてしまう。だから三〇歳の誕生日を前にして、自分を変えたいと思ったのだ。変わらなければ、それまでの日常から抜け出せないと思っていた。

両親も妹も、人のためになる仕事をしている。母は公立病院で看護師長をしているし、父はメンタルケア関連の仕事をして、いまも子どもたちと関わっている。でも、ぼくはそういう仕事には興味がなかった。べつに反抗していたわけじゃない。陸軍に入っていた祖父の影響もあって、入隊を目指して軍の電気機械技術部で基礎訓練を始めた。が、数か月で辞めてしまった。違う、と思ったのだ。そのあとはダンバー近郊の農場で働いたり、水産加工工場で溶接工として働いた。修理したり組み立てたりするのは得意なのに、自分の人生だけはうまく組み立てられなかった。

学生時代の友だちは着々と社会人としての道を歩んでいて、家を建てたり、新しい家庭を築いたりしていたが、ぼくは地に足がついていなかった。家を出て、知らない世界に飛び込めば、自分を見つけられるかもしれない。少なくとも、自分らしさというものがわかるかもしれない。誰かが言っていた。ぼくは自分の道を探すために、道を走りだしたんだって。たぶんそうだ。

リッキーと旅の話をして一週間もすると、ぼくはそのアイデアにどんどんのめりこんでいた。リッキーもぼくも自転車乗りだ。自転車でヨーロッパからアジアを経由し、メキシコまで行かないか、とぼくは提案した。人生に一度しかない機会だし、それなら、あとから振り返ったときに、すごいことをした、と思える気がした。

「若いころに自転車で世界一周したんだって孫に言えるんだぜ」ある晩、パブで飲みながらリッキーを説得しようとぼくは言った。

説得は要らなかった。

両親には反対されると予想していたが、ぼくが人生について真剣に考えていることについて、思いのほか喜んでくれた。本当のところ、ぼくの生き方が悪いほうへ向かうことを心配していたらしい。ふたりともぼくが冒険に出るのには賛成だった。父はぼくの人間形成に役立つと思ったようだ。背中を押してくれた。

旅費が必要なことはわかっていたので、貯金することにした。ふたりとも体力には自信があったから、半年間がむしゃらに働いた。リッキーはセメント工場で働き、ぼくはグラスゴーにあるテーマパークで線路工事をした。それ以外にも仕事をかけもちして、バーで働いたり肉体労働をしたりした。そうして、二〇一八年の秋には一人あたり数千ポンドを貯めることができた。そのあたりから本格的にルートを考えた。まずはヨーロッパ大陸に入ってフランスに南下し、スイスからイタリアに入ってバルカン半島からギリシャ、というコースに決めた。用具の準備も始めた。

ぼくは自転車を新調することに決めていた。最上位モデルのオフホワイトの〝TREK920〟ツーリング用バイクにドロップハンドル、オフロード用のタイヤを装備した。高価だったが、実物を見ると大満足だった。特によかったのは、軽量モデルだったこと。自転車本体だけだと十三キロ程度しか重さがない。

試走してみてペダルを大きいのに替え、サドルも替えた。これで長旅もばっちりだ。

すぐにこの自転車と恋に落ちた。ひと乗りして帰宅し、庭に停めてただうっとりと見つめていたこともある。完全な美とはこういうものかもしれない。愛するあまり、〝エイリー〟という名前までつけた。ゲール語でヘレン（ギリシャ神話に登場する世界一の美女）。〝太陽〟とか〝輝くもの〟という意味がある。荷物を積むための、自転車に連結できるサイクルトレーラーも買った。

リッキーは対照的に、ぼくのお古の自転車で満足していた。何年も乗った泥で汚れたTREKのツーリング用バイクだ。いい自転車であることには間違いないので、新調したほうがいいという周りの意見を聞かなかった。「一マイル走れるなら三万マイルだって走れる」と言っていた。新しいタイヤとオシャレなサドルとか、そのほか細かい部分を替えた。定期的にしていた練習走行でもまったく問題なかったし、六〇〇〇フィートくらいある急勾配の丘の頂上にも一時間あまりで着いた。その晩はそこで夜明かしし、これから先、何か月も何年も続くかもしれない野宿の準備もした。

そしてついに二〇一八年九月、ぼくらはごくおおざっぱに計画した旅に出発した。

そしてすぐにつまずいた。


これ以上ないくらいに悲惨な門出だった。スコットランド時代と変わらないバカな振る舞いが原因だ。予定では、スコットランド北東の岸に沿ってイギリスに南下し、ニューキャッスルからアムステルダムまで船に乗るはずだった。ところが前日のパーティーで飲みすぎて、出発日の午後五時になってからようやく動きだした。まだ酔いが残っていた。そこから狂いが生じた。パブでのはしご酒が旅のつきものとなった。

そのツケはちゃんと回ってきた。リッキーの歯が抜けて、ニューキャッスルの近く、アニッタという小さな町で休日診療してくれる歯科医に行った。ぼくは待合室で書類を見ていた。それまでぼくは、船は翌日の夕方に出航すると思っていた。しかし、違っていた。今日の日付が書かれている。その時点で午後五時。船は一時間半後の六時半に出航とある。どう考えても間に合わない。やってしまった。そこで何日も待つことになった。

なんとか船に乗れるようになって、両親も見送りに来てくれた。涙の別れではなかった。正しい道を行こうとしているのだから。父は幸運のお守りをくれた。黒白ストライプの両脇にタツノオトシゴがデザインされたピンバッジだ。自分が熱烈なサポーターをしているニューキャッスル・ユナイテッドFCのエンブレムをかたどったものだ。それをリュックにつけて乗船した。

アムステルダムへの船上で、ぼくとリッキーは互いに誓った。これからはちゃんとしようと。けれども何も変わらなかった。けっきょくはいつものぼくらに戻ってしまう。オランダに着いて真っ先に行ったのは、週末ぶっとおしのレイヴ・パーティーだったのだ。

「このままじゃダメだ、変わらないと」何度もそう言いあったが、人間、そんなに簡単には変われない。ふたりの旅はあまりうまくいっていなかった。

旅が進むにつれ、ふたりの求めているものは違う、ということがわかってきた。ベルギーからフランスに入って、パリに立ち寄った。ぼくの計画にはなかった町だ。大都市は好きじゃない。田園風景を見たり、田舎を訪れたりしたかった。いろいろな自然環境のなかでいろいろな人々と交流したかったのだ。クソ高い食べ物を食べたり、ちょっと歩いては他の観光客とぶつかって喧嘩したりもしたくなかった。そうこうしているうちに、リッキーはガールフレンドに会いたくなって、スコットランドに一時帰国することになった。最初から欠陥だらけの計画だったから無理もない。

楽しい時間がなかったわけではない。スイスに向かい山道を走っていたときは、ジェームズ・ボンドの映画『007ゴールドフィンガー』に出てきた有名ホテル、ベルヴェデーレを通る道を選んだ。ホテルはすでに廃墟だったが、壊れた窓から中に入り、スイートルームなどにひと部屋ずつ泊まったりもした。

リッキーが離脱したあと、ひとりでフランスを走りながら、ひとりの自転車旅行だったらどうだろう、と考えていた。開けた道を走って、気の向くままにキャンプもできる。

ふたたびリッキーと合流し、イタリアを走りだすとあらゆるトラブルに見舞われた。ぼくはパスポートを盗まれて、再発行のためにグラスゴーまで戻らなくてはならなかった。リッキーは自転車を盗まれた。それは奇跡的にも戻ってきたけれど、バッグは戻ってこなかった。彼のテンションはどんどん下がってしまった。資金が減ってきたこともあったが、それが決定打ではなかった。クロアチアからボスニア・ヘルツェゴビナに入って、モスタルの町に入ったときに限界がきた。

リッキーはハンガリーのブダペストで、男だけのスタッグ・パーティーに招待されていた。パーティー会場まで自転車で行き、そこで旅はお開きにしようと彼は提案した。そしてぼくにもパーティーに参加してほしいと言った。「終わったら好きなところにひとりで行っていいから」

だけど、その案は気に入らなかった。予報では天候はこれから崩れるはずだったし、南に向かってモンテネグロ、アルバニア、そしてギリシャに早く行きたかったのだ。「ノー」とぼくは言った。

ひとことも話さず、ただお互いに、違う方向へ向かって走りだした。ふたりの旅が終わった日、ぼくはモスタルのホステルに泊まり、リッキーはブダペストに向かった。それでおしまいだった。ハグもなく、握手もなく、バイバイも言わなかった。

しばらくはイライラしていた。最初の計画は何も達成できていない。大きなチャンスをふいにしてしまった。最後のチャンスかもしれないのに。けれども、だんだんと、これでよかったのだと思えてきた。自分の意志を貫くためには、こうするしかなかったのだ。この冒険を続けるには自分のやり方で、自分で決めることだ。

それから約二週間後、モンテネグロの道路ぎわに座って、リッキーと別の道を進むことにしたのは正解だったとつくづく感じていた。今朝の思いがけない出会いこそ、その証拠だ。ふたりで旅をしていたら、子猫に気づいただろうか。一緒に連れていくことにしただろうか。仮にそうだとしても、無事に国境を越えられただろうか。答えはわからない。でも、そうならなかった気がする。

リッキーのことを悪く言うつもりはない。むしろ感謝している。彼には大きな借りができた。彼はこの旅は臨機応変でいいと教えてくれたのだ。だから、いま、前が見える。

子猫がぼくの膝に走ってきて、考えが中断した。隣で丸くなったのを見ると、息切れしているのか呼吸が少し不規則だ。この二十四時間で起きたことに疲れたのかもしれない。安心させるように撫でてやると、ぼくのほうにくっついてきた。この子はもう安全だ。ぼくといると安心してリラックスしているようで嬉しくなった。

ぼくは二度目のチャンスをもらった。これから何が待ち受けているかわからない。でも、この痩せこけた新しい相棒がきっと、ぼくを助けてくれるだろう。

④ ルームメイト

午後になると、天気は荒れ模様となった。それまでは青く澄んだ冬の空だったのに、暗い灰色の雨雲がやってきて、いまにも大雨が降りそうだ。

遮るもののない道路で向かい風に突進していくのは大変だ。計画に遅れが出てきたけれど、なんとか夕方早めの時間にブドヴァに着きたい。動物病院には間に合わないだろうが、土砂降りになる前に町に到着しておきたい。

ぼくの乗客は、ぼくの首に巻きつき、いっそう心地よさそうにしていた。寝てはいない。頭を左右に動かしているのがわかる。景色を見るのが楽しいのかもしれない。暗くなってきていても、モンテネグロの海岸沿いは山や湖の景色が壮大で、村には古い教会や赤い屋根の家々が可愛らしい。

いまでも、この小さな生き物を隠してうまく国境を越えられたことが信じられなかった。内心、まだ警察か地元の当局だかが来て、捕まるんじゃないかとビクビクしていた。ぼくを見ている人がいたら、こいつは何か悪事を働いたと思うんじゃないだろうか。もしかしたらT

シャツに猫密輸犯っていう文字が浮かび上がっているかもしれない。

夕方にはコトルという美しい町の、湖を渡るフェリー乗り場に着いた。乗船しようとスロープに近づいたとき、制服姿の検札係が、並んでいる車の運転手に話しかけながら近づいてくるのが見えた。パニックになった。反射的に子猫をフロントバッグに押し込む。ミャーミャー鳴いて抗議したが、幸いフェリーの大きなエンジン音にかき消された。検札係は事務的にぼくからフェリー代を受け取って、チケットを手渡した。

湖を半分くらい渡ったときだ。なんでこんなにビクビクしているんだろう、と思いはじめた。検札係が子猫を気にするわけがない。フェリーの乗客は誰ひとりとして気にしないだろう。

そう思って子猫を肩によじのぼらせたら、人々の注目を浴びた。小さな男の子が、父親が運転席にいる車の中でぴょんぴょん飛び跳ねながらぼくらを指さしている。ほかのドライバーも同乗者たちもこっちを見て、笑顔で頷いている。最初は人目が気になったが、そりゃ見ずにはいられないよな、と思うようになった。デコボココンビだ。自転車乗りでタトゥーを入れた髭もじゃの大男が、オウムを肩にとまらせた海賊船長よろしく子猫を肩に乗せているんだ。そりゃ注目されるだろう。みんなの反応を見て、心配する必要がないことがわかった。子猫とぼくが一緒に旅をしているだけだ。デコボコであろうと、連れなのだ。

ブドヴァが見えてくると、太陽が西の山々に沈んで急に暗くなった。ようやく目的地に着いてほっとした。今日は七時間ほど自転車をこいで六〇マイルくらい距離を稼いだ。治りきっていない膝は悲鳴をあげている。海岸に近い公園に小さなキャンプ場を見つけた。テントを組み立てるあいだ、子猫を自由に走り回らせて新しい環境を冒険させてやった。用心深くて、ぼくからそんなに離れていかない。物音にびっくりしたり、予想外のことに出くわしたりすると、一目散にぼくのところに戻ってくる。ぼくといれば安全だと信頼してくれているのが嬉しい。ふたりのあいだの絆が深まってきていた。

町に着くまでのあいだに店に寄って、ぼく用にパスタを、子猫用にバジルのパスタソースを買ってきていた。棚にはキャットフードも少しあったが、パスタソースと変わらなく見えた。小型のストーブでパスタを作って夕飯を食べているあいだ、ぼくの新しい友だちはそばに佇んで暗くなった海を見ていた。水平線はすっかり灰色になって見分けがつかず、海風が強まって雨粒を運んできた。そろそろ一緒にテントの中に入ろうと思ったとき、子猫が大きな声で鳴きはじめた。いままで聞いたことのある鳴き方じゃない。もっと切実だ。ぼくのほうをじっと見て、何かを訴えようとしている。パスタソースを食べて水を飲んだんだから今度はトイレに行きたいのかな。そう思って、海を見渡せる石壁の上に乗せてやった。すぐに砂地に飛び降りて、走って姿を消してしまった。探すのはプライバシーの侵害というやつだろう。

ぼくはしばらくただ海を見ていた。海沿いに砂浜が半マイルほど延びていて、犬と遊んでいる男のほかは誰もいない。男が石壁に近づいてきて、ぼくは我に返った。子猫はどこに行ったんだろう。まさか。消えてしまったのか？　ありがとうも言わずに？　そんなバカな。だが心配する必要はなかった。石壁を乗り越えて砂浜へ行こうとしたとき、子猫は誘導ミサイルみたいにひとっ跳びに壁を蹴って帰ってきた。犬の吠え声にびっくりしたのか、早く帰りたかったのか、本当のところはわからない。でも何であれ帰ってきてくれた。そうでなければ、一晩中心配で眠れなかったところだ。

すっかり暗くなって嵐がやってきたときには、ぼくたちはテントの中にいて、ヒューヒュー鳴る風の音と、雨がテントをぽつぽつと叩く音を聞いていた。

寝転がっていつものようにスマホを手にした。動画を見たり、インスタグラムに投稿したり。ダンバーを発つ前に、リッキーとふたりで旅のためのページを作っていた。スコットランドにいるみんながぼくらの近況がわかるように。それに旅の記録として。ヨーロッパ大陸の北部をまわっているあいだにフォロワーが増えて、いまでは二〇〇〇人近い。今日の偶然の出会いは絶対にシェアすべきだと思ったので、道路脇で遊ぶ子猫の動画と、フロントバッグにおとなしく座っている写真を投稿した。みんなすごく喜んでくれた。

いままでテントにひとりでいるのを楽しんでいたが、いまは違う。もう、ひとりの空間じゃない。新しいルームメイトというのは、お互いに慣れるまで少し時間がかかる。子猫は落ち着きなく、ちょっと動くとゼーゼーいっている。同じ場所でじっとしていることができない。ぼくの足元に寝転がったり、首までのぼってきたり、ひとときもじっとしていない。しばらく太ももの上で寝そべっていたが、最終的にぼくの胸の上に落ち着いた。顔のすぐ近くでボールのように真ん丸になっている。呼吸はまだときどき不安定だったが、リラックスしている。すぐに深い眠りに落ちた。

ぼくも今日はずいぶん動いたのですぐに眠った。テントの外では風雨が強まっている。

夜中の二時か三時か、ふと寝袋の中で目が覚めた。まだ暗くて頭もぼうっとしていた。子猫が足の上で眠っているのはわかっていたが、目が覚めたのはそれが原因ではなかった。ひどくくさいのだ。最初はにおいの発生源がわからなかったが、ファスナーを開けた寝袋の中から漂ってくるのがわかった。灯りを点けると、寝袋の足元が汚れている。ぼくの両足にもついていた。黄緑色をしていて脂っぽい。猛烈にくさい。何であるかは明らかだ。子猫が食べたバジルのパスタソースが出てきたのだ。笑っていいのか泣いていいのかわからなかった。新しいルームメイトからのとんだご挨拶だ。でもこれはぼくのせいだ。

風が吹きすさび、雨も降っていたので、狭いテントの中でできる限りの掃除をした。でも一晩中においっていて参った。夜が明けて起きられたときにはホッとした。風雨も落ち着いていたから、水場で寝袋をごしごし洗った。子猫は〝猫をかぶったように〟そろりと出てきた。笑ってしまった。こういうことがあると、ぐっと仲良くなれる。

そしてこれがぼくの最初のレッスンだった。「この子にバジルのパスタソースをやってはいけない」朝のそよ風を浴びて木の枝に寝袋を干しながらつぶやいた。

朝一番に動物病院に電話をした。午前中診てくれるというので、朝食を食べてから、子猫を肩に乗せて自転車で町に向かった。旧市街を観光して写真を撮っていると、何人かの通行人が不思議そうな目を向けた。でもほとんどの人は、ぼくらを指さしてにこにこしている。子どもたちがやってきて、ぼくの相棒を撫でてもいいかと聞いてきた。もちろんオーケーだ。子猫も注目されるのを楽しんでいるようだった。

動物病院は旧市街の丘の上にあって、近代的で設備が整っていた。獣医師は髭を生やして眼鏡をかけた男性で、英語が話せるので助かった。子猫の歯と目をまず診察して、肋骨や背中に触ってチェックしていた。いい写真が撮れそうだったのでスマホをかざしたら、怒られた。

「そういうことをするなら、外で待っていろ」ピシッと言われた。

ぼくはポケットにスマホをしまった。インスタグラムに何枚か投稿するために、追い出されてはかなわない。

「ちょっと痩せているな。このお嬢ちゃんにちゃんとごはんをあげているかな？」と獣医師が言った。「お嬢ちゃん？」「そうだよ、女の子だ。だいたい七週間かな」

子猫が走り回ったあと少しゼーゼーいうことを伝えると、彼は聴診器を当てて、胸の音を聞いた。

「この子をどこで？」

「捨てられていたんだ。山の中の道路脇に」

獣医師は悲しそうに頭を振った。「残念ながらそういうことが多い。車の窓からポイッと投げ捨てる。たぶん寒いところでずっと外にいたせいだろう。肺がちょっと弱いけれど成長すれば強くなるよ。しばらく注意していることだね」

マイクロチップが入っていなくて安心した。もし入っていたところで飼い主に返す気はないが。誰であれ、捨てるヤツに動物を飼う資格なんてない。

「で、この子をどうするんだ」獣医師は子猫の皮膚に寄生虫を駆除する薬を塗り付けている。こういう質問をされたのは初めてだ。ボスニア・ヘルツェゴビナの山で奇跡的な出会いをしたときから、すでに答えはあったのだが。

「飼うつもりだよ。世界を旅しているから一緒に行くんだ」

ちょっと驚いたようだったが、彼は引き出しから用紙を出した。

「じゃあパスポートが必要だね。書類のない動物は国境を越えられない」

もう法に触れるつもりはないので、申込用紙をもらった。

「どうすればいい？」

「まずマイクロチップを埋めてから予防接種が必要だ。今日一回打って、一週間以内にもう一回。マイクロチップも埋めてあげるよ。そうすればパスポートが発行できる」

「よかった」

ブドヴァに一週間かそこら滞在するのに異存はない。ここは素敵なところだし、共同生活に慣れればキャンプ場での滞在は楽しいに違いない。天気予報ではここしばらくは荒れるようで、土砂降りの雨になるらしい。そうだとすれば、子猫と一緒にいる時間は長くなるだろうし、もっとわかりあえるはずだ。それにぼくたちがこれからずっと一緒に旅をするなら、買い物もしなくてはならない。

獣医師は、子猫に初めての注射を打った。針を刺したとき、子猫は一瞬ピクッとしたが、足に手を置いてやるとすぐに落ち着いた。

「それから名前が必要だ。パスポート用に」獣医師は言いながら請求書とカードリーダーを出した。

ぼくは焦った。考えてもみなかった。

「来週でもいいですか」カードを渡して暗証番号を打ちながら聞いた。

「もちろん」

キャンプ場に戻る途中、町のペットショップに寄って買い物をした。水と食事用のプラスチック・ボウルと、紐がついた小さなネズミのおもちゃ、それにハーネス。もう何度か自転車から落ちそうになったことがある。この子はまだ幼いし弱い。車の前に急に飛び出してしまうかもしれないし、高いところから飛び降りて怪我をするかもしれない。ハーネスは彼女を守ってくれるだろう。あとはキャリーケース。店には二種類置いてあった。ひとつは真っ黒で中にいると息がつまりそうな感じだった。もうひとつのカラフルで、猫の絵が描かれた片面に小さな窓があるほうを買った。自転車で旅をしながら、外の世界が見えるように。

キャンプ場に戻ってから、強力なゴム紐で自転車の後ろにキャリーケースを取り付けた。なんとかうまく固定できた。ハーネスのほうは苦労した。ペットショップにあった一番小さいサイズを買ったのに、つけたらまだ大きかった。この子はこんなにも小さいのだ。すぐに頭が抜けてしまうのでは意味がない。諦めようとしたときに、ひらめいた。近くの店に飛び込んで瞬間接着剤を買った。キャンプ場に戻り、首輪の一部を切ってサイズを合わせた。それから瞬間接着剤でもう一度くっつけた。

「これでどう?」ぼくは満足して言った。

リードを持って散歩に出かけた。子猫はぜんぜん嬉しそうじゃない。リードを引っ張ってはニャーニャー鳴いて、首をしきりに気にしている。散歩から帰って首輪を外そうとしたときにやっとわかった。首輪からはみ出た接着剤が、子猫にくっついてしまっていた。

「ごめんごめん、ダメな父ちゃんだな」

首輪を外して、はさみで接着剤のくっついた毛をチョキチョキと切っていく。子猫がなんとか逃れようとするので大変だった。なんだかんだで三〇分くらいかかって、ようやく全部取り除けた。しばらくすると太陽が傾いてきたので、機嫌を直してもらおうと海岸沿いを自転車で走った。入り江に廃屋があり、そこから美しい海岸が見渡せた。自転車を停めて探検に出かけた。

海岸にはぼくらしかいなかった。子猫はぼくの前を走り回り、波が運んできた流木や浮遊物のにおいを嗅いだりしていた。きっと本来の姿に戻っているんだろう。ぼくもそうだった。夕日が山の向こうに沈みかけていた。ぼくは岩に座り、子猫は周りを飛び回っていた。勇敢にも一〇フィートくらい離れている岩から岩へとジャンプしている。それから海に突き出している大きな岩の上に立って、海岸線を眺めていた。堂々として、まるで小さな雌ライオンだ。そのとき、頭にひらめいた。

子どものころ『ライオン・キング』の映画が好きだった。妹の好きなキャラクターはシンバの幼なじみで、のちに妻になるナラだった。勇敢で、元気で、可愛い。

スマホを見るとなんとか電波がつながっていたので、検索してみると、ナラというのはスワヒリ語で〝贈り物〟という意味を持っているらしい。ぴったりじゃないか。ぼくらはまだほんの一日しか一緒にいないが、この子猫はもうぼくにとっては贈り物だ。それも、とびっきりの。

「決めたよ」子猫の首をカリカリ掻きながら言った。

「きみの名は、ナラだ」

⑤ 嵐を駆ける者たち

それからしばらくは灰色だけの世界で、冷たくて暗いスコットランドの十二月を思い出させた。雨はやむことなく降り続いている。たまに店に行ったり、ナラのトイレのために海岸に行く以外、ほとんどの時間を小さいテントにこもっていた。

退屈なんてしなかった。ナラはすごいエンターテイナーだ。何時間でもぼくと遊び、おもちゃのネズミを追いかける。夜はテントの内側にライトを当てると、光の点をつかまえようとさかんに動き回る。何度失敗してもがっかりしたり、諦めたりしない。ナラの行動は見ていると飽きない。それにたまらなく可愛い。ぼくがインスタグラムに投稿したり、ネットフリックスを見たりしていると、そばに寄ってきてぼくのおでこに鼻をすりつける。ナラは素晴らしい相棒だった。

一週間も経つと、ナラの世話の仕方はだいぶわかってきた。最初の晩のようなパスタソース・ウンチ事件は二度と起こらなかった。キャットフードを売る店も見つけた。ぼくらはよく一緒に食事した。ぼくがテイクアウトのポテトとパスタを食べている横で、ナラは自分のボウルを姿が映りこむくらいきれいに舐めあげる。お腹がすいたときとトイレに行きたいとき以外は、手がかからない子だった。ぼくが近くにいる限り、安全だと思っている。人間の連れと違って、いつどこに行くかといった相談をする必要もない。それはぼくに任せてくれている。ナラはぼくにとって、最高の旅の道連れだった。

もちろん、早くナラとふたりの自転車旅行に戻りたかったから、最初の診察からきっかり六日後に動物病院に行った。二度目の予防接種を受けて、首の後ろを小さく切開してマイクロチップを埋めた。肺の診察もしてもらった。以前と状態は変わらないが、雨続きだったにしてはいい結果だ。獣医師はマイクロチップとパスポートのための書類を書いてくれた。パスポートは青い手帳型で、〝予防接種の国際証明書および獣医師による健康記録〟と書いてある。モンテネグロ語のほかに英語もあるのがありがたい。ナラの名前がぼくの名前と住所に並んでいるのが嬉しい。これで晴れてナラはぼくのものだ。書類上は、という意味だが。動物、それも子猫のように自我が強い動物は、人のものにはならない。ナラはいつだって自由な精神を持っている。ぼくも同じだ。

獣医師は前回と同じように、モンテネグロの通貨で書かれた請求書を差し出した。ぼくも前と同じようにカードの暗証番号を打ち込んだ。

「これでもうアルバニアに行けますよね」決済を待ちながら聞いた。

獣医師は驚いた顔をした。

「まだだ。狂犬病の予防接種をしないと国境は越えられないよ」

じゃあまた予約しておこう。「わかった。じゃあ、明日か明後日では？」

獣医師はバカにした目でぼくを見ている。

「無理だ。生後三か月にならないと打てないよ」首を振り、書類を見ながら言った。

「誕生日は一〇月二日だ。だから次の予約は一月下旬か、二月上旬だね」

がっかりした。ぼくの予定では、一月のうちに、できれば年内にギリシャに到着していたかったのだ。ここで待っていたらかなり計画が遅れてしまう。

「もっと早く打てませんか？」

獣医師は渋い顔で首を横に振った。「ダメだ。それまで待ちなさい」

その日の残りはテントの中で過ごし、どうしたらいいかわからずにいた。地図を見る。アルバニアの国境までは数日で着く距離だ。そこから二週間もあればギリシャに行けるだろう。クリスマスまで一週間くらいだから、ギリシャ国境には一月初旬には到達できるはず。急げばいいじゃないか。

いつものように、考えがあっちこっちに揺れた。何のためにギリシャに一月に着かなければならないんだ。ここにいて何が問題なんだ。

だが一方でこうも思えた。ここの獣医師にはよくしてもらっているけれど、獣医師はほかにもたくさんいる、この先にもいるだろう。とりあえず前に進んでほかの獣医に診てもらえばいいじゃないか。そこで次の予防接種をしてもらえばいい。普段ぼくは寝つきがいいほうだが、その日は寝返りばかり打って、なかなか寝つけなかった。ようやく眠りに落ちるころになって、心は決まった。

翌朝、目を開けるとナラの顔がそこにあった。ぼくのおでこをぺろぺろ舐めている。顔にやわらかく息がかかる。目を覚まそうとまばたきをしていると、ナラは物憂げにニャーニャー鳴いた。これもナラから学んだことだ。食事をねだるときには遠慮しない。「ねえ、わたしの朝ごはんどこにあるの?」

ぼくは寝袋から這い出して、朝食を出した。テントから顔を出してみる。よかった、天候は回復していた。快晴とまではいかないが、少なくとも雨は上がっている。ここにきて初めて、海岸が何マイルも延びている景色を見ることができた。ぼくはそれを、アルバニアを目指せ、というお告げだと思うことにした。テントを片付け、自転車の後ろにつけたカラフルなキャリーケースにナラを入れて、朝のうちに出発した。

すぐに止まらなくてはならなかった。走りだして数分でナラが大騒ぎを始めたのだ。あんまり大声で鳴くものだから、すぐ後ろでパトカーのサイレンが鳴っているのかと思ったくらいだ。新しいキャリーケースに慣れていないだけだろう。そのうち落ち着くさ。ところがナラはますます激しく、大声で鳴いている。振り向くと、キャリーケースをぐいぐいと押しているのが見えた。壊そうとしている。

仕方なくナラを出してやると、すぐにぼくの肩によじのぼった。しばらくそこに座らせて落ち着くのを待つ。それからフロントバッグにナラを移した。初めのうちは中で丸くなっていたけれど、しばらくすると、進み具合を確認するかのように、ちょこんと頭を出した。居心地がいいようだ。その様子に元気が出て、ぼくはがんばって自転車をこいだ。

ネットの天気予報では、風が強くなって一時的に嵐になる、とあったが、いまのところ悪くない。

空は灰色だが、海風は穏やかだ。このまま行けるんじゃないか、と思ったのもつかの間だった。長い道路に差しかかったところだった。スマホの地図で見るこの道は、何マイルも南に延びていて、天気さえ良ければずいぶんと進めるはずだった。でもそうはいかなかった。

まずは風だ。追い風や横風ならそこまで問題ではなかっただろうが、急に強い向かい風になって前進が難しい。ぼくは体力があるし、悪天候にも慣れている。しかし、一番低いギアまで下げても進まなくなった。むしろ押し戻されている気がするほどだ。ひどい突風がたびたび襲いかかってくる。突風に自転車から飛ばされそうになったとき、真横を大型トラックが通り過ぎていった。もしハンドルから手を放していたら、ぼくもナラもおしまいだっただろう。

走りはじめて三〇分ほど経ったころ、空が暗くなってきた。朝からの灰色の分厚い雲は、気味の悪いどす黒い雲に変わっている。遠くで雷が鳴り、稲光が見えた。行く手には嵐が吹きすさんでいた。雨が激しく降ってきた。いったん停まり、ナラの様子を見る。最初の風が吹いてきたころから、タオルで体をくるみ、頭だけを出せるようにしていた。が、すぐにフロントバッグの中に入った彼女は、いまはボールのように丸くなっている。ぼくも中に入って一緒に丸くなりたかった。バッグのファスナーをしっかりと閉め、ナラを濡らさないようにする。もうゼーゼーいう呼吸をさせるわけにはいかない。風邪をひかせて悪化させるわけにもいかない。

そこからは嵐をつかさどる神々がいっそう本気を出してきた。強風に加え、集中豪雨が痛いくらい打ちつける。短パンしかはいていない足は、大きな雨粒に叩かれて真っ赤だ。悲惨な状況。視界も悪すぎる。永遠に続きそうな長い丘をのぼりはじめたときには、気分はどん底だった。向かい風は最大級になっていて、次の突風でぼくはノックアウトされた。自転車を降りて押していくしかない。それも地獄だ。風に向かって渾身の力で自転車を押しながらも、横に倒されないようにしなくてはならない。もう十分がんばったじゃないか、これ以上は無理だ。

それからしばらくは、親指を立てて、通り過ぎる車を止めようとした。しかし、視界が悪くて見えているかどうかもわからず、仮に止まってくれるつもりがあったとしても、安全に停車できるかも疑わしい。すぐに諦めた。自力でなんとかするしかない。

十二マイルほど進んだところで、バールの町を示す道路標識を見た。今日のところはここまでにしよう。この天候でアルバニアの国境に向かうのは無理だ。天候は回復に向かうどころかさらに悪くなるようだった。危険すぎる。ナラを覗くと、ずっと丸くなって寝ていて、その姿だけがぼくの慰めになった。

幹線道路を外れて、午後いっぱいバールを目指した。通常なら二時間くらいで着く距離だったが、五時間かかった。町に着いたときには疲れ果てていた。しかもずぶ濡れだ。ようやく自転車を停めて、ホステルに泊まることにした。

暖かい部屋をこんなにもありがたく感じたことはない。ナラをタオルで拭いてから、濡れた服を脱いで温かいシャワーを浴びる。天国だ。服を洗濯してヒーターの上に置いて乾かす。

その晩、外は悪天候だったがぼくたちは部屋で寄り添っていた。ナラはいつもより落ち着かない様子で、何度も小さく咳をしていた。最低だ。なんでこんな天気のなか、ナラに無理をさせたんだ。

翌朝も雨は降り続いていた。前日ほどひどくはなかったが、危険を冒すこともない。

その次の朝遅めに出発し、国境に向かった。考える時間がありすぎたのか、ボスニア・ヘルツェゴビナを出るときより不安になっていた。アルバニアは少し前まで社会主義国だったし、ほかのヨーロッパの国々とは違う。観光客を受け入れているけれど、国境での検閲は厳しいかもしれない。けっきょくモンテネグロに入国したときと同じことをここでも繰り返した。

国境検問所の少し前で停まってナラをフロントバッグから出す。嵐の日の疲れがまだ残っていたのか、一〇分もすると、ナラは進んでフロントバッグに戻り、丸くなって眠った。

ファスナーをきっちり閉めても抗議のニャアもない。

アルバニアの国境は予想していたとおり、緊張感のあるところだった。検問所は規模の小さい軍営地のような感じだ。ゲートもブースも厳格で、後ろには兵舎や本部のようなものがある。車列が長くできていて、銃を持った制服姿の男たちがその横をうろうろと歩いていた。車の下を確認するための鏡を持っている男もいる。ぼくとナラが列の最後尾につくと、そこには二人組の男たちがいて、とてつもなく不安になった。麻薬探知犬を連れていたのだ。

頭が真っ白になった。最悪の状況ばかりが頭に浮かんできた。麻薬探知犬が麻薬や爆発物を見つけるように訓練されていることは知っている。だからといって、子猫のにおいを嗅ぎつけないわけがない。そう考えているあいだにも近づいてきた。ナラのほうはどうだ。犬のにおいと音に気づいて騒ぎはじめるかもしれない。もう神のみぞ知る、だ。男たちはいままで見てきたなかでもっとも厳しそうな人間に見えた。

落ち着け、と自分に言い聞かせた。ナラはぼくの飼い猫だという証明書は持っている。少なくとも殺処分にはされない。

幸いにもまたも守護天使が舞い降りてきた。並んで数分で新しいゲートが開き、そちらに手招きされたのだ。おかげで麻薬探知犬から離れた列に移れた。犬たちは大型トラックの点検で忙しそうにしている。

ぼくは急いで窓口に歩み寄り、パスポートを渡した。いくつか質問された。これからギリシャに向かう、自転車で世界旅行しているのだ、と言うと当惑顔で、変な男を見るような目をした。パスポートにスタンプを押し、さあ行け、と合図をする。三〇秒もかからなかった。大きく息を吸って自分を落ち着かせる。モンテネグロに入ったときの高揚感はなかった。今回もたまたまラッキーだっただけだ。あと何回ツキに恵まれるだろう?


その日はあまり遠くまで行かないことにした。いろいろなことがあって疲れていて、そんな気分になれなかったのだ。アルバニアに入って最初の大きな町、シュコドラにバックパッカー用のホステルを予約する。居心地のいい宿だった。女性オーナーは災害救助犬を何匹か、裏庭に飼っていた。チェックインのとき、彼女はナラを見て大喜びし、ぼくたちにいい部屋をあてがってくれた。宿には、ボグダンという、おしゃべり好きなセルビア人の青年が泊まっていた。ぼくと同じようなバックパッカーで、徒歩でアルバニアを横断中だった。

ぼくとナラはその日の午後、町に散歩に出かけた。カフェが立ち並ぶ旧市街の通りはとても静かだ。観光客はぼくたちだけのようだったが、この季節ならこんなものだろう。何枚か写真を撮ってから、町を見渡せる城からドローンを飛ばして撮影をした。

ホステルに戻ると共有スペースで暖をとりながらのんびりした。ナラのゼーゼーいう理由を知りたくて胸に耳を当ててみる。思い過ごしかもしれないが、念のため寒くないように毛布をかけた。彼女はすぐに眠りについた。

ナラが眠っているあいだ、ボグダンとおしゃべりをした。英語がうまくて、アルバニアでどこに行くべきか、どこはやめておくべきか、そういう貴重な情報をくれる。ギリシャに向かって南下するあいだ、立ち寄るのに適当なところのアドバイスもくれた。それからぼくはネットに時間を費やした。

インスタグラムのページに、訪れた国の旗をつけていくことにした。イギリスが一番目だとしたら、アルバニアは一〇番目だ。こうしてみると、ぼくの世界旅行はいい感じに進んでいるように思えてくる。新しい写真やコメントをスクロールしていくと、この数週間でぼくの旅は劇的に変化していた。

リッキーと別れてから、インスタグラムのアカウントを《1bike1world》に変えた。ぼくの考えにぴったりでいい感じの響きだ。ひとりの男が自転車で世界をまわっているということ。いまは少し違う。ひとりの男と彼の子猫、が正しい。

ナラと出会ってからずっと、彼女の写真や動画をアップしている。いまではフォロワーは二〇〇〇人以上いて、ほとんどが地元スコットランドの人々だが、楽しんでくれているようだ。ブドヴァの古い石塀で撮ったナラの写真は大好評だった。彼女を見つけたときに投稿した最初の動画には、たくさんの嬉しいコメントがついていた。

気がつくと何度もコメントを読み返していた。そうしていると落ち着く。自分のしたことにまだ自信が持てないのか。ただ元気づけられたいだけなのか。しばらく考えてみた。どうやらぼくはいままでしなかった方法で、自分の新しい立ち位置を評価しようとしているらしい。

ナラを見つけてからフォロワーは何百人も増えた。アメリカをはじめ、いろいろな国から新しいフォロワーが増えている。みんなナラを応援してくれている。そう、ぼくのことも。

ぼくにそんな価値があるのだろうか。自信はなかった。ナラを嵐の真っ只中に連れ出すのは大きな賭けだった。肺がまだ弱いのに。そして、狂犬病の注射を打たずに、またもこっそりと国境を越えた。

ぼくは静かに頭を振った。いや、間違いなくぼくは無謀だった。ナラを危険にさらした。もし見つかっていたらどうなっていたか。運が良かっただけだ。考えるうちに、ぼくの中でもやもやしていたものの正体がわかった。そしてどうすべきかも。ぼくはもっと旅に真剣に向きあわないといけないのだ。

もちろんリスクをとるべき時もある。でなければどこにも行けない。ぼくたちは自転車で世界をまわっているのだ。リムジンや飛行機で快適な旅をしているわけじゃない。天候とかその国の制度とか、ぼくの判断ミスとか、いろんなことに影響を受ける。人生とはそういうものだ。だからといってそのままでいいわけじゃない。もっと注意深くならないと。

これもそうだ。ぼくのインスタグラムのページの《1bike1world》というアカウント名。実際はもうひとりじゃない。ぼくとナラ。ふたりの旅だ。ぼくにはナラを守る責任がある。しっかり自覚しなくてはいけない。

⑥

決意

翌日の午前中を次の旅程を考えるのに費やした。自分のためだけではなく、ナラのためにもベストなものにしたかった。気温がどんどん下がってきているので、とにかく南に進みたい。ギリシャや地中海に近づけば、暖かくなるはずだ。穏やかな気候の下なら、ナラの肺が弱いことも、良いほうに向かうだろう。次の国境こそは合法的に越えると決めた。だから、ボグダンの、アルバニアでのお勧めスポットを考慮に入れながら、どこで狂犬病のワクチンを打つべきかを考えた。

いろんなことが決まってきてすっきりした。いままでになく迷いがない。きちんとした計画ができ、行くべき道が見えた。ひとつだけ、計算できない要素はあったが。言い伝えにこういうのがあったと思う。〝神は人間の立てた計画を笑う〟って。もし、その計画のなかに猫まで含まれていたら、神も大笑いするだろう。

翌日の昼近くに出発した。空が少し明るくなったので、アルバニアに向かって幹線道路を南下していると、太陽が思いがけず顔を出した。顔に当たる陽射しが気持ちいい。気分は上々だ。

ナラも生き生きとしていた。旅が苦手なのではないかという心配はもはやない。小さなフロントバッグの中で心地よさそうにしている。眠くなったら丸くなって寝る。起きているときは、体に風が当たらないように顔だけを、開いているファスナーのあいだからちょこんと出していた。ぼくが自転車をこいでいると、ナラはあっちこっちをきょろきょろ見回している。その様子を見ていると飽きない。彼女の興味は尽きないようだった。

アルバニアは美しい国だが、つい最近まで厳しい時代を過ごしてきていた。通り過ぎる村々は荒れていて、道路は穴だらけ。交通量が多いときには特に、避けるのが大変だ。何マイルかを横道に逸れて走ってみたけれど、さらにひどい状況だったのですぐに諦めた。一度ならず穴にはまり、そのたびにすごい衝撃が自転車に伝わる。ナラはいくぶんマシなはずだ。フロントバッグが衝撃を吸収してくれているだろう。

途中でタイヤがパンクして、野原で修理をしていると、攻撃的なヤギたちに睨まれた。一頭がぼくのバッグからはみ出していたマフラーに寄ってきたときには、追い払わなければならなかった。そんな感じだったので、首都ティラナに到着したときにはある程度ほっとした。

何はともあれ、道路はかなりマシだったから。

ぼくは大きな都市にはあまり興味がない。田園や自然の風景が好きだ。ナラのほうは、この町の風景、音、においのすべてを楽しんでいた。旧ソ連時代の大きな建物や、色とりどりの果物や野菜を売る屋台を通り過ぎたときなどは、ハンドルに手をかけて身を乗り出した。好奇心いっぱいの彼女は、何も見逃したくないらしい。

その夜はティラナに泊まって、次の目的地に向かうまでに、いくつかの用事を済ませることにした。次の目的地ヒマラは、ここから南に約一〇〇マイル。アルバニアのリビエラとも称される海沿いの町だ。ギリシャ国境からほどよい距離にあることもあり、ボグダンに勧められていた。クリスマスを過ごすのにちょうどいい美しい町で、ナラに狂犬病の注射をしてくれる獣医師もいる。正月にはナラは三か月になるので、アルバニアを離れる前に予防接種できそうだった。

ティラナでまずやることは、アルバニアの通貨レクへの両替だ。予約したホステルは現金しか受け付けないし、クリスマス休暇に入れば銀行も閉まってしまうだろう。アルバニアはカード払いにあまり信用が置かれていないらしかった。銀行でATMを見つけてカードを入れて現金を引き出した。表示された残高を見ると、思っていたよりだいぶ少ない。

頭を振って立ちすくんだ。何かの間違いだ。

必死で頭を働かせた。どこかでカードを使ったとき、ハッキングされた可能性はあるだろうか？誰かにカードを手渡したとき、複製された可能性はあるだろうか？　どちらも思い当たらない。

パニックになっていても仕方がない。銀行に問い合わせるのが一番だ。

裏通りにある安いホステルは、電波状況がひどく不安定だった。探し回ってようやく電波が安定している場所を見つけ、イギリスの銀行に電話した。すぐに最近の支払いの履歴を教えてもらえたが、ほとんどが覚えのあるものだった。ただふたつ、一週間ばかり前に、合計で四〇〇ポンドを超える大きな額の支払いが発生していた。支払先に心当たりがない。訪れたこともないセルビアの会社だった。

「ぼくが払ったものじゃない。セルビアなんて行ったこともない」

「しかし、ICチップの入ったカードと暗証番号で支払われています。暗証番号も正しいものが入力されていますよ」銀行員が言った。

そのとき思い当たった。ブドヴァの動物病院だ。あそこは大きなグループの一員で、グループはモンテネグロのほかに、ボスニア・ヘルツェゴビナとセルビアにも展開されていると表示されていた。あのときはナラの診察のことで頭がいっぱいで、モンテネグロの通貨をポンドに変換して考えるのを忘れていたのだ。そんなに高くないと思ってしまった。そこが間違いだった。大きな間違いだ。

落ち込んで電話を切った。自分に腹が立ったが、すぐに落ち着く。危機的な状況というわけではない。まだ貯金は残っているし、つましくやっていけばいい。食事は一番安いもので十分だし、寝泊まりもテントでいい。それがぼくの旅のやり方だ。そうはいっても、これからはもう少し節約しなくてはならない。言うは易し、というやつだが。

ぼくの自転車はもう二〇〇〇マイル以上走っていた。ダンバーを出るときにはピカピカの新車だったが、いまはずいぶんと風雨にさらされて、メンテナンスが必要だった。驚くにはあたらない。悪天候のなかを走ってきたし、特にスイスの山道は信じられないほどの悪路だった。それにしても、ブレーキパッドの状態はひどかった。前輪のブレーキは効きが悪くなっていたが、調べると、パッドがすり減ってほとんどなくなっている。後輪もいいとはいえない。

こんな状態の自転車にナラを乗せるわけにはいかない。費用はかかるが、ブレーキパッドを交換することにした。信用できそうな若い人たちでやっている修理工場は、ほとんどブレーキパッドの仕入れ値だけでいいという。五〇ポンドばかりで済んで、安堵した。

自転車を預け、ナラと近くの公園で一時間半過ごしてから修理工場に戻る。素晴らしい仕事ぶりで、洗車までしてくれていた。恥ずかしながらダンバー以来、初めての洗車だ。

宿に戻ってからも、ぼくは出費を気に病んでいた。夕食は簡単なテイクアウトで部屋で済ませ、夜は節約のために、ナラと遊んだりインスタグラムを更新したりで静かに過ごした。

夜になって、部屋に三人の男が加わった。ふたりはイギリス人で、もうひとりは、驚いたことに、シュコドラからバスで移動してきたボグダンだった。彼とナラとは前と同じようにすぐに仲良くなり、一緒に遊びはじめた。ナラは跳ね回っては、あるゆるところに飛び込む。ぼくが加わると、彼女の動きはさらに活発になった。追いかけるふりをすると、ナラは二段ベッドの上からカーテンに飛び移った。

しっかりとカーテンにつかまるつもりが、一本の爪が引っ掛かってしまい、体重を支え切れずに空中に投げ出された。猫は抜群のバランス感覚でしっかりと着地ができる動物だ。しかし、ナラはまだそこまで発達していなくて、頭から落っこちた。部屋はショックで静まりかえった。かわいそうなボグダンはシーツのように真っ白な顔をしている。

ぼくはすぐベッドから飛び降り、ナラの横にひざまずいた。

一〇秒くらいぐったりしていたように感じたが、実際は五秒程度だっただろう。それでも頭の中をいろいろなことが駆け巡るには十分な時間だ。ほんの一瞬だが死んだかもしれないとさえ思った。しかし、やがてナラは立ち上がり、身を震わせ、よろよろとぼくの腕の中にやってきた。一〇分もすると完全に回復し、ボグダンも胸をなでおろしていた。

もし猫が本当に九つの命を持っているとしたら、このときナラは最初のひとつを使ったに違いない。彼女にとっても教訓となったようだ。その後こんな行動は見たことがない。


翌朝ぼくらはボグダンと別れ、ヒマラを目指して南下した。絵のような景色が続く道だ。美しい山々に挟まれた渓谷を通り抜け、崩れかけたローマ時代の遺跡を過ぎる。共産主義政府時代の軍のトーチカもたくさん見た。ボグダンは、国中に七、八〇万は散らばっていると言っていた。聞いたときは信じられなかったが、ほんとうにそのくらいはありそうだ。

初日は楽しかったが、二日目は地獄だった。延々と上り坂が続き、ときには傾斜がきつすぎて、自転車を降りて押さなければならなかった。小さな丘の村の近くでは、あまりに遅いぼくをロバに乗った地元のおじいちゃんたちにしょっちゅう追い抜かれた。白髪のおじいちゃんが、ロバでカッポカッポと追い越しざまに、親指を立て、歯のない口でニッと笑いかけてきた。〝若いの、がんばれよ。ゴールはすぐそこだ〟天気がいいのが救いだ。

夜の一〇時を回って、ようやく美しい海沿いの町ヒマラに入った。予定より数時間遅れだ。予約していたホステルには、ゲスト兼管理人の長髪の男以外誰もいない。彼はマイクと名乗った。

ホステルは質素な古い建物を改装したもので、湾から細い道路をあがっていったところにあった。広々とした共用ルームに、ハンモックを吊るした中庭、三台の二段ベッドが置かれた大きな寝室と、とても居心地のよいところだった。荷物を降ろしてナラをベッドに置くと、彼女はすぐに眠り込んだ。そのままにして、起きたときにびっくりしないように、少しだけドアを開けておいた。

マイクとぼくしかいないので安心だ。

マイクは面白いやつだった。ぼくより少し若いドイツ人。旅人兼ＤＪだという。彼とはウマが合い、真夜中過ぎまでおしゃべりをした。

このホステルのオーナー夫婦は、いまバカンスでコルフ島に行っているのだそうだ。マイクは彼らに信用されて、留守番を任されている。そのあいだ宿泊費は無料だ。

「きみもやる？　少し仕事をしてくれるだけでいいんだ」

願ってもない話だ。節約になる。お金をかけずにクリスマスを過ごすのが、いままさに大事なことだった。

「もちろんやりたい」翌朝さっそく、オーナーに電話してもらうことになった。

彼は言ったことをすぐに実行してくれた。クリスマスイブの翌朝、彼は親指を立て、笑顔でやってきた。

「やったね。で、何をしたらいい？」

「薪を割って、朝食用にオレンジを絞ってジュースにして、それから犬の世話を頼む」

「まかせとけ」

嬉しかった。クリスマスがちょっと早く来たみたいだ。一日中浮かれていた。

アルバニアはかつてイスラム教国だったが、社会主義時代には宗教活動は禁じられていた。そのせいか、午後、ナラを連れて町を散歩しても、クリスマスを一大行事ととらえる雰囲気はなかった。いくらかのビルの窓には、電飾やクリスマスツリーが見られたし、店の飾り窓にクリスマス菓子のパネトーネが積まれてはいたが、イギリスのように商業的なお祭り騒ぎは見られない。こういうのも新鮮だ。

道を歩いていると、ここでもナラは注目を浴びた。地元の人が何人もやってきて、撫でてもいいかと尋ね、ティーンエイジャーのグループはぼくらと一緒に自撮りをした。頭にスカーフを巻いた年配の女性は、ぼくらが壁にもたれ腰かけて景色を楽しんでいるあいだ、五分以上もうっとりとナラを眺めていた。彼女は祈っているかのように、ずっと何かをつぶやいていた。ぼくにはもちろん、彼女が何を言っていたのかはわからない。

でも、わかることがひとつある。ほんとうに不思議だ。ナラは超能力を持っているかのように、人種も年齢も宗教も文化も超えて、人々を笑顔にすることができる。

夕方になるとナラは居眠りしはじめたので、部屋にたっぷりの食べ物と水を置いて、ぼくはマイクと近くのバーに出かけた。地元の人たちはぼくらを歓迎してくれて、ラキアと呼ばれるフルーツから作られる地元の蒸留酒をおごってくれた。一杯目は塗料除去剤のような味がしたけれど、すぐに慣れた。地元のミュージシャンが音楽をやり、控えめながらもすごくいい雰囲気だった。ナラのところに帰ったのは一〇時くらいだった。

クリスマスも同じように静かだった。朝から薪を割って、庭からオレンジをもぎり、中庭で飼われている四匹の犬の餌やりをする。なかに一匹、子犬を産んだばかりのジャーマン・シェパードがいて、母性本能がやたら強い。ボウルに餌を入れているぼくを睨んで、唸り声をあげた。

お昼にはスコットランドに電話をして、両親や妹と話をした。ぼくら家族は仲良しで、いつもクリスマスは一緒に過ごしてきた。彼らはぼくがいないことを寂しがっていたし、ぼくも同じ気持ちだった。これはぼくらが離れて過ごす初めてのクリスマスだった。けれども、彼らは、ぼくがクリスマスを素敵な場所で過ごしていることや、旅がいい方向に向かっていることを喜んでくれた。特に父が応援してくれていた。「これは一生に一度のチャンスだよ。最大限に生かすんだ」すごく励まされた。

実家では、伝統的なクリスマス・ディナーが出されているはずだが、ぼくはここでまかないのパスタと野菜だけで十分だった。これはこれでいい。

夜は、スマホで映画を観ながら、これからの計画をさらった。順調にいけば、正月には狂犬病の予防接種をして、一月の一週目にギリシャに入国できる。問題はなさそうだった。


翌日は今週で一番の晴天だった。眼下に広がる地中海は美しい深い青色をしている。ナラを連れて海岸に行った。ナラがはしゃいでネズミのおもちゃを追い回すのを、地元の人たちが微笑んで眺めていた。好天に誘われ、散歩を楽しむ家族連れでにぎわっていた。何人かは寄ってきて、ナラを撫でたり写真を撮ったりした。ぼくは黙って見ていた。ナラは嫌ならちゃんとそれを伝えられる。前と同じように、ナラは注目を楽しんでいるようだった。

夕方ホステルに戻り、ナラの写真をインスタグラムに投稿していると、ナラの呼吸が不規則になっているのに気づいた。もうおなじみのゼーゼーいう息に、少し咳もまじっている。

ぼくは落ち込んだ。ナラの肺は成長とともに強くなり、もう問題はなくなったと思い込んでいたのだ。まだ海の空気を吸わせるべきではなかったのだ。

マイクが、クリスマス休暇のあいだに、獣医師が子犬の様子を見に来ると知らせてくれた。電話をして、ついでにナラも診てもらえるように頼んでくれた。獣医師は、今日明日行くことはできないが、行くまでのあいだ、ナラを暖かい室内に入れておくように助言をくれた。言われなくても、もう外を走り回らせるつもりはなかった。予報では、また寒くなるらしい。

大晦日の前日に、ようやく獣医師はやってきた。にこにこして体に合わない、だぶだぶの服を着ている。ナラの胸に聴診器を当てているあいだ、いかにも医者らしいしぐさで首をかしげたり、「ふうむ」と唸ったりして、ぼくには何も話しかけてこない。気になって仕方がなかったが、我慢して黙っていた。少しして、獣医師はカバンの中をごそごそ探し、注射器と薬を取り出した。

「胸部感染症だね」彼は訛りのある英語で言いながら注射器を持ち上げた。

「抗生物質が要る。いま一本打って、あとは三週間後に」

ぼくは頷いた。かわいそうにナラはまた針山のように針を刺されるのだ。でも治療しないわけにはいかない。最初に会ったときから、この問題は抱えていたのだ。そろそろ決着をつけなくてはならない。

ナラは針を刺されるときピクッとしたが、それだけだった。会計のときは祈るような気持ちだった。ここで全財産を使い果たしてしまうかもしれない。しかし、驚いたことに、請求されたのは二〇ポンドほどだった。ぼくは喜んで現金を渡した。

マイクは獣医師に、ナラは一月に狂犬病の予防接種が必要なことを伝えてくれた。

「良くなっていればね」獣医師はぼくに向かって指を振りながら言った。

その後、ナラと並んで座って考え事をした。ぼくの完璧な計画はまたもご破算だったが、もうぼくは気にしなかった。同じ失敗は繰り返さない。獣医師の助言に従おう。自転車旅行はちょっとお預けにして、ここアルバニアでナラが回復するのを待つ。必要ならひと冬を過ごしてもいい。ぼくは正しいことをする。ナラにとっても、自分にとっても。

その日も翌日の大晦日も、ナラを外に出さなかった。ナラも出たがらなかった。猫はいつも本能で行動しているから、いまはエネルギーを回復するときだとわかっているのだろう。病気を治すために。大晦日の朝には、もう咳はなくなっていたが、ぼくは急ぐつもりはなかった。ナラが静養しているあいだ、ぼくはいつもの仕事をした。

ヒマラの大晦日は、にぎやかなスコットランドの大晦日、〝ホグマネイ〟とずいぶん違う。年越しの瞬間こそ鐘が鳴り、港近くの道路には家族連れが出てきたが、ほんの数分でみんな帰った。見る限り、どこも夜通しのパーティーなんてやっていない。ホームシックになりかけたぼくの気持ちを、ナラが紛らわせてくれた。ホステルから出ず、ナラが寒くないようにくるみこんで、花火の音を怖がらないか気をつけていた。それほど大きな音ではなく、数分で終わった。

アルバニアはイギリスより一時間早いから、ぼくは起きていて、家族や友人とおしゃべりをしながらスコットランドの新年を共に迎えた。ぼくのインスタグラムにも世界中のフォロワーたちがメッセージをくれた。彼らのほとんどはナラと出会ってから、ぼくをフォローしていた。

そのなかに、ニューヨークに拠点を置く有名な動物専門の動画サイト《The Dodo》があった。ぼくらのことを取り上げてくれるらしい。年が明けたら詳しい話をすることになった。真面目な話かどうか確信が持てなかった。ぼくはそんなに面白いことをしているわけじゃない。でも、もしかしたら、ぼくはもう何かをやりかけているのかもしれない。人の心に訴えるような何かを。

だからといって、これからどうすればいいかわからない。インスタグラムでインフルエンサーと呼ばれる人たちがいるのは知っているけれど、それはぼくには向かない。いままで、ナラとぼくが誰かの生活に笑顔を与えられるなら、それで十分だと思っていた。だが、その晩初めて、ぼくにももっとできることがあるんじゃないかと思いはじめた。それを「仕事」にできるような。考えを巡らせているとわくわくしてきた。手始めに、ぼくが興味を持っている問題からとりかかるのがいいかもしれない。動物福祉とか環境問題とか。それならできる気がする。

これをぼくの新年の決意にしよう。何か善いことをするんだ、ディーン。何か善いことを。

7
ノアの方舟

獣医師を待つ次の二週間はとても長かった。悪いことに天候も真冬の寒さに変わっていた。一月の一週目、朝、外に出たら遠くの山並みが雪を冠っていた。ダンバーでもこの時期には、南西の丘陵は雪に覆われていたけれど、ここはギリシャから一時間かからないところだ。とても現実とは思えない。ホステルを暖めるため、ぼくは薪を割り続けた。

ナラは暖炉の前で幸せそうに丸くなっていたが、ぼくはじっとしていられない質《たち》だ。性に合わない。母がよく冗談でぼくのことをADHDだと言っていたものだ。だから寒さをおして、新年の決意を実行することにした。

さしあたって、ここアルバニアだけではなく、モンテネグロでも、さらにはるかクロアチアでもイタリアでも気になっていたことに手をつけることにした。海岸の状態だ。砂浜にはあらゆるところにプラスチックごみが散乱していた。打ち上げられたものもあったが、ほとんどが日常生活から出るごみだった。ペットボトル、ポリ袋、ビニール袋。この光景には腹が立っている。この問題を取り上げたドキュメンタリーをたくさん見た。世界中の動物たちに害を与えて死に至らしめている。南米ではカメが、海に投棄された漁業用の網に絡まっていた。ヨーロッパでは魚や鳥が餌と間違えて飲み込んだプラスチック片で窒息している。ぼくは現実でもそういった例を見ていた。何度も、ナラが落ちていた尖ったプラスチック片で遊ぼうとするのを止めたことがある。

新年を迎えて数日後に、ヒマラの沿岸から一マイルほどのところにある小さな海岸を掃除しに行った。たった二〇分ほどで大きなごみ袋がふたつ、ペットボトルでいっぱいになった。それ以外のごみを拾い集めるのに午前中いっぱいかかった。食べ物の包装紙、ビニール袋、服、電子機器まで。岩の上にはノートパソコンのキーボードまで置かれていた。長いあいだ放置されていたようで、緑の藻が絡んでいる。いったい誰がここに置けばいいと考えたんだろう。それより、考えた、のかどうか。それを捨てた誰かは、きっと何も考えなかったのだ。

人里離れた海岸でもこんなにプラスチックごみがあふれているのだ。これをみんなが知ったら、ごみ問題の重大さが胸に刺さるだろう。ホステルに戻ってさっそくインスタグラムに海岸掃除の写真を投稿し、コメントを添えた。あんまり説教臭くはしたくない。ぼくはデイビッド・アッテンボローでもグレタ・トゥーンベリでもない。活動家ですらない。でも海岸をあるべき姿に戻そうということは声を大にして言いたかった。使い捨てのプラスチックはやめて、環境に優しいものを使おう。

いまや二五〇〇人の人がぼくを見ていて、そのうちのほとんどは、世界中あらゆるところに住む見知らぬ人々だ。反応は少し心配だった。けれどもすぐに賛同のコメントが集まった。

「見ろよ」とぼくはひとりごちた。「声をあげるのを怖がっちゃいけない。誰だってそうする権利があるんだ」

次の日からぼくはホステルからカヤックを借り出し、海に出て、掃除が必要な入り江を見つけた。汚染の状態を調べるために、氷のような海をシュノーケリングで潜ったりもした。ウニのトゲに指を刺された。トゲは抜けたが、痛みはいつまでも後に残った。


環境問題について投稿したのはうまくいったし、善いことだったが、のぼせてはいけない。インスタグラムで最近ぼくをフォローしてくれた人は、ナラのことやナラの健康状態を知りたいのだ。ここしばらくずいぶん具合が良くなって、遊び時間には元気いっぱいの様子だった。中庭のジャーマン・シェパードだけは避けるが、縦横無尽にホステル中を駆け回る。初対面のとき、このシェパードはナラに吠えたてた。ナラは勇敢だがバカではない。以来、近寄らないように気をつけていた。

一月も過ぎていき、ナラは順調に回復していた。

獣医師が一月の三週目に診察にやってくるのが待ち遠しかった。二回目の抗生物質の投与に加え、ぼくの依頼どおり狂犬病の予防接種の準備もしてきてくれていた。ナラが二度も注射されるのを見ているのはつらかったが、これも彼女のためだ。これが終われば当面注射はしなくていい。

獣医師もナラの健康状態に満足していた。胸に聴診器を当て、親指を立てる。ゼーゼーいうのがなくなった。モンテネグロの獣医師と同じ意見だった。ナラの肺は成長とともに強くなってきたのだ。

「ナラを連れてギリシャまで自転車で行きたいんだけど、大丈夫ですか」

獣医は肩をすくめた。「まあ、いいんじゃない」

望んでいたような完全なＯＫではなかったが、十分だ。

ヒマラにはもう一か月近く滞在していて、我が家のようにくつろいでいた。くつろぎすぎているかもしれない。もうすぐ、オーナー夫妻が戻ってくる。そうしたらぼくは必要ない。二日後に外に出てみると、天気がぐっと穏やかになっていたので、荷物をまとめて出発の準備をした。出ていくべき時だった。

荷物のパッキングには手間どるようになっていた。自分だけではなく、ナラの身の回り品もあるので大変だ。どんどん増えているので、いつも何か忘れたような気になる。マイクと連絡先を交換し、さよならを言ったときにはお昼近くなっていた。

ヒマラを去るのは寂しかったが、また新しい旅が始まると思うとわくわくした。早くギリシャに行きたい。ずっと憧れていた国だし、ヨーロッパからの出口でもある。ぼくの予定では、ギリシャからトルコに向かい、夏にはタイにいるかもしれなかった。

一時間ほど走ると、ナラがハンドルをのぼってきて、トイレに行きたいという合図をした。ついでにランチタイムにしよう。ナラはお腹がいっぱいになれば眠るかもしれないし、そうすれば国境まで一気に進めそうだ。

ホステルで作ってきた軽食を探したが見つからない。持ち物がありすぎて忘れてきたのだ。キッチンの調理台の上に、アルミホイルで包まれたランチがぽつんと置き去りにされているのが目に浮かんだ。一瞬、取りに戻ることも考えたが、すぐに諦めた。順調に進んで、海岸にはコルフ島が見えてきていた。ギリシャまでもう近いのだ。前進しかない。それにしてもお腹には何か入れないと。道路沿いで何か見つかるかもしれない。

何マイルか走っていくとオレンジの果樹園があった。果物だ。願ってもない。自転車を停め、坂をくだって実のなっている木に近寄った。皮はちょっとざらついていたが、よく熟しているようだったのでひとつもぎ取る。皮をむいてひと口かじって、吐き出した。なんだこれ、酸っぱすぎる。まだ熟していなかった。

水で口をすすいでいたら、目の前の溝の中で何か動いているのが目に入った。茶色に黒い模様が入った物体だ。ひょっとしてヘビかトカゲかも。近寄ってみるとどちらでもなかった。

「冗談だろ?」

子犬だ。

ボスニア・ヘルツェゴビナの山に戻ったような気がした。また同じことが起こるなんて。おまえはこんなところで何をしてるんだ? もう何マイルも農場も建物もなかったぞ。何もないところだ。子犬は小さくて生後数週間といったところだろう。もしかしたら出会ったときのナラよりも小さいかもしれない。ひどく痩せていて、ぶるぶる震えている。熱でもあるのか、飢えているのか、恐怖からか。ぼくが触るとキャンキャン鳴き、本当にどこか痛むのだということがわかった。

子犬を抱き上げる。まったく重みがない。息が荒くて毛の状態も良くない。たぶんノミか皮膚病にやられているのだろう。

近くで遊んでいたナラが、ぼくを見て走ってきた。顔には少し前のぼくと同じ表情が浮かんでいる。「どういうこと?」ぼくはナラをすくい上げ、フロントバッグに入れた。子犬のほうは後ろのキャリーケースに入れる。あとで消毒しなくては。ナラとは離しておかないと。やっと健康になったところなのに、違う病気をもらうわけにはいかない。

しばらく地図を眺めた。引き返すのは気が進まない。ギリシャの国境に向かい海岸沿いを行くとして、一番近い町はサランダというらしい。検索してみると、町の動物病院は休診だった。しかし明日は開いているらしい。何週間か前と同じことを繰り返している。今晩はここで待たなくてはならない。

不安になった。「この子を動物病院に連れていったら破産だな」だからといって、放っておくこともできない。

その夜はサランダ郊外の、使われていない古いガレージでキャンプした。子犬に水をやり、食べ物も少し与えたが、欲しがらなかった。キャリーケースの中で眠りたいだけらしい。

ナラは新しい仲間に興味津々で、近づこうとしたり、においを嗅ごうとしたりしている。具合が悪いのもにおいでわかるのかもしれない。近寄りすぎないように気をつけている。かわいそうに子犬はたぶん何かに感染しているのだ。薄明りのなかで、毛皮からノミが跳ぶのが見えた気がした。心が痛んだ。

その夜はいろいろな考えが頭をよぎってあまり眠れなかった。初めは純粋に怒りの感情しかなかった。病気であることを知りながら、子犬をあんな場所に置き去りにしていったやつは、死なせるつもりで置いていったのだ。なぜそんな心ないことができるのだろう。そのうちに、思いはより現実的になった。いったいこの新しい孤児をどうしたらいいんだ。ナラは、見つけたとき体は弱かったけれど健康ではあった。でも、この子犬はすぐに治療が必要だ。何週間も入院しなければならないかもしれない。

ヒマラに一か月も留まっていて、ようやく再出発してまだ数時間だ。この気の毒な子が回復するまで、また一か月もここにいることになるのだろうか。そうして、この子もナラとぼくの旅に同行するのだろうか。ぼくはいったい何者のつもりだろう。移動動物園か。それとも現代版ノアの方舟か。まさか。それにしても、捨てられている動物が多すぎる。何か別の解決法を探さなければ。

翌日、サランダの獣医師に電話をかけた。彼が英語を話せたので助かった。しかも、捨てられたり病気になった動物の面倒をみているのだそうだ。子犬の様子を見てできることを考えてくれるという。町に着いたら電話をするように言われた。

目下の心配事はお金だ。前の晩、スコットランドの友だちに話をしたら、彼女は子犬のためにクラウドファンディングを立ち上げてくれると言った。ぼくにはこういう経験はなかったが、彼女はすぐにやってくれた。昨夜インスタグラムにこのことを投稿したら、今朝にはもう寄付が集まっていた。一人当たりはたいした金額ではない。一〇ポンドとか二〇ポンドくらいだ。しかし、積もり積もってけっこうな金額になっていた。獣医師を訪ねるころには数百ポンドになっていて、ホッとした。これで子犬の治療費が払える。

獣医師に電話をかける。町の真ん中にある広場で落ち合おうと言われて、不思議に思った。なぜ動物病院じゃないんだろう。しかし心配にはあたらなかった。

獣医師はシェメと名乗った。優しく気さくで、流暢な英語を話す。すぐにぼくは安心した。シェメは子犬を診察し、頭をゆっくりと振った。

「ぼくにはこういうことをする人間がいることが、信じられない」

子犬をもっとよく見ようと顔を近づけたところに、ナラがやってきた。それまで広場を走り回っていたのだ。

「この子はどこで?」シェメはナラを撫でながら聞いた。

「ボスニアの山の中だよ。この子も道端に捨てられていたんだ」シェメは笑った。「きみとぼくは同類だね。いま、うちには犬が四匹いるけれど、あと四〇匹増えても平気さ。本当は捨てられた動物をみんな助けたいけれど、そうもいかない」

ぼくは頷いた。「その気持ち、よくわかるよ」

シェメが診察しているのを見ていると、子犬がほんとうにひどい状態なのがわかった。

「男の子だね、たぶん。まだ生後三週間か四週間だ。病院に連れていく必要がある。回復するまでうちで預かるよ」

「必要な治療はすべてお願いします。お金の心配は要らない」

シェメは驚いた顔をした。ぼくは金持ちには見えないんだろう。「わかった。引き取り手を一緒に探してもらえたら助かるよ」そう言いながら腕時計を見た。

「もう行かなくては。この子のことは任せてくれ」

ぼくは心配そうな顔をしたらしい。

「信用してくれ。ちゃんと面倒をみるから」そう言いながら子犬を腕に抱え、頭を撫でた。「電話番号は着信記録からわかるから、この子の具合はまた知らせるよ」
ぼくは子犬の頭を撫でた。「がんばるんだぞ」遠ざかるのを見ながらつぶやく。見送りながらホッとしていた。子犬をふさわしい場所に預けることができた。シェメは信頼できる。

天気がまた悪くなってきた。灰色の厚い雲がすぐ真上にある。気温も下がっていた。海岸沿いに場所を見つけてテントを張った。天候が回復し次第、ギリシャに入ってアテネに向かう予定だ。シェメは約束どおり、夕方連絡をくれた。子犬を薬剤入りの風呂に入れて、皮膚病のもとになっているダニを除去したという。ドライヤーで乾かし、抗生物質を投与して食事をさせたら、子犬は眠ったそうだ。おかげで安心して夜を過ごせた。しかしまだ、子犬が回復したらどうするかという問題は残っていた。

その晩、ぼくは子犬の状況をインスタグラムで報告した。もう名前も決めていた。シェメと別れて自転車で走っていたとき、建物の横壁に書かれていた文字が目に入った。ただ、〝バルー〟とだけ読めた。こっちの言葉なのか何かの名前なのか、さっぱりわからなかったが、『ジャングル・ブック』に出てきた熊を思い出させる。似合っている。フォロワーたちにも評判が良かった。数時間のうちに、彼の引き取り手がたくさん現れた。そのうちのひとり、ロンドンに住む女性がもっともふさわしいように思えた。さらにすごいことに、何人かはほかに捨て犬がいればもらいたいからと、シェメの連絡先を聞いてきたのだ。

みんなの温かさで、人間の本質への信頼を少し取り戻すことができた。子犬をここに預けていく後ろめたさも薄らいだ。シェメは正しい。もしぼくが旅のなかで、捨てられた動物を全部拾っていたら、世界を一周するのに一〇〇年かかってしまう。運搬用に巨大トラックもいるだろう。無理。ぼくはひとりのちっぽけな人間だ。

ぼくにできるのは、注意をひくことだ。

捨てられたり、虐待されたり、はぐれたりする犬のことは世界中で問題になっている。一方で、たくさんの人が受け皿になってくれることも知った。そのふたつをつないだら、何かを変えられるかもしれない。実際、何かが変わりはじめている。

これが転機だった。また新しいアイデアがひらめくのを感じた。海岸のプラスチック問題と同じだ。地球上のすべてのビーチを掃除するわけにはいかない。でも、まずは捨てないために、この問題を考えてもらうことはできる。

テントの中にナラと横たわり、風の音を聞いていたら興奮してきた。ここ何年かずっと、ぼくは早く終わることだけを望んで仕事をしてきた。週の終わりに給料をもらうためだけに働いてきた。でもいまは毎日、楽しくて、仕事とは思えないことに取り組んでいる。

ぼくの新しい「仕事」は、わかりにくくて思ったより複雑だ。コツを覚えるのは大変かもしれない。けれども自分の信じたことだし、価値あることだ。そんなことはいままでの人生に、あまりなかった。いや、ぜんぜんなかったかもしれない。

8

ナラの世界

自転車旅行の何がいいかといえば、考える時間を与えてくれるところだ。電話からも人からも切り離されて、ひとりで道を走っていると、頭の整理ができる。問題に対処する方法をじっくりと考えられる。それがどんな問題であれ。次の朝、ギリシャに向けて走っていると、ナラは頭をフロントバッグからぴょこんと出し、耳をぴんと立てて、左右をきょろきょろ眺めていた。ぼくはナラのことを考えていた。ナラがぼくに与えてくれた影響について。

いまでも信じられないが、ほんの数週間で彼女はぼくに、人生を思いがけない方向に一新させた。

いまではぼくの毎日にはひとつのルーティンがある。今朝も太陽が昇るとナラはぼくの顔を舐め、ニャーと鳴いて朝ごはんを催促した。それから外へ出ていつもの儀式だ。自分のテリトリーのにおいを嗅いでマーキングしてから、トイレに出かける。ぼくは寝床から這い出して、ナラの朝ごはんをボウルに入れてから歯を磨き、一日の計画を立てる。

ナラと出会う前は起きたい時間に起きていた。遅くまで寝ていることもあった。そういう日々は過去のものだ。いまはナラに呼ばれたらすぐに動く。ナラの世話のために。朝から晩までだ。

ナラの世話をしっかりしようと思ったら、彼女と話すための新しい言語を覚える必要があった。鳴き声の違いはすぐにわかるようになった。お腹がすいたとき、疲れたとき、トイレに行きたいとき。ボディ・ランゲージのほうは難しかった。たとえば自転車に乗っているときによくあったことだが、ナラがよじのぼってきて、ぼくの唇を舐める。この意味がわからなかった。初めてのときは動揺してしまった。何を言おうとしてるんだ？　三回目か四回目でようやくわかった。そのときはぼくが大量の水を飲んだ直後で、あごから水がしたたっていた。ナラはまずそれを舐めてから、ぼくの唇を舐めた。「そうか、喉が渇いていたんだな」

水分は十分与えていたつもりだったが、それからのナラは、喉が渇いたら舌を出すだけでよくなった。

嬉しいときにはゴロゴロ喉を鳴らしたり、なぜか憂いを帯びたような声で鳴くけれど、それ以外でナラはあまり鳴くことがない。何かしてほしいときにはちゃんと伝えてくる。ストレートに。たとえば自転車に乗るときもそうだ。最初はぼくの行きたいところに、行きたいように連れていけると思っていたけれど、そうではなかった。ぼくが出かける準備をしているとき、ナラも早く行きたければフロントバッグに飛び込んで、そこに座って待機している。ぼくに出かける予定がないときもそうしていることがある。じっと座ってぼくを見つめて、なんで早く出かけないんだと責める。

行きたくないときも教えてくれる。わかりやすく。今朝もそうだった。出発の準備ができたときに、ナラはどこかに行ってしまった。ぼくたちは前の晩を海の見える岬で過ごした。そのときナラは、すぐ横の、松の木のある空き地で夕方まで遊んでいた。きっとそこにいるだろうと行ってみると、ナラは松の枝のあいだに入り込んでいた。ぼくが見ているのには気づいていない。頭がちょこちょこ動いている。笑った。隠れようとしていたんだ。

ぼくが知る限り一番いい方法で彼女を誘い出した。クリスマスに見つけた、スティック状のおやつだ。数分後とうとう出てきたナラを、すばやくハンドルバーにハーネスで固定して、フロントバッグに入れて出発した。「もっとたくさん木があるさ、これから行くところには」ぼくが笑いながら言うと、ナラは大声で抗議したが、その声は海風に飛ばされてしまった。

ナラがぼくの人生に与えた影響は計り知れない。ぼくの世界を変えただけじゃない。ぼくの周りの世界も変えたのだ。ナラはどこに行っても人気者だ。知らない人をたくさん引き寄せる。ぼくがいることに気づいていない人もいるかもしれない。それで嫌な思いをしたことはない。逆だ。

リッキーと一緒のときは、道路沿いのカフェや村の広場にいても、声をかけられることはまずなかった。スコットランド人の大男ふたりだ。怖そうに見えただろう。ぼくたちも、声をかけやすい雰囲気は出していなかった。それもあって、誰も近づいてこなかったのだろう。

いま考えると恥ずかしいことだ。世界を旅する目的のひとつは、現地の人々と交流して彼らを理解することだったのに。どこがぼくたちと違っていて、どこが同じなのか。リッキーと旅をしているあいだは、そういう体験はなかった。もちろん人との交流はあったが、距離があった。ナラといると、まるきり正反対だ。ナラはぼくに世界の扉を開いてくれた。

自転車をこぎながら考える。ナラはもうぼくの人生の一部だ。ぼくの一番の関心事だ。たぶんこれが一番大きな変化だろう。どこにいてもナラのことを考えている。ナラはいまどこにいる？　楽しく過ごしているか？　もうごはんの時間だっけ？　寒くないかな？　今夜はどこに寝かせようか？　もうほとんど子どものようなものだ。ナラが最優先。ぼくの世界の中心。考えたことはなかったけれど、彼女にとってのぼくはどうなのだろう。ナラの世界の中心は、ぼくだったりするのだろうか。

ナラはフロントバッグに堂々と座り、ぼくらの小さな船の司令官として上甲板から世界を見渡している。ぼくはエンジンルームでペダルを踏む機関士で、ナラが船長だ。「ハハハ、そういうことだな。ここはナラの世界なんだ。ぼくはそこに住まわせてもらってる」

国境に近づくと、ぼくは妙に緊張してきた。必要な書類はすべて揃っているはずだ。それでも頭の中にまだ疑問符がある。書類に間違いはないか。何かささいなミスのために、ナラが入国できないようなことにならないか。でも心配は無用だった。

窓口でパスポートを二冊出す。審査官は口髭をたくわえた大男で、ちょっとくたびれた制服姿だ。ブースの片隅に置かれた小さなテレビ画面に、サッカーの試合が映し出されていて、そちらが気になるようだ。審査官はぼくを見て、次にナラを見た。ナラはフロントバッグに座って頭をかしげ、まっすぐに審査官を見つめている。最大限に可愛いポーズをキメているようだ。審査官はパスポートをめくりながら困ったような顔をした。たぶん、ペット・パスポートを見たことがなかったのだろう。三〇秒しないうちに彼は頭を振り、少し笑いながらぼくのパスポートにスタンプを押し、さあ行けと合図しながらナラにウインクをした。
くすくす笑いが止まらなかった。ぼくらは初めて正式に国境を越えた。心配なんて要らなかったんだ。必要だったのは、ナラの愛くるしい顔を見せることだけだった。それがパスポートだ。

南ヨーロッパに向かって旅をしているあいだ中、ギリシャはいつも太陽が照っている土地だと思っていた。一月でも半袖で外を歩き回れるような。すぐにそれは幻想だとわかった。ぼくはギリシャを縦断してアテネを目指していた。自転車で走っていると、気温が低くて風が痛いくらいだ。北風が吹き、山頂には雪が見える。春はまだ遠かった。

ナラはここでも注目を集めた。真っ昼間よく眠ったので、ナラはフロントバッグにまっすぐ座り、景色を楽しんだ。小さな農村を通るたびに、人々はぼくらを指さしてにこにこしていた。小さな学校の横を通り過ぎたときには、校庭にいた子どもたちが手を振って叫んでいた。

ぼくはナラの首をくしゃくしゃと掻いた。「なんだか王族と旅している気分だよ」

ギリシャに入りほんの一〇マイルかそこら走ったところで、パトカーが後ろにやってきた。道を譲っても追い抜いていかない。ずっと後ろをついてくる。「これは困ったことになりそうだ」

一マイルほど走り続けたところで、ライトが点いた。振り向くとパトカーにひとりで乗っていた警察官が、停止するようにと合図をしてきた。

ぼくは道路脇に外れ、小さな教会の脇に停まった。

映画のワンシーンのようだった。背の低い、濃紺の制服を着た警察官がパトカーから降り、ゆっくりとこちらに歩いてくる。腰にはガンベルトが装着されている。何も法は犯していないはずだったが、ぼくは念のため書類を見直した。しかし、ここでも心配は要らなかったのだ。

警察官はぼくを通り越し、自転車のフロントバッグのそばに来た。

「きれいな猫だね。名前は？」

「ナラだよ」

「ハロー、ナラ」警察官はそう言いながら、ナラの首を撫でた。

ぼくは持っていたパスポートを差し出した。しかし彼は手を振って受け取らなかった。

「どこに行くんだ？」

「アテネを目指してる。たぶん、二、三日で着くと思う」

警察官は山を指さし、その上の鋼《はがね》のような灰色をした空を示した。

「これから天気が崩れる。今日はあと数マイルでやめたほうがいい」

「わかった、そうするよ」

「猫が風邪をひいたらいけないからね」

警察官はもう一度かがんでナラを撫で、投げキッスをした。

「道中気をつけて、ナラ」彼は車に戻っていった。そしてパトカーは去った。

ぼくは信じられなかった。あの警察官はほんとうに、これから雨が降るということを伝えたくて、ぼくを止めたのか。それともナラに挨拶したかったのだろうか。わからない。

しかし、警察官のアドバイスはぴたりと当たった。次の町に着くと雨が降ってきた。ぼくは急いでテントを張り、ナラと暖かく過ごした。中にいて雨がテントを叩く音を聞く。アテネに着いたらやろうとしていたことにとりかかるには、いい塩梅だった。

貯金がなくなってきたので、以前使ったことのあるカウチサーフィンのサイトを開いた。無料で宿泊を提供してもらえるのが助かる。すでにテッサロニキに行く途中のネオス・スコポスという町に住む家族からの招待を得ていたが、アテネでも数泊分のリクエストを出している。エディンバラが〝北のアテネ〟と呼ばれている理由をこの目で確かめたい。

すぐにある家族からの招待が届いた。もちろん純粋に厚意から泊めてくれるのだろうが、ほかにも理由がありそうだ。お母さんは、無類の猫好きの娘のために、猫と旅しているというぼくのプロフィールに注目してくれていた。

「娘が早くナラに会いたいと言っています」とメールにあった。

残念ながらナラは、もうひとつの探し物の役に立ってはくれなかった。ぼくは仕事を探していた。お金を稼がなくてはならない。ナラは予定外の出費だったし、今後の道中で病気になったときに、治療費が払えないのでは困る。四月上旬に生後六か月になるナラは、また予防接種が必要だった。避妊手術も要るだろう。クラウドファンディング《Go Fund Me》で集めたバルーの治療費には手をつけたくなかった。バルーはまだアルバニアのシェメのところで世話になっている。ぼくはカヤックのガイドの仕事に応募した。

ぼくは一〇代のころからカヤックに乗っている。だから一〇社あまりに応募してみた。いくつかの会社からは空きがないという返事があった。それ以外は返事すら来なかった。それでもカヤックガイドにこだわりたかった。もしかしたら熟練の乗り手を必要としているところがあるかもしれない。

次の週の旅は、めまぐるしく変わる天候に振り回された。眩しいばかりに太陽が照っていると思ったら、すぐに嵐のような空模様になった。太陽が出ているときのギリシャ北部は、間違いなく天国だ。ぼくたちは北から南へと海岸線をくだっていた。夜になると誰もいない入り江の端でキャンプして、海鳥が飛ぶのを見たり波の音を聞いたりした。しかし、いったん雨が降りだすとスコットランドのような風景に一変した。どんよりとして、灰色で、不気味だ。

それでもよかった。道に出て自転車で移動できるだけで満足だ。もともと自然を感じながらサイクリングするのが好きだった。遊び盛りの猫と一緒というのは考えもしなかったが。

ナラの成長は早い。まだ体は小さいけれど、もう片手におさまるサイズではなくなっていた。ぼくから離れて行動することも多くなってきた。

安全だと思ったら遠くまで出かけるようになった。新しい土地に着いたときのナラは面白い。まずは土地の調査に乗り出す。警察の鑑識さながらだ。よく猫がするように縄張りを嗅ぎまわり、ほかの動物のにおいを拾いあげ、自分のにおいをこすりつける。猫はびっくりするくらい、いろいろなにおいを嗅ぎ分けることができる。人間でいえば、土地のガイドブックや地図を読むような作業だろう。ひととおり終えて満足したら、遊びはじめる。

身体能力が高いから、不可能に思えるところにも何食わぬ顔で飛んだりのぼったりする。ナラのもうひとつの超能力は、助走なしで一〇フィートも垂直に跳べることだ。脚に強力なバネでも入っているみたいだ。そして怖いもの知らず。その点ぼくらは似た者同士だ。

もうひとつの似ている点は、トラブルに巻き込まれがちだということ。能力以上のことをしようとするからだ。

ある日の夕べ、ぼくは素朴で美しい海岸線が眺められるところにテントを張っていた。するとナラが大声で鳴いているのが聞こえてきた。しばらくは無視していた。夕食も食べたし、水も飲んだ。トイレも済ませた。もう用事はないはずだ。でも鳴き声はやまず、むしろどんどん大きくなった。それから短く、鋭くなった。怒っているみたいな声だ。

テントの設置は後回しにして、探しにいった。また雑木林に遊びに行っていることはわかっている。低い枝を見てまわったけれど、ナラは見当たらない。

また鳴き声がした。さっきより大きい。鳴き声は上から聞こえてきた。見上げると、二〇フィートくらいの高さにある細い枝になんとかつかまっている。「どうやってそんなところまで上がったんだ」

たぶん、最初は太い枝をのぼっていって、それから危険もわきまえずに細い枝に飛び移ったんだろう。のっぴきならない状況だった。細い枝は風に吹かれて揺れている。ナラは怖がって、太い枝に飛び移ることができない。ざっと見回して、木のコブや枝を使いながら三分の一ほどの高さまでのぼった。ナラがいる方向に伸びている細い枝をつかむ。やわらかくしなるのをゆすりながらナラのほうに近づけた。これでぼくにつながる避難ばしごができた。ナラはまだ動けず、自分の乗った枝の端っこにしがみつきながら、ジャンプする勇気を振り絞るように体を前後に揺らしている。

「ナラ、おいで。大丈夫だよ」何度も叫んだ。

ようやくナラは、避難ばしごを高速綱渡りみたいに下りてきた。ぼくを通り越してまっすぐに地面に飛び降りる。

ぼくが地面に下りたときには、ナラは毛づくろいを済まし、何事もなかったかのように歩いていた。

「王女様、ご無事でなによりでございました」ぼくは頭を振りながら、テントに向かっているナラに声をかけた。安堵のニャアを初めて聞いた。もしかしたら、もうしません、だったかもしれない。


アテネまでは一週間かかった。大都市は好きではないが、目の前に現れたパルテノン神殿をひと目見たらそんな気持ちは忘れてしまった。その歴史の重みとエネルギーに圧倒された。どこにもかしこにも崩れかけた古代のモニュメントや像がある。同時に活気に満ちた、近代的な町でもある。

ぼくらを泊めてくれる家は、町の中心地近くの、緑の多い地域にあった。すごく素敵な家で、何日も野外で過ごしてきたぼくはちょっと不安になった。まずはシャワーを浴びさせてもらおう。でもそのあとはどうなるだろう。メールでのやりとりではとても親切な人々だったが、知らない人なのだから不安はある。

幸いなことに、ニックとイリアナ夫妻、娘のリディアはこれ以上ないくらい親切だった。長いあいだ会っていない友人みたいに歓迎してもらった。翌日ニックは、ぼくの愛車のメーカーTREKの支店に連絡をとり、メンテナンスの依頼までしてくれた。費用も彼持ちだ。まったく見ず知らずのぼくにそこまで親切にしてくれるとは、ほとんど驚異だった。ナラはすぐに打ち解けて夢中で遊んでいる。特にリディアは暇さえあればいつもナラと遊んだ。ふたりはテレビの前でとっくみあいをしたり、寄り添ったり、ずっと一緒に過ごしてきたようになじんでいた。

ふたりを見ているのはほほえましい。ナラの世話から解放されたぼくは、ほかのことをする時間ができた。

アルバニアを出てからもずっとシェメとは連絡をとっていた。バルーは状態が悪化してしばらく点滴を必要とした。それも峠を越え、いまでは回復期にある彼は、ティラナにあるドッグトレーナーのところに行く準備をしている。イギリスで待っているバルーの里親は、アルバニアへ会いにいく計画を立てていた。すべてがいい方向に進んでいた。嬉しい反面、よくなったバルーに会えない無念さが募った。このまま進めば、バルーはまもなくロンドンに行き、もう二度と会えないだろう。

ニックとイリアナはぼくのインスタグラムをフォローしていたので、夕食の席で、バルーの具合を聞いてきた。ぼくは感情を隠すのが下手だ。すぐに心の中のもやもやを見破られてしまった。

「ちょっと会ってくればいいじゃない」イリアナが言う。

ニックは笑顔で頷いた。「数日くらいナラの面倒をみられるよ。できるよな、リディア?」

リディアの顔が輝いた。ぼくは当惑した。考えたこともなかった。

「ほんとうに?」

「ほんとうに」三人が言った。

調べると、アテネのバスターミナルから国境を越えてサランデまで直行するバスがある。夜行バスで行ってバルーと一日を過ごし、また夜行バスで帰ってきたらいい。三十六時間で往復できる。

ナラを置いていくのは気が引けた。ボスニア・ヘルツェゴビナで出会ってから一度も離れたことがないのだ。でもここにいるのが一番安全だろう。数日後、午後遅く家を出たぼくに、リディアと遊んでいたナラは気づきもしなかった。

六時間のバス旅行は地獄だった。暖房がきつすぎて途中で溶けるかと思ったくらいだ。翌朝ようやくサランデに着いて、以前シェメと落ち合った町の中心部の広場に直行した。

シェメはすぐにやってきた。リードの先の元気な子犬は、何週間か前とは別の犬のようだ。二、三倍は大きくなっているし、見るからに健康だ。つやつやした毛並みで活発に動く。シェメがぼくに数時間預けてくれたので、一緒に町を歩いた。ほかの犬と同じように、リードを引っ張って、道端の茂みに飛び込むのを見ると嬉しくなった。もう大丈夫だ。

ナラを長いあいだ放っておきたくなかったので、その夜のうちに戻ることにした。帰りの夜行バスに乗る前に、バルーとシェメと笑顔で別れた。一件落着だ。バルーとはもう会えないかもしれない。先のことはわからない。とにかくぼくはバルーが新しい生活を送る手助けができた。それがとても嬉しかった。

帰りのバスの暖房もガンガンだったが、あまり気にならなくなっていた。国境を越える手続きもほとんど気にしていなかった。だから、アルバニア警察がバスを止めたときにはひどく驚いた。ドラッグとか違法なものを持ち込んでいるという情報でもあったのだろうか、何から何まで厳しく調べはじめた。車体も含め、二度もエックス線検査にかけられた。若い男ふたりが降ろされ、小さな建物に連れていかれた。彼らは戻ってこなかった。

けっきょくそこに数時間留められた。ぼくは考えていた。この前国境を越えたとき、ぼくは書類なんて形だけのもので、ナラの可愛い顔さえあれば大丈夫だと思った。なんてバカだったのだろう。こんな厳しい取り調べを受けたとしたら、書類の不備があれば許されない。この先もナラと旅を続けたいなら、いつもきちんとしておかなければ。どの国にもそれぞれの法律がある。ナラを、連れ去られた男たちと同じ目に遭わせてはならない。

アテネに戻ると、ドアを開けるなりナラはぼくの腕に飛び込んできた。喉をゴロゴロ鳴らしながらすり寄る。ぼくがぎゅっと抱きしめていると、ナラは顔を上げてぼくを見た。「べつに、そんなに寂しくはなかったんだからね」

すぐに走っていって、リディアと遊びはじめた。

二月の終わり近くになっても、仕事探しは難航していた。新たに、エーゲ海とイオニア海の島という島のカヤックセンターに申し込んだ。何か所かは返事をくれて、経験や資格について聞いてきた。ぼくは正式な資格は持っていなかった。もう次の手を考えるべきかもしれない。バーの仕事を探すのだ。

ナラと一緒にアテネをサイクリングして、ランチに戻ってきたときだった。エーゲ海のサントリーニ島でカヤックセンターを営む、ハリスという男からメールが来た。もし早めに来られるのなら仕事を頼みたい、という。ハリスと彼の弟は、夏の準備のために人手が要るらしい。四月初旬に来られるかどうかと聞いてきた。突然のことだったし、ギリシャの島についてはあまりよく知らなかったから、ニックとイリアナに聞いてみた。ふたりは微笑んだ。

「サントリーニ島ですって？　ギリシャで一番美しい場所のひとつよ」

「世界中で、だ。チャンスがあるなら行かない手はない。アテネからフェリーで行けるよ」

心は決まった。三月末には行くと返信し、アテネからのフェリーも調べた。ピレウス港からサントリーニ島までの船は一週間に何便かある。ありがたいことに、キャリーケースに入れておくなら猫も乗船できた。

出発まで一か月もないので、ギリシャ北部を見にいくことにした。ニックもイリアナも何も言わなかったが、ふたりの厚意に甘えすぎていると感じていた。二日だけのつもりが二週間以上も滞在している。ネオス・スコポスやテッサロニキや、ずっと行きたかった温泉で有名なテルモピュレに行こう。まずは温泉だ。

ナラとリディアを離すのは難しいと思っていた。案の定、ぼくが自転車に荷物を積みはじめると、ナラは家の中に走っていってソファーの下に隠れた。リディアに手伝ってもらってナラをどうにかフロントバッグに入れた。二〇分くらいかかった。

別れには、ハリウッド映画のワンシーンのように長くかかった。見送る三人はみんな泣いている。哀愁漂うBGMがかからないのが不思議なくらいだ。強い気持ちを持たないと出発できない。

「ナラ、心配するな。また会えるから」そう言ってぼくは出発した。ナラの低く、不満そうな唸り声はいままで聞いたことのないものだった。わからなかったことにしよう。少なくともご機嫌ではなさそうだ。

⑨

恵み

三月まであと数日というときにテルモピュレの温泉に到着した。近づいてきたことはすぐにわかった。曲がりくねった山道を走っていると、滝の轟音と、腐ったゆで卵のような硫黄のにおいがしてきた。ここは二五〇〇年前にレオニダス王が三〇〇のスパルタ軍を引き連れてペルシャ軍と戦った場所で、シーズンになると観光客がたくさん来る。幸い、夏はまだ三か月も先だ。レオニダス像、ビジターセンター、美術館、温泉の駐車場に寄ったときも、フランスやスウェーデンのナンバープレートをつけた車を数台見かけただけだった。とにかく静かだ。

温泉は自然の地形を生かしたつくりで、プールやお風呂が、滝や岩のあいだを周囲の森へと流れる川の中に配されている。ナラを肩に乗せてうろうろしていると、流れが緩やかでひと気のない場所があった。白濁した青い水から湯気が上がっているのを、ナラは警戒している。にもすごい。ずっと鼻をくんくんさせて「このにおい、何なの？」と言っているようだ。

ぼくがパンツ一枚になってそこに入ったときには、信じられないという目で見ていた。

入らないなんてもったいない。素晴らしい。湯温は四〇度くらいでちょうどいい、巨大な天然露天風呂。ここしばらくの自転車旅行で体が疲れていたぼくには、まさにうってつけだった。

ここまで来るのに四日かかったので、へとへとに疲れていた。アテネを離れてから数日間は、谷を見下ろす丘の上の砦でキャンプをした。テントを張る場所がなく、星を眺めながら眠った。防水の寝袋の中で丸くなったぼくらの頭上に、澄みきった星空が広がっていた。ところが、朝の五時ごろ激しい雷鳴で目が覚めた。まるですぐそばに爆弾が落ちたかのようだった。雨雲はちょうど真上にあり、激しい雨が寝袋を叩いた。雨粒のひとつひとつが感じられたほどだ。

幸い嵐はすぐに去り、防水の寝袋のおかげで濡れずに済んだ。ナラはぼくの下で丸まって寝ていてまったく動じていなかったが、こんなふうに嵐の中で寝ているのはみじめな気分だった。その二日後、幹線道路を外れ、泥だらけの道を走るようになったときにも、やっぱり悲惨だった。泥まみれだったから、こうして温泉に浸かり、ようやくきれいになれたのはありがたかった。何千年もの昔から、人々は、地球の奥深いところで作り出された天然の硫黄成分を求めてここに来た。川から出たときには、ぼくは一〇〇パーセント回復していた。ここしばらくで一番清潔でもあった。

このあたりはまだたくさん見どころもあったので、その夜はそこでキャンプすることにした。温泉から遠くない森の中に、ホテルだかホステルのような建物が見える。黄色っぽい建物は温泉から流れる川沿いに建ち、昔は繁盛していたのだろう。いまは敷地内が草ぼうぼうな状態だ。

テントを張るのによさそうな空き地が、建物の前にあった。ホテルの敷地なのか判別ができない。張り終わったところで追い出されてはかなわない。

ホテルの入口近くの壁際にひとりの若者が立ち、観光客にイチジクのジャムを売っていた。ぼくを見て手を振った。「大丈夫、大丈夫」と言っている。

「ほんとうに、ここにキャンプをしても大丈夫？」

「もちろん。一〇〇パーセント保証する。大丈夫」

ぼくは甘いものに目がないから、お礼代わりにジャムを買った。とても喜んでくれた。たぶん今日はあまり売れなかったのだろう。

ナラが探検に出かけているあいだ、テントが張れるように地面をならした。ホテルの前では何人かの子どもが遊んでいる。テントを張り終えるころ、子どもたちが近づいてきた。黒髪の少女たちで、ジャージのズボンにフードつきのトレーナーを着ている。彼女たちの興味の対象は明らかだ。

探検から疲れて帰ってきたナラは、ぼくが出してやったごはんを食べているところだった。少女たちを手招きすると、ナラから少し離れたところにしゃがみ、ギリシャ語ではなさそうな言葉できゃっきゃとしゃべり合っている。名前を教えると通じたらしい。

「ナラ、ナラ」と呼んだ。ナラは声をかけられたら必ず反応する。すぐに少女たちと遊びはじめた。

一〇分ほどすると、年長の少女が現れて、女の子たちに何か叫んだ。夕飯の時間だから呼びにきたのだろう。彼女は愛想よくぼくに会釈してから、子どもたちに帰るよう促した。女の子たちは走りながら振り返って「マア・サラーマ、ナラ」と叫んだ。たぶん、バイバイという意味だろう。

このあたりの水のにおいはひどいけれど、飲用できると書いてある。でもナラには無理だろう。

ぼくはホテルで水をもらえないか頼んでみることにした。

近づいてみると、普通のホテルではないことがわかってきた。ほとんどの部屋のバルコニーに洗濯物がたくさん干されている。ハンモックで寝ている人もいる。ある部屋のそばでは、女性のグループがウサギらしきものを直火で調理していた。

エントランスホールは空っぽで家具も何もなく、端っこのほうに古いレザーのソファーがいくつか置かれているだけだった。そこでは男たちが大音量でテレビを見ている。アラビア語のようだった。

彼らに声をかけようと思ったときに、若い男がお茶の入った小さいグラスを手にやってきた。ぼくを見て驚いたようだ。

ぼくは水筒をかかげて、肩に乗ったナラを指さして言った。「猫に水をもらえないかな」

彼は少し英語が話せるようだった。

「オーケー、水だね。ちょっと待って」安心したように言って、ソファーの男たちにお茶を渡した。

「ついてきて」

小さいキッチンに連れてこられた。大きなプラスチックの容器から、飲用らしき水を入れてくれた。キッチンもぼろぼろだ。壁は汚れているし、ペンキは剥げている。調理道具は錆びが浮き、何年も使われていないようだ。

「ここはどういうところなんだ?」ぼくは聞いた。

「もともとはホテルだったんだ」

「もともと?　じゃあいまは?」

「ぼくたちは難民だよ。ここは難民キャンプなんだ」

面食らった。ぼくの勝手なイメージでは、難民キャンプは無味乾燥な土地に有刺鉄線が張り巡らされ、その中に何百というテントが張られている。粗雑で間に合わせな仮住まい。このキャンプはいいところにある。ここならいくらいてもいい、とぼくは思った。

何と言えばいいかわからなかったので、水のお礼を言って出てきた。敷地内をぐるっと回ってテントまで帰った。なんだか奇妙な雰囲気だ。

でも、子どもたちは幸せそうにしている。何人かは建物の横を流れる川に、岩から飛び込んで遊んでいる。ほかのグループは建物の裏の壁を使ってサッカーを楽しんでいる。何の悩みもなさそうだ。けれども、大人たちのグループは、岩や壊れた椅子の上に座ってそこここに集まり、静かに何か話している。子どもたちとは対照的に、この世界の重みをすべて背負っているような重苦しさだ。

邪魔をしたくなかったので、ナラと一緒にテントに入り、食事をした。もうかなり薄暗い。ここまでずいぶん走ってきたので、その日はすぐに寝入った。翌日、ナラがいつもより少し遅い時間にぼくを起こした。ナラを出すためにテントを開けると見慣れないものがあった。自転車の横にふくらんだビニール袋。中を見て驚いた。オレンジ、トマト、それにパンがたくさん。完璧な朝食だ。

「どうしたんだ?」

難民キャンプの住人が持ってきてくれたのだろう。自分たちだって十分な食料はないのに、ぼくに分けてくれたのだ。驚きだった。天気が良かったので、テントの外に座ってありがたくいただく。パンは昨日買ったイチジクのジャムにぴったりだ。

ここまで走ってくるときに、チェーンに違和感を感じていたので、簡単な修理をすることにした。自転車をひっくり返していると、前の日の少女たちが友だちを連れてやってきた。

「ナラ、ナラ」と新しく加わった友だちに教えている。

ナラを少女たちと遊ばせながら、ぼくは写真を撮った。少女たちは幸せで満ち足りているように見える。ぱっと見ただけでは、誰も難民だと思わないだろう。元いた場所より、ここのほうが安心していられるのかもしれない。ここに来るまでがどうだったのか、考えるのもおぞましい。

ぼくが自転車と格闘していると、ジーンズにスウェットシャツ、よれよれの野球帽をかぶった中年の男がやってきた。少女たちとは知り合いのようで、彼女たちと少し言葉を交わしていた。穏やかな話しぶりで、教養のある人のようだ。きちんとした英語を話す。ぼくに向かって何か困ったことはないかと聞いてきたので、何もないと答えた。彼はぼくの隣の草むらに腰を下ろし、足を組んだ。

「どこから来たんだ?」

「スコットランドから」

「ああ、バグパイプね」にっこりしながら、腕を脇の下に差し入れて吹くしぐさをした。すごく下手な物まねだが、たぶん、グレート・ハイランド・バグパイプだろう。

「そうだよ」

「これからどこに行くんだ? アテネ? それともテッサロニキかな?」

「ぼくは世界を旅してるんだ。あそこにいる猫と一緒に」

彼は振り向き、少女たちと遊んでいるナラを見て微笑んだ。

「わたしの信仰しているイスラム教では、預言者ムハンマドは猫を膝に乗せて説教をしたといわれる。ある日、彼はローブの袖の上で猫が眠ってしまったのを見て、起こさないようにその袖を切ってしまったのだそうだ。だから猫を愛するのは、信者である印だといわれている」笑顔で言った。

ぼくは頷いた。アルバニアなどで見たナラへの反応は、こういうことだったのか。

彼は何か思いついたようだった。「トルコまで行くのか?」

「そのつもりだよ」

「トルコでも猫は愛されている」言いながら笑顔は消えた。「でも気をつけて。北部はいいけれど、シリアとの国境に近づいてはいけない」

「そこから来たのかい?」彼はゆっくりと頷いた。「いまはとても危険だ。とても」

これまでもテレビで、シリアからの難民が、爆弾や銃弾を避けて命からがら小さなボートでギリシャに向かう映像を何度も見ていた。彼らが経験してきたことは想像だにできなかった。

「ここにいる人たちはみんなシリアから?」

「みんなではない。イラク人もいるしクルド人もいる。みんなここで足止めされているんだ」

「足止め?」

「ここから移動できないんだ。わたしたちはドイツに行きたい。スウェーデンでもいい。スコットランドでもいい」微笑みながら言った。「でもどの国も、わたしたちの入国を歓迎してくれない」

聞いたことはある。バルカン諸国のほとんどは難民の受け入れを拒否している。彼らはここまで来て足止めされ、北ヨーロッパにも行けず、故郷に帰ることもできないのだ。

「ここなら、足止めでも過ごしやすそうだね」雰囲気を和らげようと思って言った。

彼はあたりを見回して、頷いた。

「ここはホテルだったんだ」

「誰かがそう教えてくれたよ」

「ギリシャ政府がここを難民センターにした。ここがわたしたちの家だ。子どもたちの図書館もあるんだよ」そばで遊んでいる少女に微笑んだ。しかしすぐに暗い表情になった。

「けれどもあまり長くはいられない。もうすぐ移動しなくてはならない。トルコに戻るか、ほかの難民キャンプに行くことになるのかはわからない」

沈黙が流れた。何を言ったらいいかわからない。いったい何を言えるだろう。

彼がふたたび笑顔になって、沈黙を破った。「オーストラリアまで行く予定はあるのかい?」

「オーストラリア? うん、たぶん。いつかは」

「わたしはオーストラリアに行ってみたい。カンガルーが見たいんだ」立ち上がって、別の物まねを始める。たぶん、カンガルー映画の物まねだ。彼は自分の冗談がおかしくなったのか、しばらくひとりで笑っていた。

ぼくはもらいもののオレンジを渡した。

「シュクラン。ありがとう」笑顔で受け取る。

ぼくは自分の分のオレンジの皮をむいた。アルバニアの道端でもぎったオレンジとは違って、甘い。

「ありがとうって言わなきゃならないのは、ぼくのほうだ。ここの誰かが、これをぼくにくれたんだよ。そんなことまでしなくてよかったのに」

彼は少女たちに向かって頷いてから、ぼくをじっと見た。

「人に恵む者は、恵まれる」

少女たちをナラと遊ばせはしたが、恵みに値するようなことは何ひとつしていない。でも彼の言った意味はわかるし、異存はなかった。ぼくもそう思う。

彼はそこに座ってゆっくりとオレンジを食べながら、ぼくが自転車を修理するのを見ていた。単調な生活の中で、ぼくは、ちょっとした気晴らしみたいなものなのだろう。やがて彼は頷いて、ちょっと祈るしぐさをしてから去っていった。

一日中そんなふうだった。太陽を避けるため、ときどきぼくはテントに戻って横になった。くつろごうとしたとたん、違った顔がテントの中を覗き込む。ナラの水はいらないかと尋ねたり、スコットランド訛りでタトゥーの入ったぼくをただ見たいがために。ぼくはぜんぜん気にしなかった。雰囲気が明るくなればそれでいい。特に大人たちの。しかし、それもすべてナラのおかげだ。ナラがいなければ、ぼくに話しかけてくる人はいなかっただろう。ナラがぼくの目を、世界に向けて開いてくれたのだ。

ランチのあと、しばらく子どもたちと、ぺちゃんこの古いボールを蹴って遊んだ。イギリスなら、こんなボールは捨ててしまう。けれどここの子どもたちは気にしていなかった。ぼくはフリスビーを出してきて、投げ方を教えた。ナラが得意になってフリスビーをキャッチしようとし、子どもたちははしゃいで笑った。

子どもたちとすっかり仲良くなったぼくは、自転車で少し戻ったところにある店でチョコレートやお菓子をたくさん買い、彼らに分けた。クリスマスか誕生日かっていうくらい、喜んでくれた。笑顔を見るのは嬉しい。彼らが普段どのくらい、こんなふうにお菓子をもらうことがあるのかわからない。でもシリア人の男が言ったとおりだ。誰かがぼくに親切にしてくれたから、ぼくもできることをお返しにした。

大きな山の向こうに太陽が沈みはじめるまで、四人の少女たちがそばに残っていた。やがて、母親たちが夕食に呼びに来た。彼女たちが走って帰ろうとするとき、ひとりにフリスビーをあげた。最初はぽかんとしていたが、意味がわかると特大の笑顔を返してくれた。

その夜、ナラと少女たちの写真をインスタグラムに投稿した。ぼくは政治的な話には関わらないでおこうと思っているし、その資格もない。ただ単に、今日は難民キャンプの子どもたちや大人たちと過ごして、楽しい一日だったと説明しただけだ。ぼくにはそれが精一杯だった。もしひとりでもこの状況を知ってくれるのなら、それだけで意味を持つ。ぼくから、ほかの誰かへ。

翌朝早く出発した。難民キャンプの人々のことが頭を離れなかった。彼らは、自分たちの故郷や社会から切り離されて、所有物もすべて失っている。そんな状況でもなお、他人のために何かをしてあげようとしている。頭が下がるとはこのことだ。「ぼくらが不平なんて言ったらダメだな」自転車をこぎながらナラに言った。

難民たちとの偶然の出会いは、ギリシャ北部をまわる旅のあいだ中、ずっと心にひっかかっていた。あのあとぼくらはネオス・スコポスという小さな町に住む、ぼくの叔母の友人の家に向かった。アテネにできた〝家族〟同様、彼女も信じられないくらい親切で、ナラとぼくのために少し離れたところに小さな家を用意してくれた。四旬節四〇日の始まりを祝う、盛大なギリシャの〝灰の水曜日〟に招待もしてくれた。

でも、フムスやタラモサラダやピタパンといったご馳走に舌鼓を打ちながらも、難民キャンプで食料が不足していることが頭を離れない。ぼくにできることはないと思っても無駄だった。ギリシャ第二の都市テッサロニキを訪れたときも同じだった。途中で何回かテント泊をした。また雨にやられたけれど、今度は少しもみじめには思わなかった。ずっと同じ考えに囚われていた。

あの子たちは何を経験してきたんだろう。どんなところで寝なくてはならなかったんだろう。

テッサロニキには雨の合間に到着した。おかげで古代と近代が大胆にミックスされた町をぶらぶらすることができた。ビザンチン帝国随一の都市のひとつだ。ナラを肩に乗せて、古代アゴラや聖堂やガレリウス凱旋門といった、古代の遺跡を見てまわった。ナラは当然ながら公園や原っぱのほうに興味があった。ナラは鳥を見るのに夢中になっている。枝にとまっている鳥を見つけると、独特の短い鳴き声を発するのだ。もしかしたら食べようと思っているのかもしれない。ぼくはリードを離すつもりはなかった。どうなるかわからない。

初めてのタトゥーは十九歳のときに入れた。ニューキャッスルで足に入れた、シンプルな模様だ。それから一〇やそこら増えたけれど、そのほとんどは人生で大事なことがあったときに入れたものだ。たとえばエミネムの『Till I Collapse』の歌詞の一部を胴に入れてある。

だから、ナラにも敬意を払って、ひとつタトゥーを入れたいと思っていた。ナラはもうぼくの一部だ。それを形にしておきたかった。

いい店が見つかり、若い女性のアーティストに、手首にナラの足跡を入れてもらった。手首ならいつも見ることができる。大満足だ。

小さなホステルに戻ってから、動物専門動画サイト《The Dodo》のクリスティーナと連絡をとった。最初は自分のことを話すのに照れもあったし、訛りも気になった。彼女はぼくのスコットランド訛りを理解できるだろうか。だが、話が終わるころには、ぼくはすっかりリラックスして、楽しく、ナラと初めて出会ったときのドラマを話していた。クリスティーナは、ぼくが撮った動画も使いたいと言ってくれた。

古い動画を探して送信する。通信環境が不安定でほとんど諦めかけたが、なんとかがんばった。使うかどうかわからないと言われていたので、動画のことはすぐに忘れた。だってそうだろう、スコットランドから来たむさ苦しい大男と捨て猫の動画なんて、興味はないだろう。

アテネまでの帰り道は楽しかった。そしていろいろな出来事があった。

ヴォロスという町では、カウチサーフィンのサイトで連絡をくれたフェリシアという女性にお世話になった。彼女もとても親切で、友だちのヤマヤと数人で夜の街に連れ出してくれた。楽しかった。パーティー三昧の日々に戻りたいとは思わないが、たまに羽をのばすのも悪くない。

小学生時代のぼくと保護したカモメ。
ダンバー、スコットランドにて

家族写真。左から右に向かって、ぼく、
父ニール、母アヴリル、妹ホリー

リッキーと。2018年秋。
旅の準備をしていたころ

出会ってまもない
ぼくとナラ。モンテ
ネグロの海岸にて

モンテネグロ、ブドヴァの旧市街を囲む
城壁に座るナラ。2018年12月

アルバニア、ティラナへの途上。フロントバッグに収まり、
景色を眺めるナラ

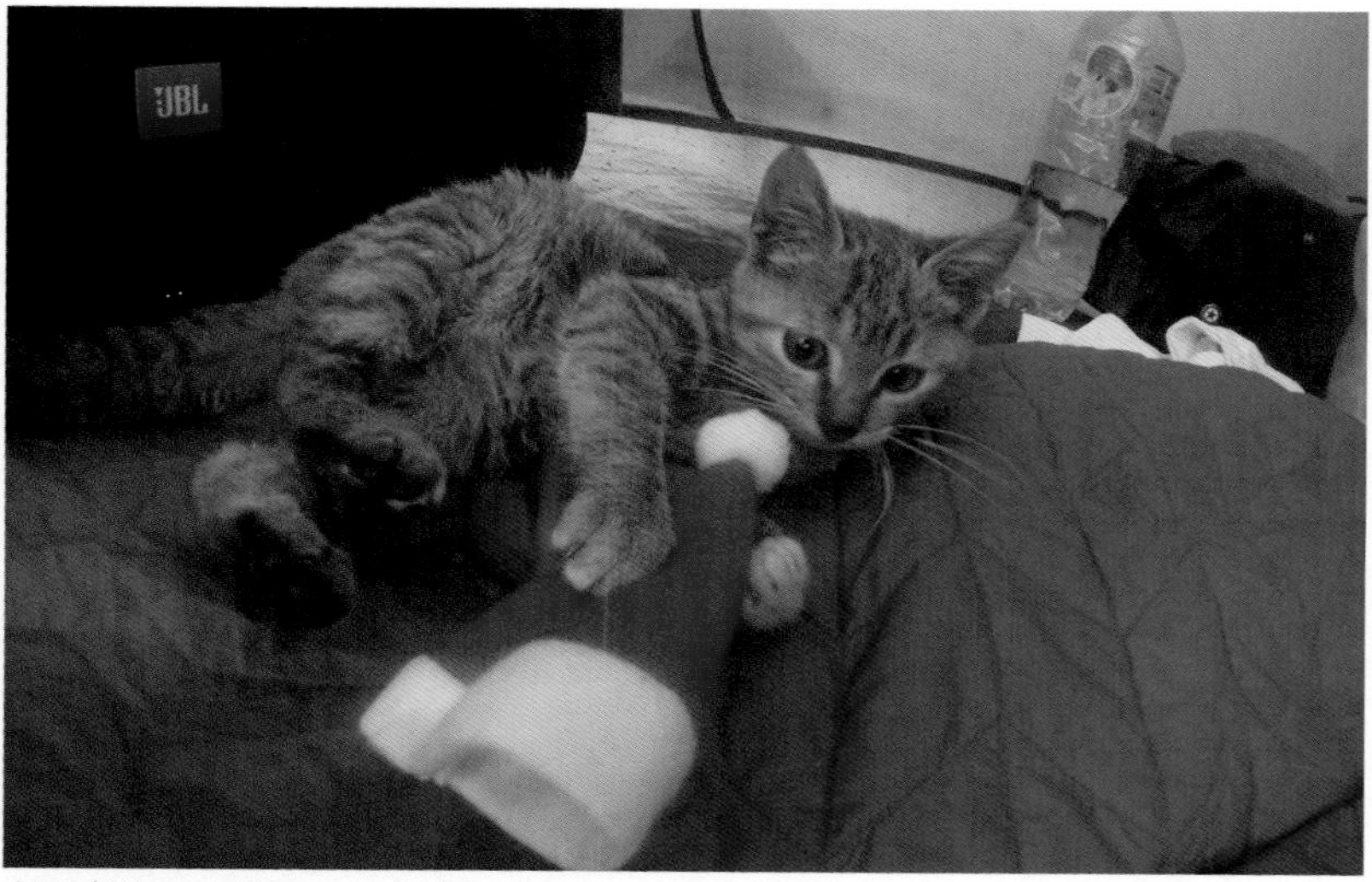

ナラの初めてのクリスマス。アルバニア、ヒマラにて。2018年12月

ヒマラの海岸でおもちゃ
のネズミに飛びつくナラ。
2018年の年明け

アルバニア、サランダにて。シェメに
バルーを預けた帰途。2019年1月

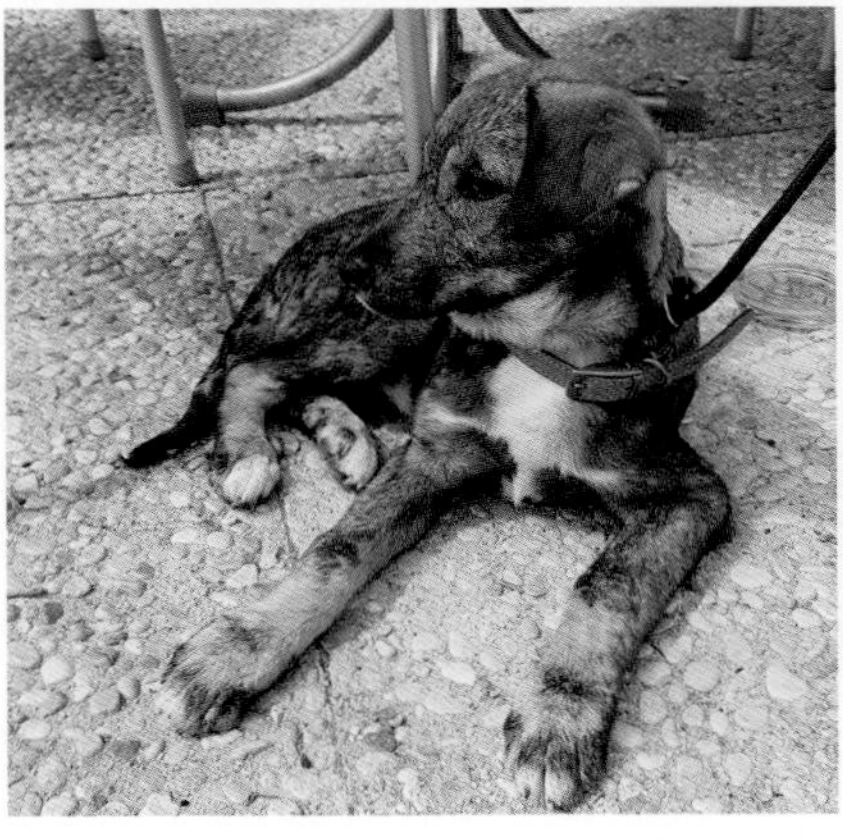

バルー。拾われて数か月後の
健やかな姿。ティラナにて

ナラ、ギリシャでの最初の夜。
2019年1月

休息中。ギリシャ、ティーヴァにて

ニック、イリアナ、リディアと。アテネにて

サントリーニ島のカヤックベース基地にて。トニーと

看護師ナラ。ぼくの病気が治るよう癒してくれる

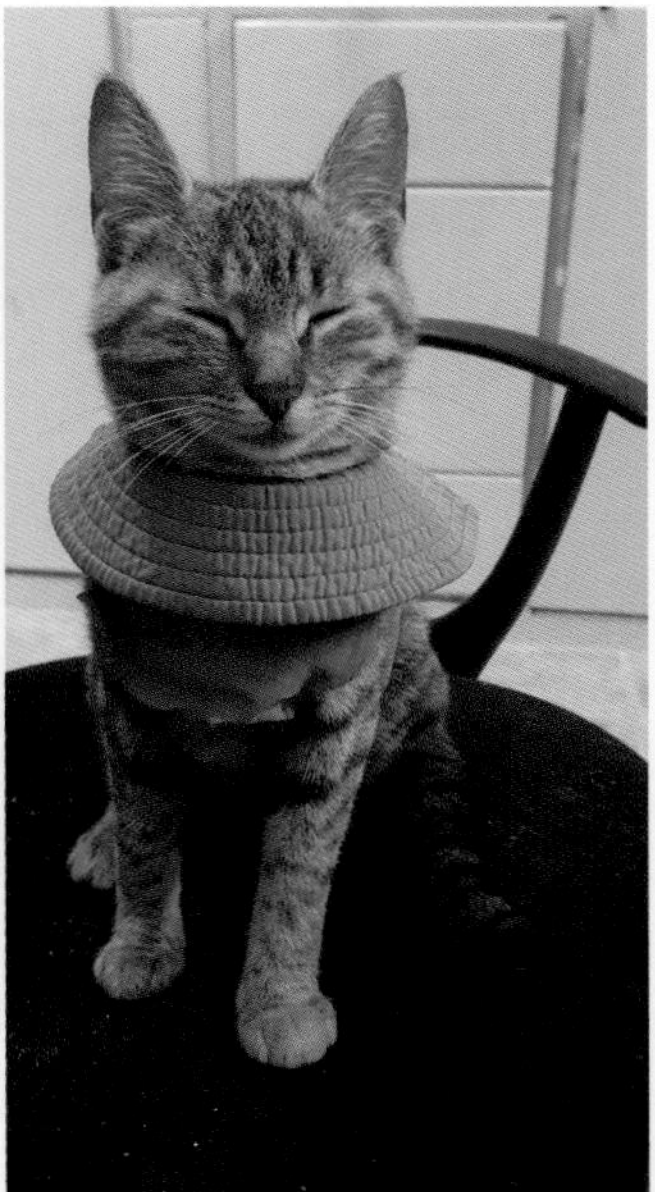

「治るまでの我慢」
退院後、即席のカラーをつけて

避妊手術後のナラとぼく。回復するまではなるべくそばにいて世話をする

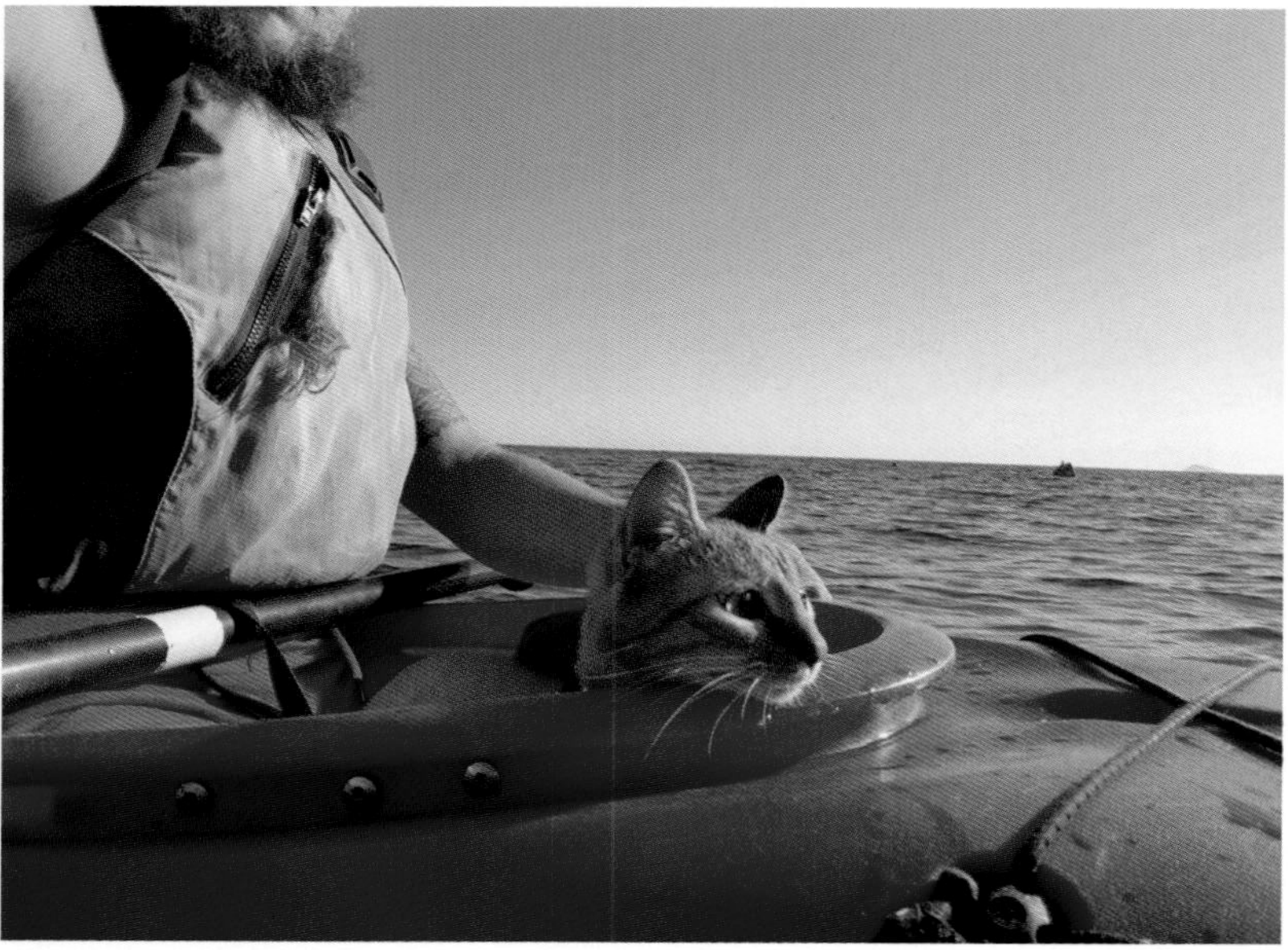

水にもカヤックにも慣れたナラ

カヤックの中でくつろぐナラ

サントリーニ島の行きつけのレストランで
可愛がられ、おやつをもらうナラ

フィラ近くの《SAWA》にて、
保護犬たちが出迎えてくれる

チャリティーくじのために作った陶器のボウル。
中央にはナラの足跡。サントリーニ島にて

次なる目的地アジアへ。ヒオス島からトルコのチェシュメに渡るフェリーを待つ。2019年7月

イズミールへ向かう途中。一夜の宿として使われていないプールに落ち着く

さらに南下するうちに、いろいろなアクシデントに見舞われた。川を渡るとき、自転車を向こう岸に置こうとして、荷物をすべて濡らしてしまい、ナラを怖がらせてしまった。川岸で全部乾かすハメになったが、たいしたことはない。自分の意志でしたことの結果だ。自分の意志とは無関係に、人生をひっくり返された人たちのことを考えれば。

アテネへの帰途にはテルモピュレと難民キャンプがあった。みんなに会っていこうと思い、近づくと、この前寄ったときとは様子が違う。たくさんの人がバッグやリュックを持って道路を歩いている。当局の職員なのか制服を着た人々もいる。

ぼくは前にテントを張った玄関付近に自転車で向かった。スピードを落とすと子どもたちの声が聞こえてきた。

「ナラ、ナラ、ナラ」

ホテルだった建物から子どもたちが走ってきた。前に会った少女もいる。自転車を取り巻き、ナラを撫でている。ぼくはまたそこにテントを張って、何日か滞在しようと考えていた。この人々のことをもっと知って、もっと話を聞きたいと思っていた。

しかしすぐに子どもたちは呼び戻された。何かが変わっていた。ホテルの前にはたくさんの家族が所持品を手に集まっている。一緒にオレンジを食べたシリア人が言っていたように、違う場所に移されるのかもしれない。次はどこに行くのだろう。そこには何が待ち受けているのだろう。心が千々に乱れた。

子どもたちとキャンプのみんなに手を振った。さよなら。ほんとうに幸運を祈っているよ。

翌日はぼくの誕生日だった。

海岸を見下ろす美しい場所でキャンプをし、ナラとのんびり過ごしながら、スコットランドの家族とおしゃべりを楽しんだ。難民キャンプでの衝撃のせいか、普段よりホームシックを感じていた。ダンバーを離れてから初めての誕生日だ。家族と話していると気持ちが落ち着いてきた。みんなの近況も聞く。家族はぼくの貯金が尽きることを心配していたが、もうすぐサントリーニ島に行き、夏のあいだ働くつもりだと言うと、喜んでくれた。母がケーキを焼いてくれていて、三人が食べるのをぼくはスマホで見た。

「残しちゃダメだよ。食べるのに困っている人たちだっているんだからね」ぼくは言った。

「ちょっと。お父さんみたいなことを言ってるわ」母は笑った。

そのとおりだった。ぼくらが子どものころ、父はよく世界で飢えている人たちの話をした。ぼくらがどんなに恵まれた環境にいるのかということを。子どもの常として、ぼくはほとんど真剣に聞いていなかった。しかし、いまは違う。

そこから四、五日かけてアテネに戻った。サントリーニ島までのフェリーにはまだ何日かあったので、ニックたち家族の招待を受けた。特にリディアはナラと会えて大喜びだった。再会はいいものだ。たとえ短くても。ナラはもちろんリディアのキス攻撃にあって、すぐに大の仲良しに戻った。

フェリーのチケットを買ったとき、ナラはキャリーケースに入れておかなければならないと知った。イリアナと一緒にペットショップに行き、中からぼくが見えるような大きな窓のあるケースを買う。その晩試してみると、ナラはどうしても入りたがらない。しかしほかに方法がない。フェリーに乗りさえすれば、デッキでこっそり出すこともできるだろう。

フェリーは悪天候のため何度か遅れた。やっと三月の終わりに出航することとなり、イリアナ、ニック、リディアが見送りに来た。今回は涙はない。ぼくがそのうち会いに来ると約束したからだ。夕方、スロープを渡って大きなフェリーに乗り込み、夜行の船旅に備えた。自転車をしっかり固定し、上甲板で、ナラをこっそり出してぼくの肩に乗せておけそうな場所を見つけた。ピレウスの灯りが徐々に遠ざかるのをナラと眺める。港も、アテネの町もやがて水平線に浮かぶ小さな光となった。

大きな意味を持つ瞬間に思えた。ぼくらの旅の第一章が終わりを告げている気がする。これから新しい章が始まる。

マイルで測ろうがキロで測ろうが構わない、ここまでの走行距離はぼくに大きな達成感を与えてくれた。ボスニア・ヘルツェゴビナの山でナラと出会ってから、一〇〇〇キロ以上も旅をしてきた。誇らしく、そしてありがたかった。ずいぶんと長く一緒に旅をした。浮き沈みも驚きも挫折もナラのおかげで経験できた。ナラがぼくの旅を価値あるものにしてくれている。ナラのおかげで、ぼくは責任感や思いやりを学んでいる。彼女はぼくの旅に目的を与えてくれた。ナラとの出会いは、ぼくのこれまでの人生で一番の出来事だ。

難民キャンプで出会ったシリア人の言葉を思い出した。「恵む者が恵まれる」

もしあの山道でぼくに拾われたことで、ナラがぼくに友情を返してくれているなら、ぼくはとてつもなく恵まれた人間だ。

第二章

山あり谷あり

ギリシャ
〜
トルコ
〜
ジョージア
〜
アゼルバイジャン

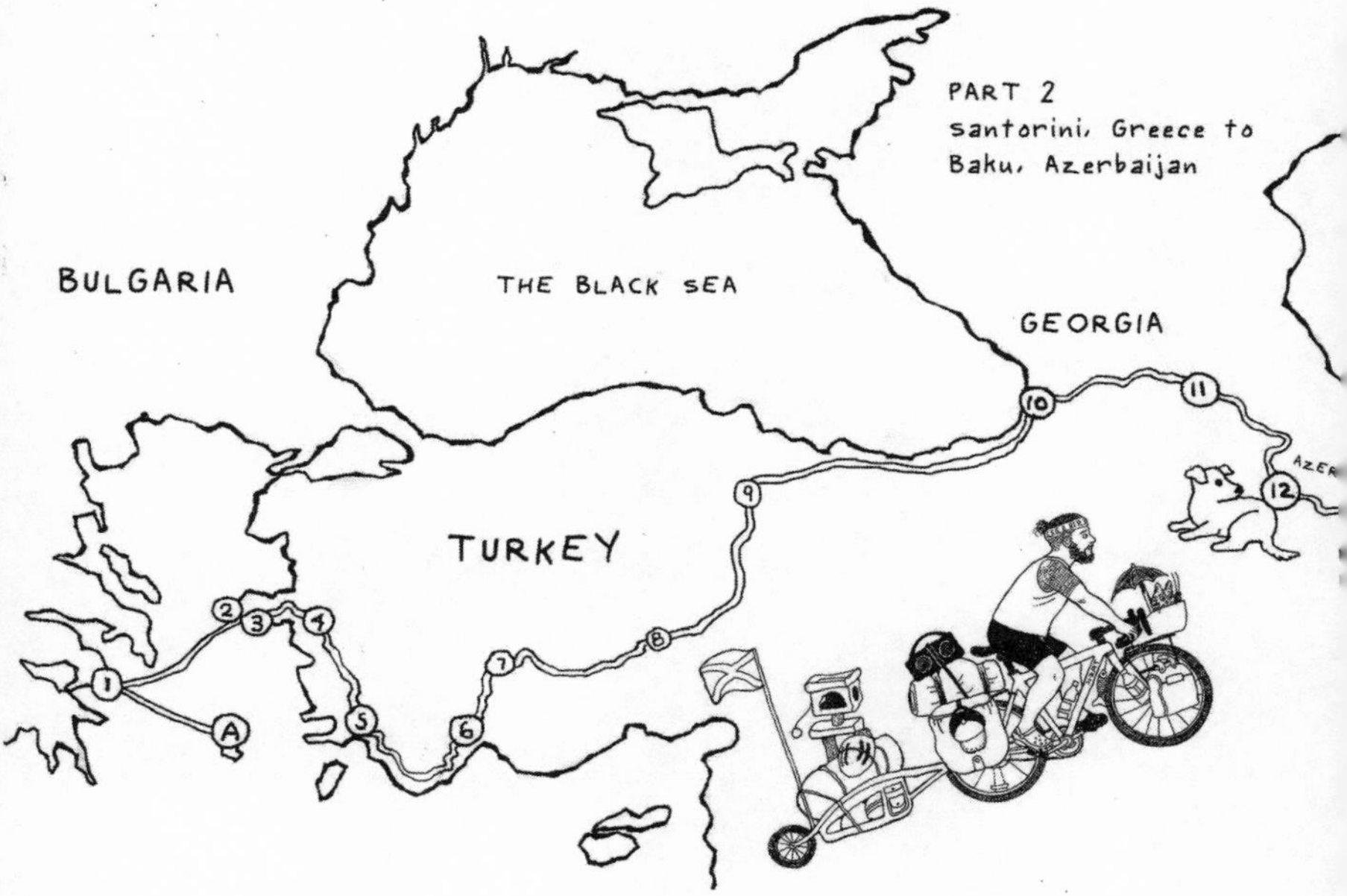

MAP

ギリシャ

A サントリーニ島

① アテネ

② ヒオス

トルコ

③ チェシュメ

④ イズミール

⑤ マルマリス

⑥ アンタルヤ

⑦ コピリュル渓谷

⑧ カッパドキア

⑨ スィヴァス

ジョージア

⑩ バトゥミ

⑪ トビリシ

⑫ ギャンジャ

アゼルバイジャン

B バクー

⑩ エイプリルフール

世界がひっくり返った、と感じる瞬間が誰の人生にもあると思う。思いがけないことが起こって、すべてが変わってしまう瞬間。ぼくにとっては、サントリーニ島に到着した日がそうだった。四月一日のことだ。エイプリルフールの冗談かと思ったよ。ピレウスから乗ったフェリーを降りて休憩していたときだった。

夜行フェリーの航行中は何も問題がなかった。静かな甲板の片隅で、ナラはいつものようにぼくの胸の上に乗り、ほとんどの時間眠っていた。フェリーがサントリーニ島に近づいたとき、ぼくは人混みを避けるために、早めに荷物の準備をしに貨物室に下りた。それが間違いだった。

エンジン音が大きくなり、金属製のドアが大きな音を立て、ナラは大パニックになった。こんなふうになったのは見たことがない。エンジンの轟音はさらに激しくなり、ナラはぶるぶる震えてぼくに爪を食い込ませている。悪いことをしてしまった。

フェリーが船着き場に着いてゲートが開くとすぐ、ナラをしっかりと抱え、自転車を押してスロープを下りた。そしてすぐそばの、垂直にそびえる崖のふもとに並んでいるカフェのひとつに直行した。ナラはまだ木の葉のように震えていた。

ナラに食べ物と水を与え、目の前に広がる有名なカルデラを眺めた。何百年も前に噴火した火山が地中に没し、この絶景が形成されている。ナラもやっと落ち着いてきた。

ぼくの新しい上司ハリスからは、前日に、弟が迎えにいくという連絡をもらっていた。しかし駐車場には誰の姿もない。フェリーは電波状態が悪くてスマホが通じず、バッテリー残量も少なかったので電源を切っていた。ハリスから電話があったかもしれないと思い、スマホの電源を入れる。コーヒーが運ばれてきた。スマホが起動したとたん、あらゆる着信音が鳴りだした。メッセージ、メール、コメント通知が大量に送られてきているのだ。焦った。ハリスに何かあったのかもしれない。が、すぐにそうではないことがわかった。メッセージが多すぎるのだ。インスタグラムからの通知も異常だ。誰かがぼくの投稿に〝いいね！〟を押したとか、新しくフォローしたとかの通知がひっきりなしに来る。スマホはピンボールゲームみたいに鳴り続けた。

「いったい何が起こったんだ？」ナラに向かって言ってみた。

メールのほとんどに、動画サイト《The Dodo》という件名が入っている。

ふーむ。そういえばサイトに、ぼくらのことを取り上げてくれると言っていたな。それで何人かフォロワーが増えたんだろう。インスタグラムを開いてみた。

あやうくコーヒーを吹き出しそうになった。

驚きのあまり大声で「ファック！」と叫んでしまい、年配のイギリス人観光客に嫌な顔をされた。

アテネを出た時点では、フォロワーは三〇〇〇人程度だった。それでもすごい数だ。自慢できる。だがいまでは十五万人にもなっている。前日の五〇倍だ。こうしているあいだにも、どんどん増え続けている。数秒に一〇〇人の単位だ。スマホは壊れたように鳴りやまない。

呆然とした。信じられない。何かの間違いではないだろうか。悪い冗談かもしれない。スコットランドにいる誰かがぼくのアカウントを乗っ取って、エイプリルフールのどっきりをやらかしたとか。あいつらならやりかねない。ぼくもそういういたずらは嫌いではないが……。

だが、どうみても本物だった。数万の〝いいね！〟がついたナラの写真もある。二月の初め、ギリシャに入ったばかりに投稿した短い動画は、一万五〇〇〇回閲覧されていた。ありえない。これはいたずらでできる数字ではない。そうだろう？

わけはまもなくわかった。ダンバーの友人から短いメールが届いていた。「ディーン、これを見たか？」という。フェイスブックに投稿された《The Dodo》の動画のリンクが貼ってあった。開いてまた息をのむ。動画のタイトルは、〝自転車旅行の若者、捨て猫を拾う〟だ。見ていられない。自分の声を聞くのは嫌いだ。画面を見ると、すでに三〇〇〇万回も再生されていた。三〇〇〇万回。ありえない。

ネットで〝バズる〟って話は聞いたことがあるが、それには、長い時間がかかるか、何か仕掛けた結果だと思っていた。でも、この動画は違う。ほんとうに何もない。予告もない、仕掛けもない。突然、爆発したんだ。もう一度カルデラに目をやる。これほど大きな爆発ではないが、同じことを経験している気がした。この出来事は、これからのぼくの人生を再形成していくだろう。

スマホに見入っていると、そばに車がやってきてクラクションを鳴らした。髭の若者が運転席から笑顔で合図している。

「ディーン」ハリスの弟だろう。

「ああ、ぼくだ」返事をして荷物をまとめた。

ナラはもうすっかり落ち着いていた。ナラを肩に乗せ、自転車とサイクルトレーラーを押していく。トランクを開けて待っていてくれた。

「トニーだ。カヤックスクールで働いている。さっそく案内するよ」と言って握手した。ぼくが自転車で現れたのにちょっと驚いたようだったが、猫を連れているのにはもっと驚いたようだ。

「可愛い猫だね。なんて名前?」

「ナラだよ」

「やあ、ナラ。ようこそサントリーニ島へ」

小さなフォルクスワーゲンには自転車を入れるスペースはなかった。トニーにトレーラーと荷物をトランクに積んでもらい、ぼくは自転車で追いかけることにした。

崖の上までは急勾配のヘアピンカーブが続いていて、天候がどうあれ大変な道だ。そのうえここ三〇分くらいは、すさまじい風が吹き上がっている、まるで竜巻だ。途中でナラが海まで飛ばされてしまうかと思った。交通量も多くて、注意して走らないといけない。頂上に着いたときにはへとへとだった。

ようやく風景を見る余裕ができた。ニックとイリアナが言っていたとおり、サントリーニ島は魔法のように美しい。三日月形の火山岩の塊でできていて、崖の上には白い家々が並ぶ。周りの海はこれまで見てきたどんな海よりも青く、風にあおられて白波が立っている。今日でなければゆっくりと眺めるところだが、いまは強風と格闘しながらも、頭の中ではまだ、スマホに起こっていることを考えていた。早く目的地に着きたかった。

トニーは、島の反対側、アクロティリという村の近くの大きな家にぼくを案内した。「カヤックのスタッフはみんなここに寝泊まりする。いまはきみとぼくだけだ」それから、車で一〇分ほどの、島の北側にある小さなビーチへ向かった。こちらは南側に比べて穏やかで、風もあまり強くない。まだ四月一日だが、早くも子ども連れの観光客がいて、波と戯れていた。気持ちはわかる。砂浜は火山灰のせいで白くはなかったが、海の色はとても美しい。青と緑が混じり合った深い色をしている。ぼくも早く飛び込みたかった。

トニーについていくと、何軒かのカフェやバーはもう混み合っていた。ビーチの反対側の端には、細い砂浜の周りに三〇から四〇フィートくらいの高さの、粉を吹いたような赤錆色の崖が切り立っていた。ビーチは大いに清掃の必要がありそうだ。ひからびた海藻に加えて、さまざまなごみが落ちている。プラスチックだけではなく流木やわけのわからないものも。よし、ここは掃除しよう。

カヤックのベース基地は入り江の端のほうにあった。天然の洞窟を利用して作った石造りの倉庫だ。中に入るとトニーは窓を開け、電灯を点けた。冬のあいだに窓やドアの隙間から入ってきたらしい、砂や埃がたまっている。かび臭い。アラジンの洞窟さながらに、カヤックやいろいろな備品、ヘルメットやパドル、ライフジャケット、ロープなどが置いてあった。「ここを掃除しないとな。ペンキ塗りも。今日は休んで、明日からとりかかろう」トニーが言った。

その晩は軽く飲みに行って、早くに帰った。ナラが心配だったのもあるが、ネット上で発生していることを確かめたかったのだ。一日中気になっていた。

ナラの横に寝転んでスマホを見た。前よりもさらに爆発している。インスタグラムのフォロワーは二〇万を超え、世界中から何百というコメントが書き込まれていた。ぼくの《The Dodo》動画はさらに五〇万回ほど再生されていた。ほかにも同じように数字が伸びていた。いろいろな人や企業からたくさんのメールが届いている。ひとつにネットフリックスからのものがあった。ぼくらを撮りたいと言っている。そのメッセージは削除した。いまはとてもそんなことは考えられない。ニュース配信会社や新聞社からの引き合いもあった。いくつかには返信した。ひとつは『デイリー・メール紙』で、両親がいつも読んでいるから。もうひとつはアメリカの『ワシントン・ポスト紙』。高級紙だというのは知っているが、どうしてこのぼくにコンタクトしてきたかはわからない。この二紙とは近いうちに話をすることにした。

精神的に疲れたときには、頭を切り替え、いったんすべてを忘れることにしている。現実逃避だという人もいるだろうが、ぼくは息抜きしたほうがいいと思っている。そうして気持ちを整理する。もし、いますべての出来事に対処しようとしたら大変だ。追い詰められてしまうだろう。いい結果にならない。

だからインスタグラムを更新し終えるとスマホを置き、睡眠をとることにした。もちろん新しくフォローしてくれた人々には感謝を伝えて。明日は忙しい一日になる。

次の朝早く、トニーとカヤックのベース基地へ出かけた。ペンキとブラシも持っていったが、まずは掃除と片付けからだ。隅にはうず高く備品や箱が積まれていた。埃から喉を守るために、マスクをつけて作業を始めた。

トニーとは気が合いそうだった。のんびりしていてよく笑う。前の晩には周りに人がいたのであまり話ができなかったが、洞窟の中で彼が音楽をかけたとたん、ぼくらは親しくなると確信した。音楽の好みがまったく同じだった。トニーが好きなソロモンというハウスDJはぼくもよく聴いている。ぼくらは、歌ったり踊ったりしながらごみを捨て、床をブラシでこすった。仕事にしては楽しすぎる。

ナラも自分の活動をしていた。洞窟から数ヤードのところにある小さな岩の上を飛び回りながら、やってくる波と戯れている。いくつかの空き箱を外へ出し、そこでも遊べるようにしてやった。基地のドアは大きく開け放し、いつでもナラの様子を見られるようにした。

「その猫はどういう子なの?」トニーがペンキを塗りながら尋ねた。

「話せば長いんだけど、ボスニアで拾ったんだよ。四か月前に。それから一緒にいる」

「きみのほうが拾われたんだろ?」とトニーがウインクする。「一緒にいるのを見てて思ったけど、あの猫はきみのソウルメイトみたいだね」

ぼくは笑った。人に言われたのは初めてだったけれど、きっと誰の目にも明らかなのだろう。ナラとぼくはバディだ。

夕方にはぼくらは作業を終え、その成果に満足していた。一千倍くらいきれいになった。

「ビールでもどう？」トニーが言った。

「猫連れでよければ」

トニーは笑った。

海岸から数百ヤード歩いたところにあるバーに入り、海を見渡せる端の席に座った。太陽が島の反対側に沈んで、空が赤く染まっている。美しい。完璧すぎる夕暮れだ。

ビールをひと口飲んだとき、地元の女の子たちのグループが通りかかった。ナラはすぐ横にある塀の上に立って海を見ていたが、女の子たちに向かって小さくニャアと鳴いた。ひとりが気づいてにっこり笑った。次の瞬間、彼女は立ち止まり、驚きの表情で固まった。ぼくらのほうを指さし、仲間の女の子たちに何か話しはじめた。ひとりは英語が話せるらしく、こちらにやってきた。

「もしかして、インスタグラムの人ですか、猫を拾ったっていう？」

「う、うん。まあ」すぐには返事が出てこなかった。

「友だちがあなたをフォローしているんです。写真を撮ってもいいですか？」

ナラとぼくは何枚か写真を撮ってもらった。女の子たちは喜んで、スマホの写真を見ながらきゃっきゃと笑いながら走り去った。

トニーは不思議そうにぼくを見ていた。

「何がどうなってるの？」

話すつもりはなかったのだが、こうなっては言わないわけにはいかない。ぼくは《The Dodo》とインスタグラムのページを見せた。トニーは大きな口笛を吹いた。

「この夏は有名人がここで働いてくれるってことだな」

そんなふうに自分を考えたことはなかったし、いまだってそうは思っていない。

「あの子はたまたま動画を見ただけだよ、こういうことはもうないさ」

「そうだろうとも」トニーは含み笑いをしながら言った。

トニーは正しかった。そういう予感はしていたが、これは始まりに過ぎなかった。


それから二、三日のあいだは、間近に迫ったカヤックスクール開校に向けて、最後の準備に追われた。トニーがカヤックの試し乗りを提案し、最高に楽しい時間を過ごした。「ちゃんと浮くかどうか試しておかないとな。あと、お客をどこに連れていくのかも教えておきたいし」

いつかはナラも海に連れていきたいが、いますぐではない。まずは自分が、この海とビーチに慣れなくては。焦ってはいけない。

ナラのために十分な食べ物と水を基地に置いて、ぼくとトニーはカヤックで出かけた。後ろにスピーカーをくくりつけて音楽を聴けるようにした。何時間かかけて、海岸沿いをずっと進んだ。ぼくは一〇代のころからカヤックに乗っていて、かなり慣れている。

「うまいじゃないか」風が強くて難しいところを通り抜けながら、トニーが叫んだ。

トニーはこの海を知り尽くしていた。これから毎日ツアー客を連れていくコースを案内しながら、流れが複雑なところや、突風に気をつける場所を教えてくれた。それからランチを食べに小さな洞窟に行った。風が強い日にはその洞窟に上陸するのは難しい、エーゲ海にはそういう風がよく吹くのだという。

そのあとしばらくは、海の上をのんびりと漂い、おしゃべりをした。夏のあいだずっとこうして過ごせるのだったら、もうどこにも行かなくてもいい。完璧だ。夢の仕事が見つかった。

次の日には新しいメンバーもやってきた。スロベニアから来たデイビッドというナイスガイだ。彼も一緒の家で過ごす。ハリスも顔を見せた。トニーより少し年上で、英語はあまり話せない。とはいえ、ユーモアのセンスは共通のようだ。ハリスはときどきしかやってこない。ほかの島で別のビジネスをしていて、サントリーニ島のカヤックビジネスはトニーに任せているらしい。

メンバーが揃ったところでトニーは前に出て、やるべきことをホワイトボードに書き出し、ぼくとデイビッドはメモをとった。毎日ツアーは一、二回。基本的にお客はカヤックの経験者に限る。ベース基地から出発するときもあるが、島の反対側のカルデラの中からのときもある。時間的な流れでは、午前のお客はだいたい九時ごろやってくる。まずは説明をしてから準備をしてもらい、カヤックに乗り込んで二、三時間のツアーに出かける。途中洞窟に寄って、そこで弁当を渡す。次の部は午後遅くに出発し、有名なサントリーニ島の夕日を眺める。たしかに素晴らしい。午後のツアーも二、三時間なので、あまり遅くならないうちに戻ってくる。

聞いているうちに気持ちが沈んできた。これは大きな問題だ。ナラを朝早くから夕方まで家で留守番させるわけにはいかない。海に出るぼくから遠く離れて。トニーには言わなかった。カヤックツアーのために雇われたのだから、行けないとは言えない。幸運にもすぐに解決法が見つかった。

次の日、洞窟に向かう車の中に、リュックとキャンプ用具を滑り込ませた。洞窟の中でハンモックを広げる。端にぼくの衣類を掛け、ナラの荷物を近くに置いた。

「何が始まるんだ？　もうパパラッチから逃げているとか？」トニーがぼくを見て笑った。

「ここなら、猫にとって安全だと思うんだ」笑顔で答える。

あっちの家にナラを置いておくのが心配だと説明すると、トニーはわかってくれた。チームの誰かがベース基地にいるときには、留守のあいだナラの面倒をみるようにする、と約束してくれた。

ぼくの心は百万倍も軽くなった。

洞窟での最初の夜は、新居に引っ越したような気分だった。ぼくらは食事をし、しばらく外へ出て星を眺めてから部屋に戻り、明日に備えた。ここしばらく風が強かったが、明日はいい天気になる。今シーズン最初の予約が入っていた。明日から仕事だ。

ナラがぼくの胸の上でうたた寝をしているあいだ、メールを読んだ。フォロワー数は三〇万人を超え、《The Dodo》は五〇〇万回も再生されていた。ナラが海岸で遊んでいる写真を投稿しておいたら、一〇万以上の〝いいね！〟が、一日足らずでついていた。

ぼくは頭を振って力なく笑った。わけがわからない。どの投稿にもすごい桁のゼロが並んでいる。それなのに、この状況に対応するアイデアもゼロなのだ。

とにかく、連絡をとってきた記者の何人かとは話をしなければならない。ひとりはイギリス人の素敵な女性で、『デイリー・メール紙』に記事を書くという。もうひとりは『ワシントン・ポスト紙』のとても真面目そうな男性。彼と話をしている自分が信じられなかった。ぼくのことより、戦争とか重大な政治的なことについて、書くことがないのだろうか？

自分のことを語るのは気恥ずかしい。けれども、同じ話をしているうちに、だんだんと洗練されてきた。どんなふうにボスニア・ヘルツェゴビナの山中でナラを見つけたのか。どうやって国境をかいくぐったのか。どんなふうにぼくらは、ぼくが機関士でナラは船長というチームになっていったのか。記者たちは記事が掲載される時期については、教えてくれなかった。載らないかもしれない。ぼくの人気なんて、ほんの一時的なものなのだ。

インスタグラムの面白さは否定できない。フォロワーが増えるにつれ、コメントやメッセージもこれまで以上に、ぼくのことをほめてくれていた。現代の聖人のように扱っている人もいる。コメントを読んでぼくは頭を振った。大げさだ。ぼくはただ、誰でもすることをしただけだ。特別なことなんて何もしていない。とんでもない。ぼくは混乱した。ぼくへの期待が大きくなりすぎ、とても応えられそうにない。

それでも、ナラがそばにいてくれるから、少し気が楽になる。

ナラは死んだハエのように空中に足を伸ばし、ぼくの胸の上で眠っていた。どんなところでも眠れるからほんとうに面白い。自転車のハンドルに覆いかぶさって寝ていたり、木の上だったり。どこででも眠れる。すぐに適応できる。ナラを見習おう。そう思ってスマホを置いた。新しい状況にも慣れるしかない。そう、なんとかして。いつもナラがしているように、何が待っていようがそれに順応していこう。大丈夫、時間はある。

優しいさざ波の音が、ぼくを眠りに導いた。

⑪ 看護師ナラ

夜明けにぼくを起こすというナラの習慣も悪くはない。次の朝、まだ寝ぼけまなこでふらふらしながら、ナラのトイレのために洞窟の基地の扉を開けると、いままで見たこともない、息をのむばかりの日の出がそこにあった。ビーチは無人でこの光景を独り占めだ。そのうちに慣れてしまうのかもしれないけれど。

ナラが波とじゃれあい、夜のうちに運ばれてきた海藻のにおいを嗅いでいるあいだ、ぼくはビーチに下りて歩きながら海の空気を吸い、不思議なほどの静けさを楽しんだ。朝の六時半を過ぎたところで、穏やかな波の音と遠くの犬の吠え声しか聞こえない。ダンバーにいたとき、冬の砂浜を散歩するのが大好きだったことを思い出した。もちろん、こちらは二〇度くらいの暖かさだが。

昨日の風はもうやんでいたが、浜の近くではまだ白波が立っていた。あと数時間でカヤックツアーが始まる。少し難しい海流にあうかもしれないが、そこまで心配する必要はないだろう。新しい仕事が待ち遠しい。

八時になると、ビーチにはジョギングする人や早くも泳ぐ人などが現れて、ぼくも一日の準備を始めた。ウェットスーツを選んでいたときスマホに着信音が鳴った。メッセージを読んだとたんに心が沈んだ。

開いているドアからナラの姿を見てため息をつく。お気に入りの遊び場になった岩の上を飛び跳ねていた。かわいそうに。ぼくたちは今から荒波を乗り越えなければならない。メッセージは島に到着したときに連絡した獣医師からだった。ナラの避妊手術について、翌日の都合を尋ねてきたのだ。

サントリーニ島に着いた次の日に、ナラはもう生後六か月になっていた。信じられなかった。なるほど体は大きくなっている。けれども、まだふわふわの、遊び盛りの子どもだった。胴体だって細くて、ぼくの片手でつかめてしまう。精神的にだって、ぼくが見る限りまだ赤ちゃんみたいなものだった。機会さえあれば、紐の先のおもちゃや、壁に映った光の点を一日中だって追いかけている。そんなたいそうな処置をするには、ナラはまだ幼くて無垢でありすぎた。

いまが適期だということはわかっていたが、できるだけ先に延ばしたかった。獣医師と連絡をとるのと同時に、ルシアという女性にも連絡をとった。島にたくさんいる野良猫を保護する慈善団体《ステリラ》を運営している。野良猫は大きな問題になっているので、サントリーニ島にいるあいだに、何か手助けをしたいと思っていた。彼女に助言を求めた。アルバニアのシェメにもメールを送った。彼はぼくに、ティラナからイギリスに移って幸せに暮らしているバルーの近況を、ずっと知らせてくれていた。

三人に同じ質問をした。ほんとうに避妊手術は必要なのか。ぼくと旅をしている限り、しなくても大丈夫なのではないか。全員から情け容赦もない返信が来た。避妊手術をしなければ、ガン、悪性腫瘍、感染症などの危険にさらされる。手術をしないということはナラの寿命を縮める危険を冒すということだ。しかし、手術をしてしまったら、ナラはもうちびナラを産むことはできない。まあ、これは説得力のある反論ではない。子猫を自転車にわんさと積んで、旅をするなんて現実的じゃない。

ナラの健康についての重大な決断をする、ということを学ぶときだ。ぼくは観念して、暗い気持ちで獣医にいつが予約可能か問い合わせた。ずっと予約でいっぱいであることを祈りつつ。願いもむなしく、返事が来た。その返事が、明日の朝一番に連れてきてください、だったというわけだ。

九時になり、ベース基地にトニーとデイビッドがやってきて気が紛れた。獣医師にとっては慣れた手術だとわかっていても、心配でたまらない。ナラは可愛い娘で、ぼくは彼女の父ちゃんだった。

その日はシーズンの初日で、最初の客を迎えていた。予報でも今日は良い天気になるとトニーは言う。この日は、ぼくのスタッフとしての初日でもあったので、ぼくはツアー客と一緒の艇に乗り、客と同じ目線で参加してほしいと言われた。トニーは一人乗りカヤックで並んで漕いでいく。客と同じ体験をさせて、感想を聞きたいのだという。代金に見合う価値があるのか、何が楽しく、何が良くないか。トニーはお客をどうすれば喜ばせることができるのか、知りたがっていた。

ツアー客は九時過ぎに到着した。三人のグループで、島の西部にあるイアという高級リゾートに滞在しているアメリカ人の男たちだ。三人のうちのひとりは、明らかに巨人といってよかった。身長は軽く六フィートを超え、体重も二八〇ポンドはあるだろう。彼がビーチを歩いてくるのを見て、トニーとこっそり視線を交わした。

「もっと大きいカヤックがいるかもな」

三人ともカヤックの経験は豊富だった。問題は、その巨体だ。スクールにある一番大きなライフジャケットでも小さすぎるくらいだ。ぼくは二人乗りカヤックの後席に乗り、彼に目配りできるようにした。ぼくらのカヤックは海に出たとたんぐらぐら揺れた。通常は、ツアー客を乗せることはないが、この際一人乗りのカヤックに乗ってもらったほうがよいのではないか…。しかし余計な口出しはやめておこう。ぼくは新参者なのだし、初日から問題を起こすわけにはいかなかった。

ビーチからあまり離れないようにしながら、できるだけ前に重心をかけて艇を安定させようとした。しかし、いかんせん沈みすぎている。これは大変なことになりそうだ。この予感は間違っていなかった。

トニーはサントリーニ島付近の海流は読みにくいと言っていた。「予期できないことを予測しておくように」と言っていたのだ。一時間もすると、その言葉の意味がよくわかった。

やさしいそよ風が突如として突風に変わった。日よけとしてかぶっていた野球帽が飛ばされそうだ。あっという間に三フィートの波が立つ。

トニーはもう一組の男たちにつきっきりだ。風が激しくなったので、ビーチのほうに誘導しようとしている。そのとき続けざまに波が押し寄せて、彼らは海に投げ出された。ライフジャケットを着ているので溺れることはないが、トニーはすぐに救助に行き、ふたりがしがみついているカヤックを押さえて安定させてやった。そのあいだ、ぼくらの乗っているカヤックは静かに沈んでいった。波が高いのでカヤックに水が溜まってしまう。このくらいぼくには問題ない。ぼくは水が周りにある環境で育ったし、水泳も得意だった。水難救助訓練だって受けているのだ。しかし、一緒に乗っている男は不安がり、岸に戻りたいと言った。

もう少しで小さな入り江にたどり着く、というときに転覆した。カヤックをつかみ損ねると、あっという間に、ぼくの脇を通り越して沖へと流されていく。

トニーが有能だということはわかっていたが、とっさの行動はすごかった。片手で一艘のカヤックを押さえながら、もう片方の手でぼくらの流されたカヤックを捕まえたのだ。それからなんとかぼくのほうに、カヤックを押し戻した。ぼくはそれを片手でつかみ、泳いで岸に向かい、巨大な男がついて来ていることを確かめた。ちゃんと泳いでいた。

しかし、受難はこれで終わりではなかった。入り江を見回したところ、切り立った崖に囲まれて、歩いて帰る道が見つからないのだ。カヤックで戻るしかない。幸い巨大な男は、岸に近づいたことでさっきよりは落ち着いている。

崖の上に通じる歩道のある大きな湾を見つけてそこに上陸した。数分後にトニーも、客ふたりを連れて到着した。全員無事だったが、陸のうえに戻って、明らかにほっとしていた。

風がさらに強まり、ツアーを切り上げてカヌーを抱えて歩いて帰ることになった。ベース基地に着いたときには疲れきっていた。しかし、お客たちは満足していた。

「ぼくたちの住むコロラドの、急流ラフティングを思い出したよ」大きな男はおどけて言った。ぼくにとってもいい経験になった。カヤックの本質が詰まっていたのだ。この夏きっと、同じような状況をふたたび経験することになるだろう。

洞窟に帰ってくると、ナラはぼくの服の上でぐっすりと眠っていて、今日ぼくに起こったことなど、どうでもいいという様子だった。デイビッドが言うには、ナラはとてもいい子にしていて一度も外へ出ようとしなかったらしい。安心した。ぼくが仕事で出ているあいだ、ナラをここに残していっても問題がないということだ。

その日はもう予約は入っていなかったから、午後は自由時間となった。ナラとビーチに散歩に出かけて、心を落ち着けようと努めた。ナラはこれから何が待ち受けているのか知らない。しかしぼくはそれを頭から追い出すことができなかった。ずっとスマホで猫の避妊手術について検索し続けた。情報を得すぎるのもよくない。図解のページを見たときには後悔した。もうやめよう。

翌朝いつもよりも長めにナラをビーチで走り回らせてから、キャリーケースに入れて、トニーと一緒に三マイルほどの距離にある、フィラの動物病院に連れていった。

動物病院のスタッフはプロだった。ぼくに手術の手順を説明し、不安を和らげようとしてくれた。ナラはこのあと手術を受ける。麻酔が覚めるのを待ってから状態を確認するらしい。だから、ぼくに連絡が来るのは十二時間後の午後八時くらいになる予定だ。もちろん、まだ麻酔が効いている場合には、もう少し遅い時間になる。

ナラをぎゅっと抱きしめてから、看護師に渡した。任せて安心だとわかっているものの、ドアから出ていくときには、自分がひどい裏切り者になったような気がした。ナラの目をまっすぐに見られなかった。ぼくは落ち込んで基地に戻った。この種の手術は毎日のように問題なく行われていて、心配いらないことはわかっていた。けれども、ナラとの絆が強くなりすぎていて、居ても立ってもいられない。幸い、カヤックのおかげでいくぶん気を紛らわすことはできた。

そのあともずっと忙しくするようにしていた。習慣になった、三〇分の海岸清掃。こんなに小さなビーチなのに、毎日、何が流されてきて何が捨てられているのかわからない。同じ日に、合成樹脂製のクロックスのサンダルを、白と黒とでひとつずつ拾ったこともある。合わせて一対だ。履き心地はいいし、かっこいい。また自転車で走るときに便利だと思い、使うことにした。

それでも黒いごみ袋を積みながらついスマホを覗いてしまう。時計の針はゆっくりとしか動いてくれない。六時までがとても長く、そうして七時、やっと八時になったというのにまだ電話は鳴らない。さらに十五分が過ぎ、三〇分が過ぎた。気もそぞろになってきた。合併症でも発症したのか。

ようやく八時四十五分になって着信があった。

「もう迎えにきても大丈夫ですよ」電話の向こうの声は淡々としている。車を出してくれるトニーが近くにいなかったので、タクシーを呼んで動物病院まで行った。タクシーを待たせて中に入る。すぐに回復室に駆け込んだ。ナラはまだ朦朧《もうろう》としていた。ぼくを見てもわからないようだ。獣医師にお礼を言い、小さなブランケットにナラを包んで膝に乗せ、タクシーで帰った。無事に連れて帰れたことに安堵していると、不思議な気持ちになった。ぼくはこんな小さな子になぜこんなにもおろおろしているんだろう。

獣医師が言うには、しばらくのあいだは気分が悪い状態が続くかもしれないらしかった。洞窟に戻ると、ハンモックで寝るのはやめてナラの隣で床に一緒に寝ることにした。ナラが混乱したり、気分が悪くなったりしたときに、ひとりきりで不安な思いをさせたくなかった。この判断は正しかったようだ。ぼくが横に寝転ぶと、ナラは本能的にぴったりくっついてきた。それで落ち着いたようだ。またすぐ深い眠りに落ちていった。

ぼくのほうは一睡もできなかったが、もとよりそのつもりだった。ナラは二度、敷物の上に吐いた。二度ともぼくが掃除して、ナラが落ち着くまで座って様子を見ていた。しだいに回復していくのがわかった。麻酔薬が体内から排出されている。だからといって安心はできない。ぼくはずっと緊張して、ナラがぴくっと動いたり音を出したりするたびに様子を見た。

最後にはぼくもうとうとしたが、長くは眠れなかった。目が覚めると、ナラがぼくの横に立っていた。もう麻酔の影響はないようで、へその下の縫合糸を取ろうとしている。

「ナラ、ダメだ」ぼくは飛び起きた。

ナラはシャーッと唸って抗議した。あたしの体についてる糸なんだから、あたしが取りたければ取ってもいいのよ！

もちろんよくないので、棚に置いてあった小さなナイロン製の帽子を失敬し、間に合わせのカラーを作った。つばから少し上の部分を切り取り、ひっくり返してナラの首を通すと、つばが邪魔してナラは糸を噛めなくなった。なかなかの出来だ。一時間半ほど、もがいたり文句を言ったりしていたけれど、そのうち諦めてまた眠った。準備のためにトニーがやってきてぼくらを起こした。ナラを見て驚いた。「ぼくらの帽子をどうしてくれたのさ」

「給料から差し引いてくれていいよ」

トニーは笑った。

ナラが完全に回復するまでに数日かかった。洞窟近くで、より暖かい場所やより涼しい場所を、一日のうちに探しながらよく眠っている。ぼくは特に、飲み物と食べ物に気を配っていたが、ナラを見ていて、猫は自然治癒能力に優れているという記事を思い出した。ナラは元気なときには、一日に一〇時間でもビーチを走り回り、波を追いかけ、岩で遊ぶことができる。しかしいまは、本能的に、治癒するためには休息が必要だということがわかっているのだ。体力の回復が最優先だと本能で知っている。

幸いなことに、強風のためカヤックが出せなくなり、ナラのそばでもうしばらく様子を見ることができた。インスタグラムも更新する。いろいろなことがありすぎて、投稿するネタには困らない。フォロワーたちは純粋に、ぼくらがどうしているか、特にナラのことを気にしてくれている。だからできるだけ、ナラが健康で幸せにしている写真をアップするようにしていた。

ぼくらへの関心はまだ増え続けていた。驚いたことに、『デイリー・メール紙』も『ワシントン・ポスト紙』も記事を載せてくれ、さらに取り上げてくれる媒体が増えた。

ふたたびフィラの動物病院に向かった。避妊手術をするときに、ナラのパスポートに必要になる狂犬病抗体検査について聞いたのだ。これがなければ旅ができない。すぐに打つ必要があるらしい。結果が出るまで時間が必要だから、避妊手術から回復したあたり、二、三週間後には来るようにと言われていた。検査は採血して行うが、ナラの体力を奪う。もしかしたら鎮痛剤が必要になるかもしれない。前回訪れてから二週間と少しあいだを空け、キャリーケースのナラとともに動物病院を目指していた。

ナラはどこに向かっているのか気づいているようだった。ぼくはこんな短いあいだに何度も病院行きを強いていることに、罪悪感を覚えていた。正しいことをしているのだと自分に言い聞かせる。いますべきことを、しておかなければ。そうすれば、来年かもうしばらくは自由でいられるだろう。そう自分に言い聞かせても、何の足しにもならない。

早めに到着した。今度は一緒にいてやろうと決めていた。もう麻酔は必要ありませんように。残念ながらそうはいかなかった。獣医師が注射器を持ったとき、ナラは凶暴になった。彼に向かって唸り、ひっかこうとする。ぼくはナラをしっかりと抱いて麻酔が打たれるあいだ、落ち着かせようとした。ナラはすぐに眠った。だがぼくは、ナラに「済まなかった」と呟いた。

前回ほど強力ではなかったので、まだナラは眠そうだったが、一時間後には帰宅の許可が出た。帰り際に獣医師は、ぼくが驚くようなことをふたつ口にした。

ひとつは、ナラのパスポートに不備があるということ。獣医師は、手伝っていた看護師にもパスポートを見せ、首を振りながら厳しい表情で言った。「アルバニアの獣医はパスポートにスタンプを押していない」

「どういうことですか?」

「つまり、いままでの予防接種は無効だということだ。もう一度しないといけない」

ぼくの顔から表情が失せた。

「そんなはずない」

ぼくが怒っている前で、獣医師と看護師は話し合った。すぐに解決策は見つかった。

「心配しないで」看護師が笑顔で言う。「獣医師の名前が載っているから、連絡をとってみる。間違いなく必要な予防接種がされていることが確認できたら、書類を送ってもらえると思う」

「お願いします」ぼくは気を静めながら言った。

ショックから立ち直りかけたとき、ほかのスタッフがナラの血液が入った小さな瓶を光にかざし、獣医師とふたりでいぶかしそうに見ているのが目に入った。

「どうかしたんですか？」

「血液が濁っているんだ。普通の状態じゃない。興奮していたからかもしれないのだが。どちらにせよ検査で、何か悪いところがあればわかるから」

「結果が出るまでにどのくらいかかるんですか」

「一か月くらいだね。アテネに送らないといけないから」

なんてことだ。心配事がつぎつぎに起こる。

動物病院のスタッフはとても親身になってくれていたが、ベース基地に戻ってきたときにはほっとした。小さな段ボール箱に毛布を敷き、ナラをそっと入れる。

それから数日のあいだ、ナラはすっかり弱っていた。それでも洞窟の中で少しずつ回復していった。

病院や診療所で弱っている人を見ると、たとえ自分自身は元気だったとしても、落ち着かない気持ちになるものだ。自然な反応だと思う。とはいえ、こんなに罪悪感があるのは、娘をつらい目に遭わせてしまった、父親の気持ちになっているからだろう。一番いいキャットフードを買ってやり、いつもより長い時間一緒に寝転んで、首や頭を撫でてやるとナラはゴロゴロと喉を鳴らした。

天候が回復してカヤックツアーに出た。ナラを残していきたくはなかったが、仕方がない。トニーやほかのスタッフを信用していないわけではない。ナラが寂しがるのが心配だったのだ。それに何かあったときに、ぼくが海の上ではすぐに駆けつけられない。

そこでナラが麻酔から目覚める前に、ある決心をして、ナラ用のライフジャケットを買った。自転車で副操縦士を務めるのだから、カヤックでもできるはずだ。ナラの体力が回復するのを待って試してみた。派手な黄色のライフジャケットを着せてみると、とても似合っている。その姿をインスタグラムに載せると、あっという間に見る人の心をつかんだ。

一番穏やかな日を選んで、初めてのカヤックに連れ出した。自転車のときと同じように、体は風に当たらないように暖かくし、カヤックの前席に座らせる。ナラは頭だけちょこんと出して、あらゆるものを感じようとした。景色に目を奪われ、海岸沿いの店から流れてくる音楽に耳を傾けている。猫は基本的に水が好きではないので、ナラが怖がらないように徐々に水に慣れさせた。まずはパドルボードに乗せてみた。ナラにとっては大冒険だ。パドルボードは隠れる場所がないから、最初はそわそわしていた。「これはどういうことなの？」という目でぼくを見た。しかし、いったん水に浮いてボードが安定すると、その上を歩きはじめた。ナラは水を怖がらずに受け入れた。安心した。毎日連れ出すつもりはない。それは非現実的だ。少なくとも連れていくことができるとわかっただけでいい。

ナラのことに気をとられているあいだ、自分のことはおろそかになっていた。

ナラの注射事件のすぐあと、ぼくはちょっとした災難に遭ってビデオカメラを失くしてしまった。小さな四角い高性能ビデオカメラで、自転車をこぎながら撮影するのにちょうどよかった。ダンバーを発つ前に買って、よくヘッドストラップでおでこにつけて撮影していた。トニーとカヤックで出かけたときもそいつを装着していた。出かけるとき、天気はあまり良くなかったが、海に出るともっとひどくなった。ベース基地の東側に出たとき、大きな波にぶつかった。乗り越えられると思ったが、さらに大きな波が来てぼくは転覆した。なんとかカヤックに戻ったとたん、六フィートを超えようという波が背後から襲いかかってきて、また投げ出された。そのときは気づかなかったが、あとでおでこに手をやるとビデオカメラがストラップごとなくなっていた。

イラっときたが絶望はしなかった。カメラは頑丈だし、完全防水のケースに入っていた。海の底から探し出せると思ったのだ。失くした地点はそこまで深くない。波がおさまったらすぐに見つかると思った。甘かった。二日のあいだ海の底を探したが、何も見つからなかった。悪いことは続いた。天気が良かったので、ナラも一緒に連れて最後の捜索に出かけたのだ。ナラに気をとられ、普段していることを忘れてしまっていた。スコットランド人であるぼくの肌は、強烈なギリシャの陽射しには耐えられない。だからいつもは気をつけて、日焼け止めクリームを、手や足に塗っていた。でも、カメラを探してシュノーケリングをしていたときは、背中と首を塗り忘れていた。一時間くらい顔を水につけて、背中を陽にさらした状態だった。

それは夕方やってきた。バスに轢かれたたような痛み。それに吐き気とめまい。何度も吐いた。体からエネルギーがすっかり失われた感覚だった。ハンモックでひたすら寝ていた。何が起こったのかはわかっていた。昔、タイに旅行したときも同じことがあった。日射病にかかったんだ。

トニーはぼくの様子を見て、水や薬を持ってきてくれた。「何日か休みなよ」と言ってくれたが、ぼくにはそんな気はない。次の日、ぼくが準備を始めると、彼はぼくの腕をつかんでハンモックに引き戻した。「回復するまで、そんなこと二度とするんじゃない」

ぼくはしぶしぶハンモックに戻った。ぼくらの小さな部屋はいまや病室と化した。

今回は、ナラが看護師でぼくが患者だ。ナラは天使だ。ぼくらの役割は逆転した。いつもなら、洞窟の周りで居眠りしているのに、ぼくの横にぴったりと張りつき、何度も喉を鳴らしながら顔を舐めてくれる。いま、ぼくの具合が悪いということをわかっていて、今度はナラがぼくの面倒をみてくれるようだ。それがとても嬉しかった。

ぼくは、とても弱っていたのだ。

熱が下がってきたら、今度は左足が炎症を起こした。死ぬほど痒い。日射病か虫刺されだと思っていたが、感染によるものかもしれなかった。痛み止めと、抗ヒスタミン剤を飲んでみたがあまり効果がない。それから、皮膚の色が気味が悪いほど赤く変色した。一日ほどで硬くなり、足をまっすぐ伸ばせなくなった。体重をかけられなくなり、片足でぴょんぴょん飛び跳ねていた。またしても海賊船長だ。松葉杖はなかったが。

ベース基地の救急箱を探ってみたが、役に立ちそうなものはなかった。トニーがやってきて、ぼくの足を見て怒った。「そんな足じゃカヤックどころじゃない、すぐ病院に行くんだ」

その日の夕方、片付けを終えてから、彼はぼくを病院に連れていった。たいしたことはないと思っていたが、看護師はそう思わなかったようだ。医師に診てもらう前に、小さな病室に入れられ、抗生物質の点滴を受けた。

けっきょく感染ではなかった。何らかのアレルギー反応だったらしい。しかしひどい脱水症状。何時間か寝かされ、抗生物質を処方され、しばらく安静にするようにと言い渡されて解放された。言うことを聞くつもりはなかった。すでに何日も仕事を休んでいる。明日の朝にはカヤックの仕事に戻るつもりだった。

ナラ看護師には別の考えがあったようだ。

猫には病気を嗅ぎ分ける力があって、機械よりも正確だという。飼い主がてんかんの発作を起こしそうになるのを、飼い猫のほうが先に気づいたという話を聞いたことがある。洞窟に戻ってハンモックに寝そべると、ナラが駆け寄ってきてぼくの横に寝転んだ。ぴったり寄り添って静かにゴロゴロと喉を鳴らしている。ぼくの具合が、まだ良くないことをちゃんとわかっているみたいだ。愛ある看護を必要としていることも。

ぼくはいつも不良患者だ。スコットランドにいた子どものころからそうだった。

切り傷やあざは気にしない。風邪をひいてもインフルエンザにかかっても薬は飲まない。ラグビーをしているときも、足が折れない限りコートからは出なかった。バカなマッチョだったということは認める。タフな男に見られたくて見栄を張っていた。俺は不死身なんだって。ボスニアで、モスタルの橋から飛び降りて足を怪我したときだってそうだ。ほんとうはちゃんと治るまで静養しなければならなかった。悪化しなかったのはラッキーだ。一生、足を引きずって歩くことにもなりかねなかった。

ハンモックに横になり、隣にナラがいてくれて、いろいろ考えてようやく納得がいった。ぼくはずっと横になっているのは嫌いだった。動きたいのだ。仕事も休みたくない。とはいえ、もし松葉杖をついて歩くことになったら、もうナラの役には立てない。トニーだってカヤックの仕事をさせてはくれないだろう。無理をしたところで何の得がある？　悪い状況にしかならない。

ナラが自分をどうやって癒していったか思い出した。すべてを忘れて、元気になることだけに集中していた。バカにしてはいけない。ナラを見習うべきなのだ。回復するために、自分に時間を与えなくてはならない。自分の体としっかり向き合うのだ。

ちょうどそのとき、トニーがひょいと顔を出した。

「患者さんの具合はどうかな？」

「完治まであと二、三日はかかりそうだな」

トニーは驚いた顔をした。「どうしたんだよ、きみらしくない発言だな」

「うん、片足でカヤックに乗っても、迷惑をかけるからね」

「それはよかったが」まだ信じられない様子だ。「誰が説得したんだ？　医者？」

ぼくは肩をすくめた。「違うよ。正しいことをしているだけさ」トニーの目は見られなかった。

プライドってものがある。六か月の子猫に常識を教わったなんて、言えるわけがない。

⑫
サントリーニのスパイダーマン

夏本番になり、ぼくもナラもサントリーニ島での暮らしがすっかり板についてきた。ここのビーチの生活はとてもシンプルでぼくらには合っている。スコットランドにいたときとは正反対の生活だった。働くのも遊ぶのも全力だ。しょっちゅうパーティーが開かれ、朝から晩までずっと出ずっぱりだった。ナラも海辺の暮らしに満足していた。ぼくと同様、暑さだけが問題だった。いまでは気温が毎日三〇度近く、午後になると三〇度を超えた。

陽に当たりすぎるのは、人間と同じように猫にもよくない。自分が日射病になって以来、ナラが暑くなりすぎないように気をつけていた。ネットからの助言をもとに、念のためナラの耳や鼻にも使える日焼け止めクリームを塗った。肌がむきだしのところは簡単に日焼けする。だからカヤックで一緒に海に出るのも少し控えることにした。短いあいだなら問題ないが、三時間のツアーに行くのは問題だ。

一緒に行けないのは残念だった。ナラといると気持ちが休まる。いないと、いまどうしているだろうといつも気になる。ビーチはどのくらい混んでいるだろう。ベース基地にはいま誰がいるのか。ナラは中でいい子にしているだろうか。インスタグラムもいまは何の役にも立たなかった。

いまでは五〇万人ものフォロワーがいた。世界中からフォローされていた。カナダ、アメリカ、ポーランド、ブラジル。ギリシャの島々に休暇で訪れている人々も大勢フォローしてくれていた。会いに来てもいいかという問い合わせも増えてきた。毎日のようにある。できるだけ対応したいのだができない場合もある。何件か、ぼくがカヤックで出ているときに、連絡なしに訪れてきた人をがっかりさせてしまったこともある。ツアーを終えてベース基地に戻り、訪問客があったと知らされたこともある。みんな、ナラに会えなくてがっかりしたことだろう。

複雑な心境だった。たくさんの人が、わざわざ島の反対側からアクロティリまで会いに来てくれた。しかし、ぼくには仕事がある。トニーとハリスはカヤックツアーのスタッフとしてぼくを雇ってくれたのだ。すでに日射病と足の腫れで何日も休んでしまった。ナラにも負担かもしれない。ナラに会いに来てくれたのはみんないい人たちだ。少しのあいだしゃべったり写真を撮ったりして、とびきりの笑顔を残して去っていく。飲みに誘ってくれた人もいた。イギリスとオーストラリアから来た女の子たちのグループは、ぼくを町まで連れていき、最後にはみんなで足首におそろいの、パイナップルのタトゥーを入れた。最高に楽しい夜だった。

ぼくらの小さな物語に、どれだけの人が感動してくれているのだろう。出版社、エージェント、ジャーナリストからの連絡も増えたし、こちらの郵便局に小包が山のように届く。世界中から送られてきた。特にアメリカからが多かった。宛先は〝サントリーニ島、ディーンとナラ様〟となっている。中身はいろいろだ。豪華なキャットフード、おもちゃのネズミ、鈴、ハーネス、猫じゃらしなど、猫用のあらゆるグッズが届いていた。問題は、海外からの荷物には関税が発生する、ということだ。荷物を受け取るたびにぼくが支払う。中身が支払う関税に見合うものかどうかは、一種の賭けだ。小さな箱に五〇ユーロの関税を支払い、開けてみたら羽のついた棒だったこともある。

文句を言いたいわけではない。みんな、底なしに親切なのだ。純粋によかれと思って送ってくれる。けれども断らざるを得ない。インスタグラムを通じ、贈り物はそれぞれの地元の動物保護施設に送ってあげてほしいと伝えた。すべて受け取ることはできない。自転車旅行を再開したら、とても持ち運べない。移動式ペットグッズショップとして、世界中をまわることになってしまう。

人々の反応はどんどん大きくなってきたが、ぼくは本来の自分の目的は見失いたくなかった。もしぼくに影響力があるのなら、それを何か善いことに役立てたいと思っていた。五月に入って、その機会が訪れた。

絵葉書のように美しいサントリーニ島だが、暗い面もある。休みの日にフィラを訪れたとき、島にロバやラバが異常に多いことに気がついた。カルデラと、フィラの巨大な崖のふもとに観光船が到着するのを眺めていると、たくさんの人が崖の上の村まで、ロバに乗ってやってくるのが見えた。気の毒な動物が酷使されている。背に大男を乗せて荒い息をしているロバもいた。どこかで倒れてしまいそうだった。

あんな巨体なのに、どうして動物の背に乗ろうなんて思うのだろう。ケーブルカーもある。見る限り、機能している自前の足だって二本ある。

島には荷車を引いているラバもいたが、何頭かの年老いたラバはただほったらかしにされていた。ネットの記事を読むと、タクシーとして働くロバは、ハイシーズンには明け方から夜遅くまで週に七日間働くらしい。そのせいで、関節、脚、背中に問題を抱えている。働けなくなったころには体はぼろぼろになっている。残念なことに、飼い主たちは動物保護には関心がなく、使えなくなると簡単に捨てていた。

サントリーニ島動物愛護協会《ステリラ》のルシアが、島で年老いたロバやラバの面倒をみている慈善団体への訪問に誘ってくれた。ぼくはすぐに飛びついた。

サントリーニ動物福祉協会、通称《SAWA》はフィラの近くにあった。年老いたロバたちの面倒をみながら、野良犬や捨て犬もたくさん保護している。ポインターだけの犬舎があった。ぼくは子どものころポインターを飼っていた。ティールという名ですごく可愛かった。誘惑に負けて六匹の子犬と遊びながら、ルシアや《SAWA》のボランティアたちと話をし、数時間を過ごした。

ボランティアのひとり、アテネから来た若いギリシャ人女性に、協会の話を聞いた。この協会は一九九〇年代に、彼女のボス、クリスティーナが創設し、猫、犬、ロバを保護してきた。最近では何頭かの豚もいる。保護した動物のすべてに去勢、避妊手術を施し、ワクチンを接種し、怪我や病気の治療をしてからギリシャ内外の里親に送り届けるのだ。活動の一番大きな目標は、動物保護に重きを置かないギリシャ政府に目を向けてもらうこと。《SAWA》には政府からの補助金は一ペニーたりとも出ていない。主要な施設は冬の厳しい気候に被害を受けているし、ひどく資金が欠乏していた。

彼女らの活動に感銘を受けた。その熱意には拍手を送りたい。夕方にベース基地に戻ると、さっそくインスタグラムに投稿してロバの窮状について伝え、施設の修復に協力してくれる人を募った。あまり期待せずにナラと散歩に出かけ、ビーチの掃除もしに行った。次の日、クリスティーナから連絡を受け、事の次第を知った。すごいことが起こったのだ。あっという間に数千ユーロの募金があって、施設を修復するのに十分な金額が集まった。

驚きのあまりクリスティーナは言葉が出ない様子だった。ぼくだってびっくりした。バルーのときも募金が集まったが、今回はスケールが違う。興奮すると同時に怖くなった。自分の影響力が、潜在的にどれほど大きくなっているのか知ったのだ。使い方に気をつけなければならない。

推薦してもらえるなら、宿泊や船旅や食料を無償で提供する、という申し出はすでにたくさんあった。ギリシャ国内が多かったが、他の国からもある。ある人は、ジョージアまでの目が飛び出そうな額の旅費を提供したいと言ってきた。つまりは、彼と一緒にいくつかの場所やホテルを訪れて、それをインスタグラムに投稿したら、お礼に何千ポンドもくれるというのだ。ジョージアは絶対行きたい国のひとつだった。カスピ海とシルクロードに通じている。ぼくが夢見ている中央アジアまで行く進路上にある。しかし、その申し出をいいとは思えなかった。行った場所がつまらないところだったらどうする？　ぼったくりなど不快な目に遭ったら？　気に入らないところを取り上げるのは嫌だ。インスタグラムを見てくれる人に、商業的な話ばかりを押し付けたくはない。紹介するものは自分で選びたいし、何かを勧めるにしても、いいと思ったものに限りたい。

トニーとはいまや親友といっていい関係になっていた。なんでも話せる。ある晩ビールを飲みながらこの話をすると、彼は真剣に聞いてくれた。トニーの友だちでアテネから来ていたニックもその場にいて、熱心に耳を傾けちょっと笑った。何か話したくてうずうずしている様子だ。「クモ男の話があるだろ? スパイダーマンって呼ばれている」

ぼくは困惑してニックを見た。「何の話さ?」

「スパイダーマンだよ。マンガの。そこに有名なせりふが出てくるじゃないか。〝大いなる力には、大いなる責任が伴う〟って」

「冗談はよせよ」ぼくは笑った。

「いや、本気だよ。ディーンはもう、サントリーニ島のスパイダーマンだ」

あとになって、彼が言ったことの意味がわかってきた。もちろんかなり大げさだ。ぼくはどの悪党と戦って誰を助けるかを選ぶような、スーパーヒーローではない。けれども、いま置かれている状況は同じだ。どの活動を支援するか、どの機会を活かすのかを選ばなくてはならない。その判断には責任を伴う。ぼくは常に正しい判断ができるわけじゃないが、少なくとも自分に正直ではありたかった。

その日、ジョージアの件は断った。

動物福祉や環境保護に関するものなら悩む必要はない。だからその分野に寄付できるようなアイデアはないか考えた。

休みの日に、アクロティリから数マイル離れたメガロホリという小さな町へ行った。郊外にあるガラテアという窯元で、オーナーのガラテアから指導を受けながら陶芸を楽しんだ。以前から器づくりに興味があったのだ。ボウルを四つ作って、ナラの足跡を飾りにつけた。なかなかの出来だ。

ガラテアは、インスタグラム上でチャリティーくじを募集したらどうかと提案した。

当選者にボウルを贈る。参加費は一ポンド。どこかの時点でぼくがくじを引き当選者を決める。集まった金額はどこかの慈善団体に寄付をする。

《ステリラ》のルシアにも何か大きなお返しをしたかった。ぼくらがこの島に着いたときからとても親切にしてもらっていたし、《SAWA》のクリスティーナを紹介してくれたお礼もしたい。

人生には向こうからやってくることもある。その機会はすぐにやってきた。

五月中旬のある日、カヤックに乗っていると、海岸の岩場で女性が写真を撮っているのが目についた。何を撮っているのかわからないが一生懸命で、どこか尋常ではない雰囲気だ。

四時間後に戻ってきたとき、同じ場所に別の男性が立っていて、今度は興奮した様子で電話で話している。近くに寄ってみた。

そこには子猫が二匹いた。黒い子猫と生姜色の子猫。岩壁に張りついて縮こまっている。

「あの子たち一日中ここにいるんだ」電話の彼が言った。

よく見るととても小さい。もしかしたら母猫がどこかその辺にいるかもしれないと思って探したが、違うようだ。色が違うし兄弟ではないのかもしれない。親猫は見当たらなかったので二匹とも拾い上げた。出会ったときのナラよりさらに小さい。片手に二匹ともがおさまってしまう。洞窟に連れて帰った。

ナラの反応は面白かった。冷ややかな目でぼくを見た。この裏切り者、と言わんばかりだ。撫でようとしたらフーッと怒った。自分の縄張りを侵害されたのだから当然の反応だが、ほかにどうしようもない。少なくともしばらくのあいだ、子猫たちの存在に慣れてもらわなければならない。

長くこの子たちの面倒をみることはできないので、ルシアに電話をした。彼女は島周辺で里親が見つかるまでのあいだ、預かってくれる家を探してくれた。しかしそんな余裕のある家はなかった。彼女は諦めなかった。ぼくがあと数日預かれるのなら、きっと里親を見つけるという。その後、島の住人マリアンナという女性からも、しばらく預かれるかもしれないという連絡が来た。

ぼくもすぐに子猫たちの写真を投稿し、新しい家庭を探した。フィラの動物病院に連れていき、寄生虫駆除とノミ駆除をする。獣医師の仕事を見ていて、モンテネグロの動物病院に初めて行ったときのことを思い出した。子猫たちは健康で、生後四、五週間ということだった。黒い子はオスで生姜色の子はメスだ。登録のために名前が必要だったので、また『ライオン・キング』から借りた。黒い子はコブで生姜色の子はキアラ。

何日かするとナラは態度を一八〇度変えた。いまではあらゆる機会をとらえて子猫たちと遊んでいる。三匹で洞窟内を駆け回り、お互いを追いかけ回していた。

まもなくルシアから電話があった。ぼくの投稿を見て連絡してきた人がいるという。ドイツからで、子猫たちのヨーロッパ大陸縦断に必要な、医療やら複雑な事務手続きやらもするという。「良いニュースはね、二匹とも引き取ってくれるっていうことなの」何か言いにくいことがあるらしい。

「じゃあ、悪いニュースは？」

「ドイツに行くまではマリアンナが預かってくれるんだけど、それには新しい猫舎が必要らしいの。誰か猫舎作りを手伝える人を知らないかしら」

島に来てから一番という暑い日、ナラのキャリーケースにコブとキアラを入れて、フィラの端にある白壁の村を訪れた。マリアンナは中年のギリシャ人女性だ。英語は片言だが、優しくて情に厚い人柄が伝わってくる。家と小さな庭にさまざまな年齢の猫が歩き回っていた。それまでの健康状態が悪かったのかガリガリの子もいたが、少なくともいまは、温かい家で幸せに暮らしている。

マリアンナに案内され家の裏にある空き地へ行った。新しい猫舎のパーツが置かれていた。金属製の骨組みにメッシュの壁をつける作りだ。組み立てるのに専門的な知識がいるようなものではなかったが、力は必要だ。仕上げを終えるとすぐに、最初の住人がやってきた。コブとキアラは新しい家をすぐに気に入り、夕日を浴びながら嬉しそうに走り回っている。

マリアンナが木陰の椅子でビールを出してくれた。一緒に座って新しい猫舎を眺める。ぼくはギリシャ語がしゃべれないし、マリアンナの英語も片言だが、言葉は必要なかった。話さなくてもお互い感じていることはわかったから。

手伝えてよかった。保護猫たちに新しい家ができたのも嬉しかった。これもぼくの影響力の正しい使い方だ。うまくバランスがとれてきた気がする。公式ができあがった。

「スパイダーマンもほめてくれるはずさ」ぼくが言うと、マリアンナは不思議そうに首をかしげた。言葉が通じなくてよかった。

⑬ 別々の道

ドアが開く音がして誰かが洞窟に入ってきた。最初の太陽の光が窓から差し込んだ。

「朝だ。晴れだ」

トニーだ。不機嫌そうな声。前の晩、近くのバーでほんとうに遅くまで飲んでいたので、ふたりとも、今日を元気はつらつに過ごせるとは思っていなかった。返事の代わりに唸り声をあげてハンモックから這い降りる。眩しさに目が慣れるまでしばらくかかったが、ようやく見えるようになるとナラが、いつものように少し開いたドアから出ていくところだった。いつもは後についてぼくも外に出る。海の新鮮な空気を吸い込むのは、毎日でも飽きなかった。

今日は寝床が恋しかった。トニーにナラを任せ、部屋の隅にあるコンロに向かった。コーヒーが必要だ。それもうんと濃いのが。

覚醒するのに十五分くらいかかった。それからそろそろとビーチに出た。太陽はすでに東の空に高かった。気温はもう二〇度を超えているだろう。

ナラは、いつものお気に入りの岩あたりにいるだろうと思っていた。朝食をベース基地の階段の上に置いておいたが食べた形跡はない。中に戻る。内部のお気に入りの場所にもいない。さらに洞窟の奥を見る。いない。奇妙だった。ナラが朝食を食べないのはおかしい。もう一度外に出る。ときどきは崖のふもとの日陰で涼んでいることもあるので、名前を呼びながら向かう。ビーチを見渡す。以前遊んでいたのを見たことがある、物陰や隙間も探した。どこにもいない。混乱した。いままでふらっといなくなったことがまったくなかったわけではないが、めったにない。朝からいなくなるというのもおかしかった。もしかしたら、近くのレストランの従業員がおやつをあげているのかもしれない。そこのウェイターたちはほんとうにナラを可愛がってくれていて、ぼくがそこで食事をすると、ナラにもおやつをくれる。焼いた魚を出してくれることさえあった。

やきもきすることはない、と自分に言い聞かせた。何か面白いものを見つけたんだ。きっとすぐ帰ってくるさ。

ほかのメンバーも集まってきた。ここに来るためには、駐車場のあるビーチの反対側から歩いてくることになる。どこかのレストランで、ナラを見かけなかったか聞いてみたが、みんなきょとんとして肩をすくめた。

起きたときのだるさは完全に消え去っていた。気が張りつめてパニックにならないように必死だ。大丈夫だ、と自分に言う。ナラが自立しはじめたのは事実だ。お腹がすいたら戻ってくるだろう。仕事も始まる。

九時になるとますます不安になった。もう一時間も帰ってこない。これはおかしい。ビーチにはたくさんの人が出てきていた。朝の散歩をしている人もいれば、海に入っているカップルもいる。大きなラブラドールを散歩させている人もいる。

ものすごく不安になってきた。異常事態だ。出かけていたトニーが戻ってきて、ぼくが落ち着かないのを見てとり、一緒に探すと言ってくれた。ふたりでもう一度ビーチを隈なく探す。朝見た場所ももう一度探した。いない。ビーチの反対側に大きな洞窟があった。その中も懐中電灯を点けて探す。ここにもいない。

ナラが海岸の上にある崖をのぼっていったのを何度か見たことがあった。一度は犬に追いかけられて転がり落ちてきた。怪我をしていないか心配したが、反転の術で事なきを得た。たぶんこのときも、ひとつ命を使っただろう。もうふたつ使ったから残りは七つだ。

崖を上がって見渡した。背の高い草をかきわける。日向ぼっこでもしているかもしれない。しかし見つけたのは空き瓶やごみだけだった。いつもなら片付けるが、今日はそんな気分ではない。

恐れているのは、崖の端から三〇メートルほど先の道路で迷子になってやしないかということだった。特に朝の時間帯は、朝一番の飛行機に乗る観光客で混雑する。脳が暴走を始めた。バスの前に飛び出して轢かれたのではないか。いや、そんなはずはない。ナラは機敏で、小さいけれど勇敢だ。ぼくがボスニア・ヘルツェゴビナの山で見つけるまでも、おそらくたくさんの困難を切り抜けてきたはずだ。

だから大丈夫。ちゃんと自分の面倒はみられる。どこにいようとも。

ビーチにあるすべてのバーとレストランをまわり、ホールからトイレまで探した。それでも見つからない。丘をさらにのぼったところにあるヴィラにもいない。そこの住人にもナラを見かけなかったかどうか聞いてみた。インスタグラムの写真を見せて。みんな丁寧に首を横に振る。何人かは見かけたら知らせると言ってぼくの連絡先を控えてくれた。九時半にいなくなったから一時間半も経っていた。ぼくらが一緒になってから、ナラがこんなに長くひとりで出かけたことはない。胃がしくしくしてきた。最悪の事態も想定しはじめた。

いつかこんな日が来るとは思っていた。ナラはぼくの囚人ではない。自由な精神を持っている。仮に無事だとして好きなところに出ていく権利がある。そうは思っても、ほんとうに出て行ってしまわれると、大きなショックだった。そのうち慣れるだろう、とは思う。いや、しかし、もしナラに何かあったのだったら、ちゃんと見ていなかった自分が許せない。胸が張り裂けそうだった。

その日最初のツアーまであと十五分だ。いつもよりは遅い一〇時ごろのスタートだったが、ナラの安否がわからないまま海に出ることはできない。トニーはわかってくれて、捜索を続けることを許してくれた。ぼくの代わりは手配できるという。トニーもぼくに劣らず心配していた。自分が外に出してしまったと思って責任を感じているのだろう。トニーのせいではまったくないのに。

さらに五分探し回る。しだいに希望より絶望のほうが大きくなってきた。考えられる限りの場所は探したのだ。脳の働きは奇妙だ。どんどん妄想が膨らむ。ぼくは歩きながらバーやレストランの裏にある、ごみ箱の中を覗いた。自分でも正気の沙汰ではないと思うが、死んだり怪我を負ったナラを、誰かがごみ箱に放り込んだ可能性だってあると考えた。ごみ箱にはいない、よかった。次のレストランに移ろうと思ったときに、何かが目に留まった。長い草が生い茂った原っぱでだ。さっきもトニーと通ったが何もなかった。近寄ってみる。もう一度何かが見えた。まず黒いの、次に茶色と灰色が混じったのが目に入った。猫のわめき声もはっきり聞こえた。猫の喧嘩だ。すぐに駆け寄った。

「ナラ！」

草むらに着いたときぼくの心臓はばくばくして、呼吸もできなかった。島には野良猫がたくさんいる。そこにいるのがナラだとは限らない。

その姿を見たときに、物理的にこれ以上のものは無理、というくらい大きなため息が出た。ナラが自分と同じくらいの大きさの、黒い猫と遊んでいたのだ。とっくみあいをしたり飛び跳ねたりしていた。二匹は世の中のほかのことにはいっさい目をくれず、純粋に楽しく遊んでいたのだ。どうやって知り合ったのだろう。いつ、どこで会ったのだろう。きっと朝からこうしてずっと遊んでいたのだ。

喜びのあまり、ナラを叱ることもできなかった。叱るのなんてお門違いだ。ぼくがしんどくて怠けたのだ。ぼくを見たとき、ナラは新しい友だちからさっと離れ、ついさっきまで一緒にいたかのようにぼくに駆け寄ってきた。ぼくはいままで一番、ナラをきつく抱きしめた。

ビーチに戻るまでに一〇〇回はキスしただろう。洞窟に戻ってきたぼくらを見て、トニーはオリンピックで金メダルを獲ったみたいに、両手を空に突き上げた。ぼく以上にほっとしたみたいだ。気の毒なトニー。彼は何も悪くないのだ。

「万が一、ナラに何かあったら、ぜったい自分を許せないと思っていたよ」

そろそろ今日のツアー客が海に出ようとしていた。準備を始めたぼくをトニーが止めた。「午前中は休んでいいよ。ナラと過ごしたらいい」

感謝しかない。

ナラに食事をやり、海が見渡せるお気に入りの階段の上で丸くなるのを見守った。そばに座って、トニーがツアー客と一緒に海に出ていくのを見ていた。過熱した頭がぼうっとしていた。

この朝の事件は、しばらくのあいだ忘れていたことを思い起こさせた。この島に来てから三か月以上経っていた。サントリーニ島での、のどかな生活も陰りを見せはじめていた。そろそろ動くべき時だと考えていた。いくつか理由はあったが、今朝の事件が決め手になった。ここでは楽しく過ごせていた。特に夏場はパーティーの島だ。パーティーは大好きだし、楽しい。

しかし、今朝の事件は自分が浮かれすぎていることに気づかせてくれた。ナラの世話もできないほど二日酔いになるとは。もしナラに何かあったらどうする。ずっと自分を責め続けることだろう。

カヤックスクールの雰囲気も理由のひとつだった。悪いほうに変わっていた。多くのスタッフが入れ替わった。正直なところ、新しく加わったメンバー全員と気が合うわけではなかった。特になかのひとりはとてもいい加減で、自分勝手なヤツだった。

シーズンに入ってから一か月くらいが経ったころ、スタッフの何人かがお金や物を失くしたと言いだした。仕事柄やむを得ないということになった。ここは誰でも立ち入りができる場所だし、実際たくさんの人がビーチを出入りする。また起こるだろう。ここは陸軍基地ではない。

しかし、ある日洞窟に戻って私物の置いてあるあたりを見て、ドローンがなくなっているのを発見したときには、ほんとうに腹が立った。トニーに話すとすぐに警察に同行してくれた。が、その後何も進展はなかった。イライラが増えただけだった。

もちろん自転車旅行に戻るには、前向きな理由もある。ぼくのインスタグラムのフォロワー数はまだ増え続けていて、もう五十五万人に達しようとしていた。そのうちのひとりに、とても頭のいいアメリカ人がいた。ベース基地まで会いにきてくれて、一緒にビールを飲んだ。飲みながら彼は、ユーチューブチャンネルを開設したらいいとぼくに勧めた。

「子猫と世界を旅する男。見たくない人はいないさ」

考えさせられた。撮りためた動画はたくさんあったが、チャンネルを維持できるほどの内容のものはない。それには新しいコンテンツが必要だし、そのためには移動を続けなければならない。止まっている時計の針をふたたび進めなくては。もっとたくさんの国や文化を見に。そう考えると霧が晴れてきた。自分の運の良さを、ほかの人のためになることに変える方法が見つかったのだ。

《SAWA》のクリスティーナは、ぼくがまもなく動きはじめることがわかっていたようだ。ぼくの心の奥底に響くような投稿をしていた。「ディーンとナラ、旅の幸運を祈っている。彼らは、動物たちがなおざりにされている世界における、動物福祉を代表するアンバサダー。世界中のがんばっている小さなシェルターの活動を、ほんとうの意味で応援できるの」背中を押される思いだった。

最後にもっとも大切な理由だが、このままカヤックスクールで働き続けるのが、トニーに対し不誠実だと思うようになっていた。トニーの仕事に一〇〇パーセント集中できないのだ。ぼくにとって優先順位の上位にあるのは、ナラとインスタグラムだった。ぼくが海に出ているときには、わざわざ洞窟までナラに会いに来た人たちの対応に、トニーやほかのスタッフが当たらなくてはならない。それも申し訳なかった。トニーはいまでは親友だし、これからもそうあり続けたかった。だからある日の夕方、カヤックを片付けると冷蔵庫からビールを出し、トニーに椅子を勧めた。

トニーにはわかっていたことだろう。それでもやはり、悲しそうだった。

九月まで働くことになっていたが、できるだけ早くここを去りたいと伝えた。トニーがスタッフの問題を抱えていたのは知っていたので、代わりの人が見つかるまではここにいると言った。同時に、アテネまでのフェリーを手配した。そこからトルコに向かい、小アジアを通って極東まで行く計画を再開させる。

獣医師にも連絡をとって、必要な書類を集めはじめた。狂犬病抗体検査の結果も届いているはずだ。結果は陰性だった。ナラの血液が濁っていたのは、何の問題もなかったのだ。アルバニアの獣医師のスタンプ問題も解決した。出発前に、もうひとつだけ必要な健康診断も受け、結果は良好だった。すべて整った。

トニーと何度か飲みにいき、とうとう洞窟に置いていた持ち物すべてをパッキングして、ビーチに別れを告げることになった。トニーとは連絡を取り合う約束をした。またいつか必ず会う予感がしていた。

サントリーニ島での最後の夜、ぼくとナラはイア近くにある、カルデラの端に位置する素敵なヴィラに招待されていた。

ぼくらの望んでいたものがそこにあった。

この島に三か月滞在したが、観光客として夕日を眺めたことはなかった。アクロティリは島の南側にあり、東にある丘が影をつくって邪魔をしていた。カヤックツアーで出かけたときも、お客の写真を撮ったり、誰かが海に落ちたりしないかと見張ったりで、夕日を見る余裕はなかった。カルデラとそれを取り巻く島々が、夕日が水平線に沈むと同時に真っ赤に染まった。その光景は、誰もが言うとおりに驚くほど美しいものだった。ここが地球上でもっともロマンチックな場所のひとつだと言われているのもよくわかった。なるほど世界中の作家や詩人がここを訪れるはずだ。

ビールを飲みながら、このぼくでさえギリシャの哲学者めいてきた。ナラはぼくの横で満足そうに体を伸ばして、ただ太陽の最後の光を浴びていた。ほかのことはいっさい気にせず。

ナラを見て、ぼくは頭を振った。おまえが羨ましいよ。働く必要もない。支払いを気にする必要もなく財産も要らない。プレッシャーもないはずだ。いいよな。人間は何かを持てば心配も増える。人生はもっとシンプルな楽しみの積み重ねでいいはずなのに。いまこの時間のように。小さなビーチの夕日そして朝日。友だちと飲むビール。それだけでいい。

ぼくの人生はこの三か月で複雑に絡み合ってきた。複雑すぎるほどだ。自転車で道を行く旅に戻れば、少しずつ解けていくかもしれない。もう一度、人生を単純に楽しみたかった。言葉にするとバカっぽいけれど、心からそう思う、ぼくはナラのように生きたいのだ。

⑭

カメ

顔に強い海風を受けてフェリーの甲板に立っていると、トルコの西岸、チェシュメの港が見えてきて、さまざまな感情が交錯した。

ひとつは大きな充実感。ついにこの交通の要所に到達した。ぼくらにとって五つ目の国で初めての新大陸。ついにヨーロッパからアジアに足を踏み入れた。とはいえ、西洋と異なる文化圏、異なる習慣を持つ土地に入るということについては、若干の不安もある。ぼくではない、ナラにとってということだが。

フェリーから降りてすぐ、チェシュメの旧市街に向けて自転車を走らせていると、バイクに乗った若者が何人か近寄ってきて、元気よく手を振りながら何か叫んだ。

ぼくが唯一聞き取れたのは、「ケディ」という言葉で、たぶん猫という意味だろう。英語の「キティ」に似ている。何か関連があるのかもしれない。渋滞で止まると、淡いブルーのヒジャブをつけた女性が、果物の屋台の後ろから走り出てきた。興奮しきってナラを撫でている。まるでロックスターに会ったような喜び方だ。

「難民キャンプで会った彼が言っていたとおりだね」ぼくはナラに話しかけた。

エキゾチックな世界へやってきたのだという実感は、旧市街の細い道に入ったときにより強く感じられた。木製の美しいバルコニーが並び、明るいピンクのブーゲンビリアが咲き乱れている。通りには屋台が立ち並び、シナモン、焼きたてのパン、鉄串に突き刺されたケバブのにおいが漂う。陽が落ちると、信者たちに祈りを呼びかける声がモスクに響き渡る。そのすべてに心が弾んだ。思っていたとおり、ぼくはトルコに魅せられていた。

暑さだけが気にかかっていた。

七月八月の気温は四〇度以上だと読んだことがある。エーゲ海からチェシュメに吹きつける強風があっても、すでにそのくらいの暑さに感じられた。ギリシャやほかの国では経験したことがない、乾燥した暑さだ。オーブンの中にいるみたいだ。正確に言うとファンつきのオーブン。午後から夕方にかけては、空気が熱を帯びていて、喉の奥にまで達する。息をするのも大変だ。ちょっと歩いただけで汗がしたたりおちた。

トニーからは、真夏、特に昼間自転車で走るのには、気をつけたほうがいいと言われていた。ぼくが太陽に弱いのを知っている。「生きて帰れないかもよ」が正確な言葉だったが、ありがたい忠告だった。もう日射病はごめんだ。

とはいえ、そうも言っていられない。サントリーニ島に何か月も留まってしまっていた。これからアジアを目指そうと思ったら、少しでも先に進まなくては。ぼくはチェシュメからイズミールに移動し、南下してトルコのリビエラと呼ばれるマルマリスへ行き、そこからフェトヒイェ、そしてカスに向かう計画を立てていた。そこからは北へ向かい、カッパドキアを経て黒海へ行く。そこからは針路を変え、ジョージアを通ってアゼルバイジャンに行けば、ついにシルクロードと中央アジアの玄関口にたどり着く。

なかなか野心的な行程だ。このルートで行くとジョージアの国境まで少なくとも一二〇〇マイル、もしくは二〇〇〇キロの距離になる。長い道のりだ。しかしもう決めたのだ。トルコ初日の夕べを気持ちよく過ごしながら、天候との闘いになりそうだと考えていた。

サントリーニ島を離れて数週間が経っていた。アテネに戻ってニック、イリアナ、リディアに別れを告げてから、アテネ沖の島々を巡るクルージングの招待を受けた。クルーズ会社のオーナーは、〝キャプテン〟ジョージと呼ばれる親切なカリスマ的ギリシャ人で、フォロワーが急激に増えはじめたときに、連絡をくれたひとりだ。とても気さくな好人物で押し売りのようなこともない。旅の新しいページをトルコで開く前に充電するのにいい機会だった。

ぼくたちはふたたびアテネのピレウス港からフェリーに乗った。今回の目的地は、チェシュメやトルコへの乗り継ぎ便があるギリシャのヒオス島で、東の方角だった。ちょっとした誤算があった。ヒオスには島の両端に港があったのだ。ギリシャ航路である西端の港から、トルコ航路の東端まで自転車で三〇マイル移動しなければならなかった。苦難はまだ足りないとばかりに、夕方に着いたぼくは、街灯もない真っ暗な道を行く羽目になった。自転車のライトまで使えなくなっていて、一瞬たりとも気の抜けない行程となった。

幸運なことに時折車が通りかかったので、なんとか無事にたどり着くことができた。しかし、トルコまで三〇分のフェリーに乗るために、なんと八時間待ったのだ。アルバニアの国境検問所の経験から、トルコの入国も心配していた。ヨーロッパを出て西アジアに入るのだ。検問も厳しくなるだろう。難民キャンプで、シリアからの入国がどれほど大変だったかも聞いていた。もちろん彼らの状況と比較はできないけれど。

ぼくたちが行ったのは、観光客が集まっては散っていく忙しい検問所だった。だから、検問官が多少の責任転嫁に走るのも無理はないかもしれなかった。みんな、ナラのパスポートをどう扱っていいのかわからないのだ。あるブースで見せると、ほかのブースへ行けと言われる。そうやって三〇分くらいたらい回しにされた挙句、検問官が諦めて、もういい、さっさと行けと手を振った。この検問所における、猫との越境第一号だったかもしれない。そんな雰囲気だった。

気温に順応するため、チェシュメでも一泊はしたいと思ってホステルを予約した。ナラは一時間ばかり二段ベッドの周りを飛び跳ねて、ぼくとかくれんぼに興じてから寝入った。

ぼくのほうはそうはいかなかった。夜になってもうだるような暑さで、寝返りをうつばかり。数分うとうとするだけだった。それでも、いつものように朝の六時ごろナラが朝食のおねだりをしてきたときにはすぐに起きた。朝早く出発したほうがいい。

三〇分後には、チェシュメの石畳の道をがたがたと走っていた。朝の比較的涼しい時間帯なら走るのも悪くない。サントリーニ島で三か月の長居をしていたので、また道路に出て走る、という生活のリズムを取り戻せたことは嬉しかった。もちろん困難もあるけれど。

所持品のすべてを持って旅をすることに慣れてはいたが、この新しい旅の幕開けに、ぼくは自分が、住まいを持ち運ぶカメになったような気がしていた。無理もないのだが、それはどんどん大きく重くなってきている。自転車の取扱説明書には、後ろは二十五キロ、前には約十二キロの荷重が可能と書いてあった。すでに上限に近づいている。自転車本体の重さ十三キロを加えると、合計で五〇キロもの荷物を運んでいた。着るものやら何やかや数キロの荷物を積んだ、サイクルトレーラーは別として、だ。

できるだけ軽くしようと不必要なものは処分してきたのだが、問題は必要なものが多すぎることだった。

新たな旅に向けていくつか新調したものがあった。一番大切なのは、自転車の前につけるナラの新しい家だ。ペットショップに売っていたごく普通のキャリーケースを、フロントバッグ用のブラケットに取り付けてみた。こちらのほうが広くて居心地がいいはずだ。必要なら日陰もできる。ナラはすぐに気に入ってくれた。カヤックで得た給料で自分用にも買い物をした。バージョンアップしたノートパソコンに、新しいビデオカメラ。それにドローン。ユーチューブチャンネルを開設するには、ある程度の機材は必要だ。

これらすべてを収納するには軍隊式のやり方を真似るしかない。生活用品、音響システム、バッテリーや充電器、テント、コンロ、食料。すべてをきっちり整理して詰め込む。それに衣類や増え続けるナラの持ち物まで。積む段になると科学の世界だ。カバンのひとつひとつがかなりの重量なので、バランスをとるために均等に積む。そうでないと自転車が傾いてしまう。こぎはじめの何ヤードかはいつも重労働だ。特に上り坂ともなれば。

だが、見通しの良い道に出ればそんなことは忘れられる。そういった道を走るのは、ナラのおかげで前より楽しかった。チェシュメからイズミールまでの五〇マイルを旅していると、ナラはいつものように興味津々、すべてのものに反応する。蝶や蜂が飛んでくると、手を伸ばして捕まえようとする。

イズミールまでの道は、海岸沿いと内陸を行ったり来たりだった。海から離れるほどに暑さは増す。正午近くなると太陽の下にいるのは不可能だ。午後の五時を過ぎるあたりからようやくまた活動できるようになる。苦あれば楽あり、だ。楽がないときもあるのだが。暑さは容赦がなく、戸外で寝ることも増えていた。

ぼくは星を見ながら眠るのが好きだ。それもちょっと変わった場所がいい。子どものころも家からこっそり抜け出して、庭のピクニックベンチの下で寝ていた。この癖は大人になっても抜けなくて、友だちにもあきれられていた。ぼくが、廃屋や誰もいない海岸で寝ていられるのは、どこか〝接触不良〟を起こしているからだというヤツもいた。ほめ言葉だと思うことにしている。自然の中に身を置いて、リアルな世界を見たり、聞いたり、感じたり、あるがままの天候の、刻々と変化するさまを味わわないなんてもったいない。ぼくにとってそれ以上に素晴らしいものはなかった。

チェシュメに着いて最初の晩は、小さな海岸沿いの道から一〇〇ヤードほど離れたところに、使われていないプールを見つけてわくわくした。自転車も荷物もすべて降ろし入れて、プールの底に寝袋を敷いて枕を置いた。ぼくには五つ星ホテルに匹敵する宿だった。ぐっすりと眠った。

トルコの道は状態が良くて広いので、リラックスして自転車をこぐことができる。道路の端を走っている限り、大きなトラックに追い抜かれるときも怖くはなかった。順調に進み、翌日にはイズミールに到着した。

ホステルを予約していたので、この古都を散策する時間ができた。ぼくよりナラのほうがここを気に入って、市場や広場を歩いても、あっちに行ったりこっちに行ったりしていた。小さな路地には風もなく、熱がこもっていた。一日の終わりには、ぼくもナラもくたくただった。

ぼくらにしては珍しく、翌日は寝過ごした。たぶん暑さのせいだ。大慌てでパッキングしてチェックアウトし、なんとか午前中のうちに自転車をこぎはじめた。早朝の快適な時間帯を逃したことが残念だった。その日は六〇マイルあまり進むつもりで、アイドゥンのホステルを予約していた。しかし出発が遅れたせいで、お昼になっても二〇マイル程度しか進めていない。正午になると暑さが尋常ではなくなるので、陸橋の下に避難し、暑さが和らいでからまた出発した。予約したホステルに、暗くなるまでに着けるか怪しくなってきた。がんばってこぎ続けたが、日が暮れてきて仕方なく、野宿することにした。べつにどうということはない。ホステルをキャンセルし、夜を過ごせそうな場所を探した。

ちょうど陽が落ちたくらいのところで廃ビルの横を通りかかった。うってつけの場所だ。ハンモックを吊り、食事の準備をする。ぼくにはパスタ、ナラにはチキン。食べ終わるとナラは眠ったので、ぼくはスコットランドの家族と電話で話し、インスタグラムを更新した。

多くのフォロワーがぼくらが野宿することにいろいろ忠告してくれるが、それは無視することにしていた。コメント欄に書き込まれたすべての意見に従っていたのでは、埒が明かない。だから自分に正直に、できる限り直観を信じることにしていた。

ぼくは移動を記録するアプリを使っている。その晩、トルコの星空の下に横たわり、ダンバーを発って四〇〇〇マイル達成したことに気がついた。それはひとつの節目だった。しかしまだ、旅の表層をひっかくくらいしか、進んでいないということもできる。トルコから出国するためにも、あとまだ一〇〇〇マイルは進まないといけないのだ。ぼくの前には長い長い道があった。進み続けなくてはならない。

翌朝、朝食におかゆを作って食べてから、自転車に荷物を積み込む難作業に着手した。ふたつの大きなカバンを自転車の後部に提げたとき、後輪のタイヤの空気が少し抜けているのに気づいた。無理もない。ものすごく重い荷物を積んでいるのだ。詳しく調べてみて、空気を入れることに決めた。面倒な作業だ。もう一度荷物を降ろさなくてはならないし、また出発が遅くなる。しかし、やらないわけにはいかない。

八時少し前になってようやく出発し、ペダルを懸命に踏み込んだ。この時間でもすでに息苦しいほどの暑さだ。ナラはかごの中の日陰で涼んでいる。一〇マイルも進むと服は汗でびっしょりで、最初の給水休憩をとった。

荷物にはなるが、ぼくはいつも大量の水を持ち運んでいる。川の水や、トイレやガソリンスタンドやカフェの水道水を飲むのは不安だし、脱水症状だけは避けなければならない。ボトルの半分を一気に飲み、手のひらのくぼみに水をためてナラに舐めさせた。ナラがきれいに舐めあげたところで、後輪を見た。もう一度空気圧を確かめておいたほうがいい。そうしかけてぞっとした。信じられない。カバンがひとつ足りない。しかも、日用品を入れているほうではなくて電子機器を入れているカバンだ。新しいドローンもノートパソコンも入っていた。

思わず唸った。あの廃ビルに忘れてきたのに違いない。

ぼくはあまりパニックになる質ではないが、このときには来た道を全力で戻りながら、それまでの出来事を頭の中で巻き戻した。すぐにはっきりと映像が浮かんできた。タイヤに空気を入れようと思って、カバンをもう一度降ろしたときに、低い壁の向こう側に置いた。そして、ナラだかほかの何かだかに気をとられて、ひとつしか積まなかったのだ。自分でも信じられない。もっと信じられなかったのは、それに気づかなかったことだ。走っていたとき、いつもより軽かったはずだ。それに片側しかカバンを提げていなかったのでは、わずかでも傾いていたはずだ。どうして気づかなかったのだろう。もっと大事な何かを考えていたのだろうか。それとも焦りすぎていたのか。

自分を責めながら三分の二くらい戻ったところでタイヤのパンクに見舞われた。トルコの道路の端には小さな金属の破片がたくさん落ちている。前に世話になった修理工場で、トルコではタイヤをぎりぎりまで使い続けるので、パンクしてたくさんの破片がまき散らされると聞いたことがある。金属片は、中のワイヤーが切れたものだ。パンクするんじゃないかと心配していたが、果たしてそうなってしまった。

道路の脇に自転車を停めてから、大声で毒づいた。パンクの修理キットも忘れてきたカバンの中に入っている。修理ができない。あと数マイル押して歩くしかないのだ。ぼくの体重を乗せて、これ以上タイヤにダメージを与えるわけにはいかない。

廃ビルが見えてきたときには大汗をかいていた。心臓がどきどきして口から飛び出そうだ。もし工事のために作業員が来ていたらどうしよう。子どもが遊んでいたらどうしよう。カバンが置いたままの場所に残っているのを見たときには、大きな安堵のため息が出た。

しばらく神経を落ち着かせてから、パンク修理のために、自転車からすべての荷物を降ろした。タイヤ修理をしたあと、チェックリストを作ることを思い立った。まだ何かひっかかる。しかしその正体がわからない。すべての持ち物をカバンから出して並べて、ようやく気づいた。ふたりのパスポートだ。

大慌てで貴重品を入れている小さなバッグをつかんだ。開けたとたんわかった。パスポートが入っていない。

ぼくの心臓はまた跳ねた。これでは心疾患でチューブにつながれたまま病院で朽ち果てそうだ。膝から崩れ落ちた。まったく信じられない。ぽんこつすぎる。どうしたらこんなに盛大にしくじることができるんだ。近くで遊んでいたナラも、ぼくの動揺を感じ取ったらしい。そばに寄ってきて、慰めるようにニャアと鳴いた。

「ごめん」首の後ろをかりかり掻いた。「父ちゃん、今日はついてないんだ」大きく息を吸った。まず落ち着くこと、それから最後にパスポートをどこで見たのか思い出すこと。必ず理論的に追跡できるはずだ。しかし気が動転していて思い出せない。オーバーヒートした車のエンジンみたいに、脳からプスプス煙があがっている。いくらがんばっても思い出せない。道のどこかで落としたのか。盗まれたのか。前の晩に寝ていたあたりを見回したが、何もない。

それからの一時間はこの旅で一番苦しい時間だった。

こういうときは、脳が悪さをする。あらゆる最悪の想定ばかりが駆け巡る。イギリスの内務省は一年以内にパスポートの再発行をしてくれないのではないか、とまで思い詰めた。こんなに大事なものを管理もできない、信頼できない人物とみなすだろう。それにナラはどうなるのか。もしぼくがイギリスに一時帰国したらナラはどこで留守番するのか。もしそのままトルコに戻ってこられなくなったら？

こんなにも打ちのめされたのは初めてだ。この旅もここまでにして、打ち切るのが最善だろうとまで思われた。ここ数か月ほとんど移動していないくせに、どうやって世界をまわるつもりだったのだろう。この調子では荷物に埋もれた自転車で、ダンバーに戻るときには六〇歳になっている。

少しずつ冷静さを取り戻した。もちろんこれは問題だ。だが、世界が終わったわけではない。なんとかするさ。前だってなんとかなったのだから、今回も大丈夫。一番近い宿を検索して予約した。どんな宿で、一泊いくらなのかいっさい気にしなかった。とにかく現状を把握する必要があった。次に何をするべきかを考えなければ。

ぼくの守護天使はその朝、またぼくの周りに降りてきたに違いない。三〇分ほど走り、次のパンクに見舞われる前に、道路から半マイル離れた小さなゲストハウスの庭に自転車を停められた。オリーブ畑の中腹にある、自然に囲まれた宿だ。シンプルな木造の建物に、プールもあって、外で食事ができるようになっている。

客はいないようだった。受付の女性はトルコ人だったが、英語ができた。シレムと名乗った彼女は、ぼくらを温かく迎え入れてくれた。彼女は一直線にナラのところにやってきて、撫でながら優しく語りかけた。まもなく健康的に日焼けした長髪の中年の男性が加わった。少し訛りのある英語を話す。オーストラリア人だ。「ジェイソンだ」と自己紹介した。

ホテルでチェックインするとき、通常はパスポートを渡す。ぼくは状況を説明した。まだ憔悴して見えたようだ。シレムは座るように促して、トルコの紅茶を出してくれた。

「大丈夫よ、今晩は泊まってちょうだい。心配しないで」

「昨日はどこに泊まったんだ?」ジェイソンが聞いた。

「廃ビルで寝た」

不思議そうな顔をした。「その前は?」

イズミールのホステルでもらった領収書を探し出した。

「そこでパスポート番号を控えているはずよ。電話して聞いてみるわ。だから心配しないで」シレムはもう一度言い、奥の事務所に入って行った。待っているあいだ、ジェイソンと話をした。彼らはつい最近この宿を開業したばかりだった。再生可能な資材を使って、何年もかけて自分たちで建てたという。枠組みは木材で、壁には藁をまぜた漆喰を使っている。

野菜やオリーブを栽培していて、パンも自家製だ。できるだけ自給自足でやっていきたいのだそうだ。加えて動物を愛する人たちでもあった。どこもかしこも猫の写真だ。保護猫の里親になっていて、犬も飼っているのだそうだ。

ぼくの気持ちはもう落ち着いていた。もしパスポートを再発行してもらうためにイギリスに戻ることになっても、ナラにとってここよりいい場所はないだろう。彼らの応対には温かみが感じられた。ぼくはすぐにジェイソンとシレムを信頼した。

ぼくはすっかり回復して、部屋に荷物を運び、しばらくナラと遊んでいた。いつものようにナラがぼくの心配を取り去ってくれた。カメラを向けながらナラとかくれんぼをしてベッドの周りを追いかける。ベッドの下に隠れていて、わっと飛び出してはナラの鼻や頭をタッチした。ぼくが飛び出すたびにナラは興奮して、しっぽを激しく振りながら、手を出したり、ぼくの手に噛みつこうとする。ぼくも楽しくてたまらない。

スコットランドにいる妹に、現状を知らせるメールを書きはじめたときに、シレムがやってきた。微笑んでいる。

「いいニュースよ。あなたのパスポートがあるんですって。イズミールのホステルに。チェックアウトしたときに忘れたみたいよ。そこで保管しているって言ってたわ」

ぼくはなんてバカなんだ。それは思いつきもしなかった。

「なるほど、そこだったのか」

また、映画のワンシーンのように映像がよみがえった。二日前の朝。チェックアウトをしていたときだ。バタバタしていた。寝坊して、焦って慌てていた。荷物をすべて装備した自転車とナラを外に置き、中に戻って精算をしようとした。受付は忙しく、ほかの客の対応が終わるまで待たなければならなかった。

ナラの周りに人が集まりかけていたので、心配になった。ロビーを行ったり来たりして、ナラの様子を見ていた。自転車にもすべての荷物が積まれている。ようやく支払いが終わると、ぼくは大慌てで領収書をポケットにつっこんで、パスポートを置き去りにした。受付の人もぼくがいなくなるまで気づかなかったのだろう。

ぼくはなんて運がいいのだろう。問題はどうやってイズミールまで戻るかだ。自転車で一日かかる。今日中に着くのは無理だ。午後の暑さのなかで走るのは不可能だった。タクシーで行けば三、四時間ほどで着くだろう。いくらかかるかわからないが、お金の問題ではない。

ジェイソンがやってきた。ぼくはふたりに、タクシー会社の電話番号を聞いた。ジェイソンは首を横に振った。

ぼくは驚いた。

「ここにはタクシーはいないのか?」

「たくさんいるよ。でもタクシーは必要ない。ぼくが連れて行ってあげるよ」

言葉が出なかった。信じられない。無償の親切を実践している人たちのことを聞いたことはあるが、こんな親切は度を超えている。

「せめてガソリン代を出させてほしい」

「いらないよ。ついでにほかの用事もあるから」

そして、ぼくらは車でイズミールに向かった。ナラはぼくの横に座って、昨日通ったトルコの田舎の風景を見ている。昨晩泊まった廃ビルも通り過ぎた。

ホステルに戻ると、女性がパスポートを持って待っていてくれた。預かっていてくれて、ほんとうに助かった。ぼくらはすぐに車に戻り、南に向けて走った。

すでに十分すぎるほど親切にしてもらっていたが、夕方戻るとシレムは、素晴らしくおいしい伝統的なトルコ料理を作っていてくれた。さらに、数日無料で泊めてくれるという。ありがたく受けた。ぼくはふたりにインスタグラムで増え続けている好コメントを見せることにした。ふたりの親切は抜きにしても、この場所は好評に値した。

その日の夕方は庭に座って、飲みながらおしゃべりをした。ぼくはふたりに何度も謝り、ふたりはそれを何度も制した。

「いつか『ホーム・アローン』みたいに、ナラを忘れてきちゃうかもしれないって心配なんだ」ぼくは冗談めかして言った。

「それはないわよ」シレムは、ぼくらのあいだで丸くなっているナラを撫でながら言った。「ナラを忘れるくらいだったら、あなたなら自転車を忘れてきちゃうわね」

いまはぼくの脳もすっかり平常に戻り、旅のことを考えはじめた。ふたりはよく旅行をしていて、トルコのいいところも悪いところもよく知っていた。大きな地図を前に広げてカッパドキア周辺の町をいくつか勧めてくれた。ジョージアまでの途上にある、黒海沿岸までの道のりも。彼らも南東のシリア国境には近づかないように警告した。

「カスピ海のあとはどこに行くつもりだ?」ジェイソンが聞いた。

「パミールハイウェイを通って、インドに行ってからタイに向かおうと思っている。来年の夏の終わりくらいまでにね」

ジェイソンは体を反らせて口笛を吹いた。

「なかなかの冒険だね」

「そうなんだ。しかも、ここのところ荷物が増えすぎて、カメみたいになっているから余計にね」

シレムは静かに座って、ナラと遊んでいる。気が合っているようだ。

「あの寓話を知ってる？〝ウサギとカメの物語〟ってあるでしょ」シレムが言った。

学校で習ったような気がする。

「ああ。カメは遅いのに、競争で勝つんだよね？」

「それよ。あなたは競争しているわけでもないんだし。どうしてそんなに急いでいるの？　もっと旅を楽しんだらいいじゃない。ブレない信念が必要よ。あとは運命に身を任せたらいいのよ」

そう言って、シレムは美しい夕日と、眼下に広がる谷間を見ながら頷いた。「今日のことだってそうよ。あなたがカメだったから、うまくいったのよ。そういうことだってあるわ」

ここしばらくで一番深い言葉だった。そして一番必要な。

15

イントゥ・ザ・ワイルド

今回は我ながらいい判断をしたと思う。シレムとジェイソンの招待を受けて、さらに何泊かした。おかげで自転車を少し改良することができた。近くの町に連れていってもらい、ベビー用品を売っている店で折り畳み式のUVカットの小さな傘を見つけた。ナラのかごの上にぴったりで、これをつければナラは日陰のまま動いたり、外を見たりできる。

いい買い物だった。

シレムとジェイソンに別れを告げて、山あいを南に向かう。気温はすでに三十八度で溶鉱炉の中を走っている気分だ。こんなに暑いとほんとうに溶けてしまいそうだ。ナラに新しいパラソルを買っておいてよかった。

シレムの名言はぼくの中にずっと残っていた。ゆっくり、でも確実に。距離だけの話ではない。マルマリスに行く途中にあるリゾート地に招かれ、数日滞在することにした。ちょっとした保養休暇だ。オーナーに歓迎され、美しい庭に囲まれた離れの豪華なダブルルームに宿泊した。部屋に入ると、ベッドにもてなしの品が置いてあった。ナラにはおやつ、ぼくにはスコットランドの国民的飲料と呼ばれるアイアン・ブルーの缶が何本か。ぼくのインスタグラムのアカウント《1bike1world》の文字がバルーンアートで飾り付けられている。「ここでも有名人みたいだね」リゾートの庭や、スパ、海岸を散歩しながらナラに言った。

ぼくもナラも至福の時を過ごした。スパでの水泳とリラクゼーションの合間に、自分へのご褒美としてマッサージをしてもらった。足に疲労が蓄積していて、ふくらはぎや太ももがコンクリートの塊みたいに感じられた。ほぐすのは大変だったはずだ。対照的にナラは庭を歩いたり生い茂った木にのぼったり、アクティブに遊んでいた。敷地内には猫が何匹か出入りしていて、ナラは白と灰色の小さな子猫と仲良くなった。庭の芝生で、追いかけっこしたりとっくみあいをしたりして、何時間でも遊んでいた。自転車にナラを乗せて出発するまでには、若返ったように感じ気力が充実した。

しかしすぐに困難がやってきた。

ナラの健康に気をつけないといけないのはわかっていた。いままでいろいろなことがあった。獣医に診てもらうのも、ワクチン注射もしっかりしたし、トルコに着いてからもナラのことはよく観察していた。高温は猫には危険だ。脱水すると、腎臓やほかの臓器にも悪影響を及ぼす。だから、撫でたり掻いたりするときに、皮膚に切り傷、コブ、あざ、毛抜けがないかも確認するようにしていた。寝ているときには、歯と歯肉を確認して感染の症状がないか確かめていた。簡単でわかりやすいチェックだ。

今朝、かごにナラを入れたときに、上唇がただれているのを発見した。切れたのをひっかいたように見える。痛そうだ。触ろうとすると顔をよけてシャーッと唸る。悪い兆候だった。

「ちゃんと診てもらったほうがいいな」気落ちする必要はない。幸いなことに、いまは診てくれそうな人のもとに向かっているのだ。リゾートのマネジャーに、近くの町ゴコヴァの動物保護センターを勧めてもらっていた。オーナーでスコットランド人のジーニーという女性は、動物福祉の世界ではちょっと知られた存在らしい。

動物保護センターまでは二十五マイルほどで数時間かかった。ずっと上り坂だった。しかも焼けるように暑い。もう、たどり着けないかと思った。到着するとこれ以上ないくらいの出迎えを受けた。ジーニーはぼくらを家族のように歓迎してくれた。

彼女はとても個性的な人物だ。ぼくと同じスコットランド人で、ダンフリーズ生まれ。三〇年あまり前にトルコに来て、何もないところから動物保護センターをつくった。冷たい飲み物で一服し、中を案内してもらう。ナラもぼくの肩に乗って、興味津々のようだ。

動物保護センターははるかにマルマリスの海が見渡せる土地に、一エーカーかそれ以上の面積を持っている。最初は一匹の野良猫から始まったのだという。いまでは一三〇匹もいて、犬も六匹、ロバが二頭と馬がいるそうだ。やや年をとった、ネッドというオスのロバがジーニーのお気に入りだ。傾斜のある小さな牧草地で、穏やかな眼差しで佇んでいた。

「ここから五マイルくらい離れたところにある野原の真ん中に捨てられていたのよ」と、ジーニーはネッドを撫でながら言った。

「そこで死なせるために。木につながれて、金属片が足に突き刺さっていたわ。かわいそうに」

活動の中心は野良猫だ。一か所にこんなにたくさんいるのを見たことがない。あらゆる種類、色、気質の猫がいる。フワフワでボールのような大きなペルシャ猫や、目つきの悪いトラネコや、恥ずかしがり屋でずっと隠れている無毛の子猫など。ナラはどうしていいのかわからないようだ。ぼくの肩に座ったまま、爪をいつもより深く食い込ませて、哀願するように小さくニャアと鳴いた。「パパお願いだから、ここに置いていかないでね」

正午になって太陽が威力を増し、ランチのために中に入った。そのあとでナラの唇を診てもらう。ナラはお利口に口を診てもらった。

「うーん。あんまり良くなさそうよ。このあたりで〝齧歯《げっし》の口〟って呼ばれている症状みたい。ここでもよく見るわ。わたしは一時間くらい用事があって出ないといけないんだけれど、友だちを呼ぶから町の動物病院に連れていってもらって」

頼むのではなかった。あの言い伝えは何と言ったっけ。〝悪魔は怠け者に仕事を与える〟だ。動物病院のサイトを検索していたら、〝齧歯の口〟の正式名称は〝猫の好酸球性肉芽腫症候群〟だった。どうりで短い呼び名が必要なわけだ。通常はたいしたことはなく、治療しなくても自然治癒することも多い。だがたまに炎症が悪性腫瘍やがんに発展することがあり、特にストレスが大敵だ。

ぼくの脳はまた暴走して、最悪のシナリオをイメージしはじめた。脳がフル回転して、ナラにストレスをかけた可能性のある出来事を振り返る。いくらでも見つかった。サントリーニ島で落ちて頭を打ったこと。嵐の中、自転車で突き進んだこと。まだまだある。

ジーニーの友だちは英語がほとんどしゃべれなかったが、素敵な女性ですぐに丘をくだって村まで連れていってくれた。獣医師はぼくと同世代の若い女性で、英語も堪能だった。

「ただの切り傷ね。自然治癒するけれど、よく見てあげてね。もし二週間くらいしても治らなかったら、また病院に連れていったほうがいいわ」

ひと安心したものの、またしても自分を責めた。どこで切ったのだろう。チェシュメで、でこぼこの石畳を走っていたときに跳ねて切ってしまったのか。それとも、暑すぎて唇を頻繁に舐めたり噛んだりしていたのか。そのとき思い出した。リゾートに滞在中、ナラは白と灰色の子猫とずっと一緒に遊んでいた。ある日、ナラが大きく叫んだのが聞こえた。怪我でもしたのかすぐに急いで帰ってきた。これで説明がついた。

ジーニーは、ナラの診断結果を喜んでくれた。その晩は素敵なディナーをいただきながら、テラスでおしゃべりを楽しんだ。ジーニーの若き日のことや、施設をつくったときのことなど話は尽きなかった。彼女の行為を心から尊敬した。

壁に一匹の猫の写真が飾ってあった。おそらくは、いちばんいい場所に。

「この子は、思い出の猫なのかい」ぼくは写真を見ながら聞いた。

ジーニーは微笑んだ。

「この子コルキズっていう名前だったの。目の見えない女の子っていう意味よ。オランダから来たアイリスっていう若い旅行客が、この近くのホテルの敷地で見つけたの。旅行の最終日で、困っていたわ。ホテルの人がわたしに電話してきて、引き取ったの。健康状態が悪くて両目とも失明していたわ。名前の由来ね」

部屋の隅で食事をしていたナラが、ぼくらのところにやってきた。

「一年後くらいかしら、思いがけないことに小切手が送られてきたのよ。オランダから、それもかなりの金額が。アイリスがこの保護センターのために一年間お金を貯めたらしいの。わたしにとってもそれが転機だった。引っ越してきたばかりで、資金が足りていなかったのよ。もし彼女がいなかったら、いまごろどうなっていたのかわからないわ」

夕食後、ジーニーはこれまで授与されたさまざまな賞の記念写真を見せてくれた。アイリスと地元の市長と並んでいる写真があった。ロンドンにある貴族院内での式典のもある。

ジーニーはコルキズの写真にもどって、頷いた。

「たった一匹の動物が、すべてを変えることだってできるのよ」笑顔で言った。

そしてかがんでナラの背中を撫でた。「だから、あなたはこんな宝物と一緒にいるんでしょ？」

「そうだね、この子のことが大好きなんだ」ぼくは笑った。

ジーニーは優しく首を振った。

「あなたは、この子がどんなに特別なのか知らないんだと思う。最近では、動物保護のために資金を集めるのはとても難しくなっているわ。世の中には助けを求めるいろいろなチャリティーがあるもの。だからだんだん関心を示さなくなってしまう。でも、ときどきあなたのような人が現れて、動物保護のことを訴えてくれるの。あなたがサントリーニでしてきたことを知ったわ。あなたなら、もっとできると思うの」

そう言って、新しい学校の制服を着たぼくを見る母親のような眼差しでぼくを見た。

「しっかりナラの世話をするのよ」

翌朝、連絡を取り合う約束をしてジーニーのもとを去った。できる限り、彼女の活動に資金を募ろうと決めていた。経済的な援助はいつだって必要なのだ。彼女のところのような組織はいつもカツカツの生活をしている。そして世界には野良猫や放棄された動物が、あまりにもたくさんいる。

目下、ぼくにとっては距離を稼ぐことが優先事項だった。二、三日かけて南に向かい、マルマリスから東に方向を変えて、トルコの沿岸を進み、カスを通過して、アンタルヤにたどり着いた。週末にはカッパドキアに到達したかったので、ペダルを踏み、沿岸を離れて山岳地帯に入った。瞬く間に環境が変わって、岩だらけの山に深い森の景色になった。何マイルも建物を見ることがない野趣あふれる地域だ。

ゆっくりと進み、新しいマントラを唱え続けた。ぼくはカメだ、ウサギではない。

何泊目かの夜、道から数百ヤード離れた森の中にテントを張ることにした。景色の美しいところで、眼下には谷を見下ろす壮大な眺めが広がり、夕日が楽しめた。テントの中でナラと過ごしているとき奇妙な音が聞こえたが、さほど気にならなかった。小動物か何かが来たのだろう。森にはウサギやキツネが住んでいる。ぼくはテントのファスナーを閉めて、夜を迎える準備をした。

森の中でさえも暑くて眠れなかったので、ヘッドホンをつけてユーチューブの動画を見始めた。数日中にチャンネルを開設する予定だったから、ほかの人がどういうことをしているか見たかったのだ。午前一時くらいだったろうか、ナラが突然ぼくに飛びついて、肩にのぼった。足元でぐっすりと眠っていたのが突然だ。何かがナラを脅かしたのだ。耳をぴんと立て、目は皿のように見開いている。

すぐに、原因がわかった。ヘッドホンを外すと、深くて強い息遣いが聞こえた。近くをゆっくりと動いている。あたりは真っ暗で月明かりもほとんどないが、間違いなく大きな生き物だということはわかった。必死で考える。あれは何だ。ジャッカルか、オオカミか。いやもっと大きい。鹿か、牛の類か。いやそれなら音でわかる。ひらめいたものは衝撃的だった。熊だ。肝は据わっているほうだが、そのときは完全に動揺した。

ナラをひっつかんで、テントの片側を大きく開けた。裸で寝ていたが、服を着るなんて考える余裕もない。クロックスだけ履いて、走った。数百ヤード離れた道にたどり着いたところで、足に尖ったものが刺さっていることに気がついた。血が流れている。ナラも怖がって、世も末とばかりにぼくにしがみついている。

落ち着くのにしばらくかかった。我に返ると、道の真ん中で真っ裸でつっ立っている。荷物を取りに戻らないといけない。残っているとして、だが。もしほんとうに熊だったら、自転車は無事だろうか。しばらくするとようやく森の中に引き返す勇気が出てきた。だが、葉っぱが揺れる音や、枝が折れる音に飛び上がる。

木々の影が生き物のように見えた。そう、ぼくは恐怖で怯えあがっていた。テントに戻って、短パンにTシャツをかぶり、全速力で荷物をまとめた。バッテリーがなくなったので、自転車のライトは点かない。小さな懐中電灯を持って、暗闇の中をできるだけ急いで移動した。ナラを自転車のフロントバッグに入れてから、テントをたたんだ。ほとんど機械的にてきぱき片付け、自転車を押して森を通り抜け、安全なところまで来た。

無事に道路まで戻ってきたときには、安堵のあまり大きな声が出た。

ぜったいに何か忘れてきているはずだ。明るい時間帯でも忘れ物をするのに、熊にびくつきながら真夜中に逃げてきたのだから。何を忘れてきただろう。いまは心配する余裕もない。熊は嗅覚が優れているという。においで追いかけてくるかもしれない。現実にはこの道まで追いかけてくる可能性はほとんどないと思いつつ、その思いは頭を離れなかった。

目の前にある丘をできる限り急いでのぼる。足の傷がずきずき痛む。心臓はまだどきどきしている。何度も後ろを振り返りながら、大きなグリズリーが走って追いかけてきていないか確認した。

丘の頂上に着くと、前方にうっすらと光が見えてきた。大きな工事現場が目に飛び込んできたときには、歓喜の涙にむせびそうになった。大規模な土木工事で、巨大なパイプラインが横たわっている。直径二メートルはある銀色の巨大なパイプだ。五段ほど積み重なっている。

その上までのぼりきったら、地上一〇メートルになる。熊はここまでは追って来られないはずだ。マットと寝袋とナラを抱えてよじのぼった。一番上にあるパイプの中に寝転んだ。そこで体を横たえて、心臓の音がしだいにゆっくり平常に落ち着いていくのをただ聞いていた。電波は届いていたので、スコットランドの家族に、この幸運な逃亡劇を手短に話した。意外な反応だった。母が笑いだしたのだ。何日か前、父の夢の中でぼくは熊に追いかけられていたらしい。「超能力者ね」

ほんとうに熊だったという確証はない。トルコに熊がいるのは知っているが、まだ幸運にも遭遇したことはない。

数時間でも眠ろうと思った。少し寝てから、早朝の涼しいうちに出発したい。昨日の出来事はもう過去のものにしておこう。これからまたタフな一日が始まる。

カッパドキアに行くにはこの山岳地帯を抜けなければならない。自転車で走ろうと思ったら、ここから先はいまだかつて体験したことのない大きなチャレンジになりそうだ。国立公園コプルル渓谷を通って、五〇〇〇フィートまでのぼりつめる。一日で達成したかった。

出だしは良かった。足の傷は思ったほど悪くなく、もう治りかけている。ストレスなくペダルが踏める。昼になり、川の急流近くで美しい景色を見ながら休憩した。ナラの水筒に水を汲んで、ぼくもナラも日焼け止めクリームをたっぷり塗った。これから一番暑い時間帯に山をのぼっていく。

頂上が見えてきたとき、風景が劇的に変化した。舗装されていた快適な道は、急勾配の粘土質の砂利道になった。ぼくは急な坂道にも強く、八度までの勾配なら対応できる。しかしこれは一〇度だ。手に負えない。歩いて押すしかない。水を余分に積み込んだので、自転車はさらに重くて大変だ。しばしば滑りやすい粘土質の道にタイヤが滑る。体力の心配などする余裕はない。滑り落ちてしまわないように格闘した。

車が何台か通り過ぎて行った。車もまた苦戦していて、ヘアピンカーブを曲がるときにはタイヤが滑っている。気温は耐え難いほど暑い。日焼け止めの効果も落ちてきて、肩と首が焼けている。さらに悪いことに、沢の近くで休憩していたら、ミツバチの大群に追いかけられた。なんとか刺されずに逃げたが、もう少しのぼったところで今度は、小汚い野犬が二匹、威嚇してきた。ハイエナの一種か。道路に死んだウサギらしきものが横たわっていて、興味がそっちに移った。助かった。

ナラは、この一連の出来事のあいだずっと眠ってくれていた。

これまでも急坂には遭遇してきた。スイスでも、ボスニア・ヘルツェゴビナでも、アルバニアでも、ギリシャでも。だがここの坂が最強だ。正午過ぎにはギブアップ寸前だった。

若い男たちが運転する車が、手を振りながら通り過ぎていった。親指を立てたが、行ってしまった。車は小さくて、たしかに自転車と道具を積むスペースはない。次に、オンボロの古い荷台つきトラックがやってきた。のぼるのに苦労している。エンジンは苦痛に耐えているような音を立てている。ぼくはまた親指を立てた。

車には両親と一〇代とおぼしき息子と娘が乗っていた。女性はぼくに気づいたが、申し訳なさそうに首を振った。荷台には乗れそうだったが、防護カバーで覆われていた。もしかしたら、二度と発進できないので止まらなかったのかもしれない。後輪は粘土質の道で空回りしていた。

ぼくはスマホの地図をずっと見ながら、頂上が近づいているかどうか確認していた。しかしまるで立ち泳ぎでもしているように、現在地を示す点は動かなかった。

夕方になると、事態はさらに悪くなった。まず、タイヤがパンクした。野犬と出くわしたときに、前輪の空気が抜けていることには気づいていた。この状況で修理をするのは厳しいが、もう限界だった。パンケーキみたいにひしゃげている。

自転車を道の脇に寄せて、荷物を降ろした。別の車が通り過ぎる。カップルが乗っていて、一瞬ぼくを乗せてくれようとしたように見えた。だが、やはり止まらずに行ってしまった。

ようやくタイヤを修理し終えると、かすかに風が吹いてきて、急に気温が下がってきた。歓迎すべき状況ではなさそうだ。前方にある谷には、嫌な感じの黒い雲が重くかかっていて、こちらに向かってこようとしている。稲光が見える。雷雨だ。困ったことになりそうだ。ここにはわずかな木があるだけ。その木もほとんどが落雷に遭ったのか、焼け焦げた跡がある。絶体絶命のピンチだ。落雷？　もういいかげんにしてくれ。

しかしぼくはいつもの間違いを犯した。スマホだ。稲妻の影響について検索したのだ。いくつかわかったことがあったが、それでまたぼくは不安になった。稲妻は、落雷した地点から一〇メートルも広がるという。悪夢は現実味を帯びてきた。たったひとつの救いはナラがぐっすりと眠っていることだった。かごの中で丸くなって、何の心配もなく幸せそうだ。

「今日はそこから出てこないほうがいいよ」声をかけた。

なんとか最後の力を振り絞って、頂上までのぼりつめたときに雷雲は頭上を通り過ぎていった。頂上の駐車場に着いたときには、ずぶ濡れだった。唯一の慰めは、ここからは下り坂ということだ。とはいえ、次の町に到着するのにあと数時間はかかる。

頂上は、ぼくのような頭のおかしい観光客だけでなく、地元でも人気のスポットのようだ。見晴らし台の隣にある小さな駐車場には何台か車が停まっている。荷台つきトラックもそこにあった。せっかくここまでやってきたのだから、風景を楽しもう。そこからの眺めは最高だった。雷雲はもう向こうの谷まで移動している。目を転じると、一〇〇マイルくらい先に海が見える。ここ何日か走ってきたルートを思い返して、ずいぶんと進んだことにじーんときた。ここまでは。

片言の英語で話しかけられた。コンヤを目指していて、そのあとはカッパドキアに行くのだと伝えると、彼は申し訳なさそうに、ここにいるほとんどの人は来た道を帰るのだと言った。残念だが、もう乗せてもらえるという望みは持たないことにした。

ナラにおやつをあげて、そろそろ出発しようかと思ったころに、一台のトラックから女性が降りてきた。何を言っているのかはわからない。夫らしきドライバーが荷台のテールゲートを下ろして、息子と一緒に場所を作ろうとしている。その親子はぼくに向かって手招きした。自分の幸運が信じられない。こんなにも親切な人がいるなんて信じられない。乗せてくれるというのだ。

荷台には砂利のようなものが積んであったが、それをどけてぼくが乗るスペースを作ってくれた。自転車は運転席のすぐ後ろ側でカバーをかぶせた。ナラは安眠を妨害されてムッとしていたが、すぐに機嫌を直した。運転手はギアを入れて、山の向こう側へ発進した。

よくこの道を運転できるな、とたびたび感心した。怖いほどの急勾配で轍《わだち》で削れているうえに、ヘアピンカーブの連続だ。雨が降ったにもかかわらず埃っぽい。トラックは横滑りしながらも、前進している。くぼみにはまったり、石に乗り上げると、運転手は後ろを向いて歯のない口でニッと笑って親指を立てた。「大丈夫、慣れているさ」って意味だろう。そうでありますように、と祈るしかない。

約一時間後に山を下りきったときには、雷雨は完全に去っていてまた太陽が顔を出した。二〇マイルか三〇マイルほど走って、ようやく小さな町にたどり着いた。運転手は車を止めて、テールゲートを下ろした。ここでお別れだ。トルコ語でなんとかさよならを伝えようとしていると、どこからかラクの瓶とグラスを出してきた。ここまでの小さな旅に乾杯しようということだ。

断るなんてできない。大変な山道をくだるのを助けてくれた。運転手と、彼の家族にグラスをかかげて、ごくりと飲み干した。

トルコの雄大な自然を
眺めながらのキャンプ

ジェイソン、シレムに夕食をご馳走になる。パスポートを失くして〝地獄の一日〟を過ごしたあと

トルコ、マルマリス近くにある動物保護センターにて。オーナーのジーニーと

ベンチで夜を過ごす準備。
トルコ、スィヴァスのバス停にて

カッパドキアで無数の
気球を眺めるナラ

カメになってジョージアの村をのんびり自転車でこぎ進む

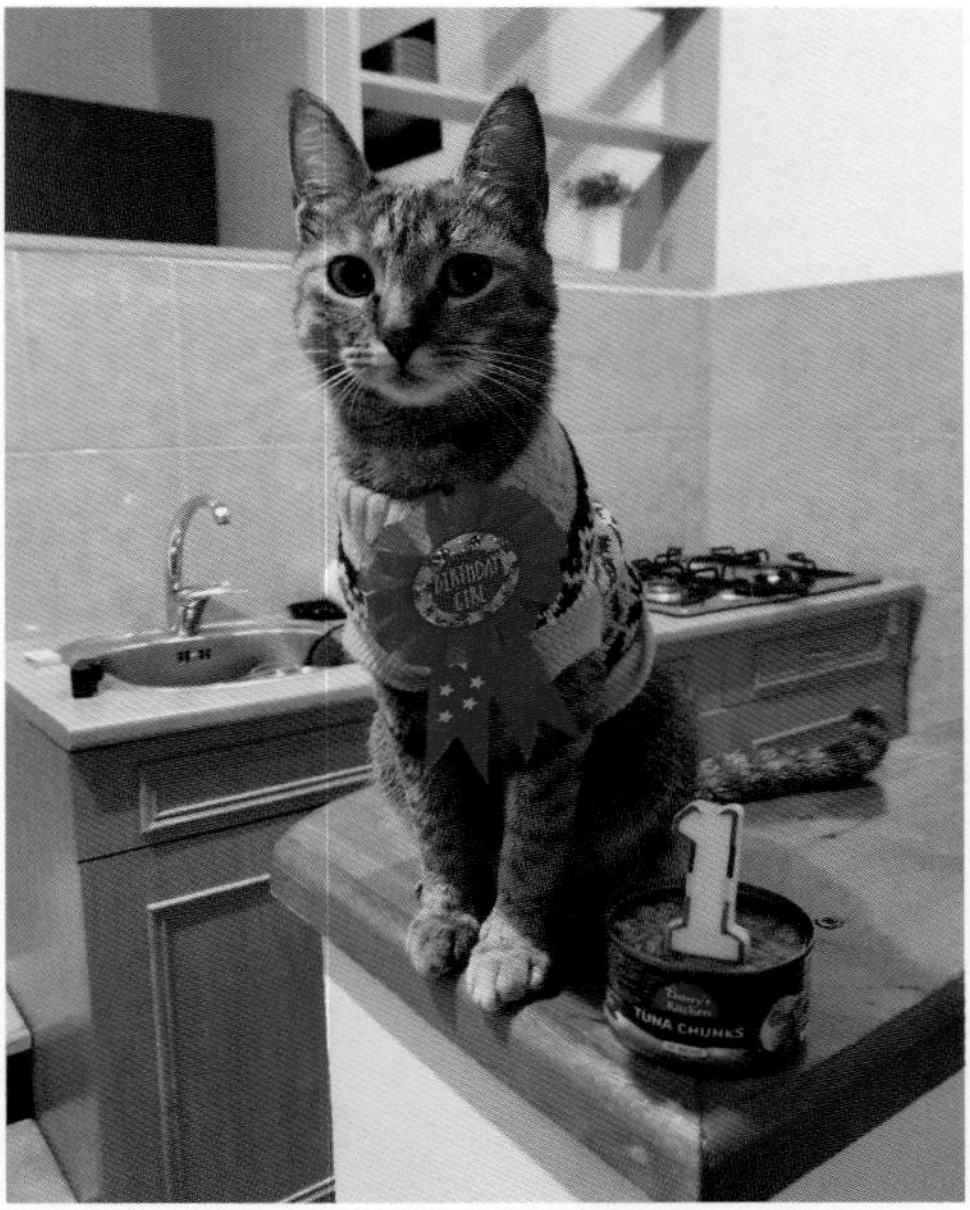

2019年10月2日。ジョージア、トビリシでナラの一歳の誕生日を祝う

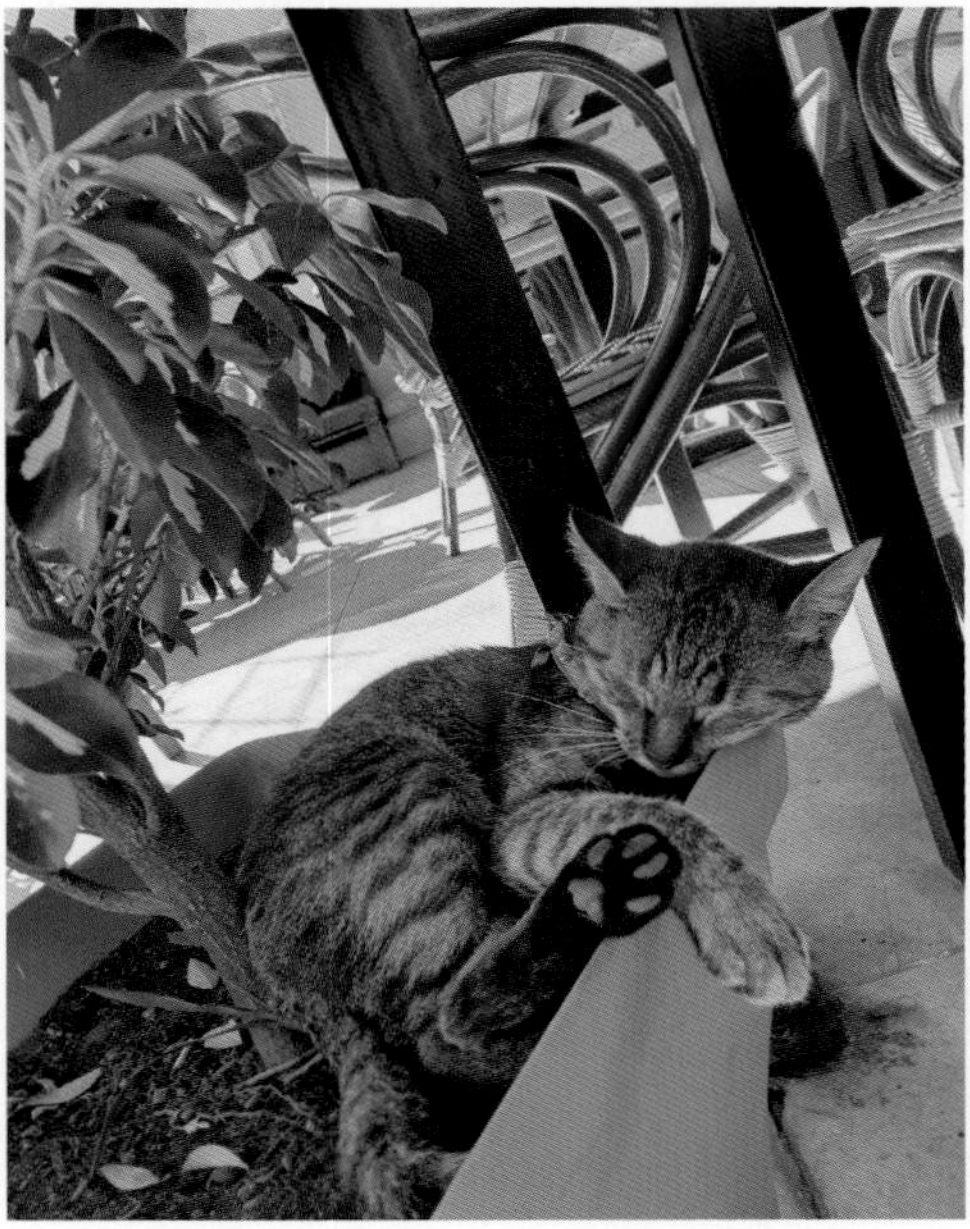

トビリシのレストランで昼寝するナラ

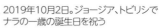

デイビッド、リンダと。
アゼルバイジャンにて。2019年10月

近くて遠い。バクーで
カスピ海を見晴らす

「やっと着いたのね」
アゼルバイジャンの国境付近にて

ジョージアのゴーストのもとへ
戻るため、急いで列車に乗る

大の仲良し。
ナラとゴーストが
一緒におやすみ

パブロと。ゴーストと、
ゴーストそっくりの保
護犬たち。トビリシにて

トルコのアンカラ近くにて。
かくれんぼ中のナラ

サプライズ登場!
祖母の90歳を祝うため
ダンバーに戻る。
2019年11月

ブルガリア、プロヴディフを散策中。
2020年の新年

濃霧のため立ち往生。
セルビアの野原にて。
2020年1月

ハンガリー、ブダペストの
ブダ城の敷地を探検中

ユーチューブで自分の
姿をチェックするナラ

トルコからアンカラへ向かう電車内で。
「いないいないばぁ」

ああ涼しい。ナラは日影に
いるべき時を知っている

いい夢を。お気に入りの場所、
ぼくの胸の上で

まだ明るくて、道をくだったところにあるもう少し大きい町まで行けそうだ。家族はトラックで去り、ぼくはナラと自転車に乗った。

体中の骨と筋肉が悲鳴をあげている。ふくらはぎは痛いし、太ももは痙攣《けいれん》している。上腕三頭筋も、自転車を押して山を上がった影響で限界だ。それでも、もう少し自転車をこぐことはできそうだ。ここは平坦な道だ。

三〇分ほどで次の町に着いたときには、日が暮れかかっていた。静かな田舎町だと思っていたがそうでもない。結婚式が行われていて、道には人々がたくさんいて、食べたり、飲んだり、歌ったり、踊ったりしている。パーティーの最中だった。

自転車を停められそうな場所を見つけて、小川から水を汲んでナラに与えた。ナラは結婚式に気をとられている。白いシャツやドレスを着た小さな子どもたちが歓声をあげていた。

小さなカフェの男たちがぼくを手招きした。

彼らはあまり英語が話せなかったが、ぼくは何とかして、どこから来て、どこへ向かおうとしているのかを伝えようとした。気づいたら、またグラスを手にしていた。今度はバカルディだ。しばらく彼らと一緒に座って、おしゃべりをしながら、ナラが子どもたちと遊ぶのを見ていた。しかしずっといるわけにはいかない。パーティーは大好きだが、疲れすぎていた。

町の中心部から離れてみたが、テントを張るのによさそうな場所がなかった。探す気力も残っていない。ぼくは静かな林の中にあるベンチに寝転びリュックサックを枕にした。ナラはいつものようにぼくの胸の上で、しばらくもぞもぞしていた。ぼくはナラより先に眠りに落ちた。

16
チーム・ナラ

ナラの唇は、三週間してもまだ心配だった。釈然としない。小さくなって治りかけていると思ったら、次の日は今まで以上に青黒くむけたようになって、痛そうに見える。ナラが痒くて触ってしまうのだろう。手を口にやっているのを見たときには注意した。まるで爪を噛んでいる子どもを叱る親のようだ。ナラはただ、何を言ってるの、という目でぼくを見ている。

〝齧歯《げっし》の口〟についてもっと調べることにした。プラスチックから伝染するという獣医もいたので、ナラのプラスチック製のボウルを金属製に変えた。効果があるのかはわからないが、やってみる価値はある。

それからシェメと、インスタグラムをフォローしてくれている二人の獣医とオンラインで話をした。意見は割れた。一人は特に心配することはないと言い、もう一人は病院に連れていくべきだと言った。

全員が一致したのは、ナラにできるだけ休息を与えるべきということだった。休養が一番の医術だ。またもや罪悪感がこみあげてきた。山を越えるためのここ数日は、安穏とはほど遠い毎日だった。

八月の終わりにカッパドキアのギョレメという町に着いたときには、安堵のため息が出た。ここで一週間ほど滞在する予定だ。ナラはずっと寝ていられる。ぼくのほうはここですることがあった。

まず、ついにユーチューブチャンネルの開設だ。

ぼくの最大の強みは、天才テレビスターと仕事をしていることだ。ナラは美しい猫というだけでなく、カメラの前でもとても自然に振る舞うことができる。ときとしてナラは演じることを楽しんでいるようだ。たとえば先週のことだ。道沿いのカフェで日陰を求めて休んだとき、ぼくはビデオカメラを床に置いていた。ナラは葉っぱや石を使って遊んでいたが、ふと、カメラに向かって石を転がしてきたりした。すごい映像になった。レンズに顔をくっつけたりもして、とても可愛い。

「あたしが、みんなを楽しませてあげる！」と言っているようだ。

それがナラの意志だとしたら大成功だ。すでにたくさんの人がチャンネル登録してくれていた。コメントを読んでいると、〝ナラカム〟、つまり自転車のハンドルにつけたカメラで、スターとともに周りの景色を収めた映像だが、これが特に好評だ。インスタグラムの六〇万フォロワーに加えて、ユーチューブの視聴者を加えると、とてつもない人数になる。ときどき不思議になる。どういう人たちだろう。何を楽しんでくれているのだろう。

ほとんどの人にとっては、忙しい毎日のちょっとした気分転換なのだろう。最新のナラの可愛い姿を楽しんで、目がハートになった絵文字を残してくれる。でも、なかにはぼくらをもっと身近に感じて応援してくれている人たちもたくさんいる。ぼくらの冒険に寄り添って、メッセージや、アドバイスや、助けをくれる。ぼくはその人たちのことを仲間だと思うようなっていた。言うなれば、チーム・ナラだ。

とりわけ感動するのは、みんなが実用的な手助けをしてくれることだ。どれも本物で心からのものので、ときとして驚かされる。絶え間なく送られてきた贈り物は、サントリーニ島にいるときにお断りした。それでもコンスタントに自転車用の備品や、ナラに服を提供したいという申し出がある。ナラを運ぶための用具と、ドイツにあるシュヴァルベという会社からの高性能タイヤはありがたく受けることにした。中央アジアやインドを走るときに必要だと思ったからだ。しかし基本的には丁重に断るか、返事をしないことにしている。すべてを運ぶことは不可能なのだ。

一番不思議なのは、もしぼくが〝そこを通りがかったら〟泊まっていってくれという人がとても多いことだ。なかなかそんな偶然はないと思う。ぼくをインスタグラムで知った人の家の前を、たまたま自転車で通りかかかる可能性なんてあるだろうか。ほとんどあるまい。

ぼくが取り上げたさまざまな問題に資金援助してくれることには、ほんとうに感動している。最初はアルバニアのバルーから始まった。それからサントリーニ島のクリスティーナへの援助。資金提供の可能性に目を向けるきっかけとなった。ジーニーが言ったように、ナラがいるおかげで、ぼくは資金不足にあえぐ人たちを援助する機会を得られている。

そのことが頭にあったので、一週間の休暇のあいだ、ぼくはこの〝資金化する方法〟についてずいぶんと考えた。

手始めに、サントリーニ島で五月に開催したチャリティーくじに着手した。すぐにとりかかれなかったのは申し訳なかったが、いままで抽選をする時間の余裕がなかったのだ。一ポンドのチケットを一万三〇〇〇人が買ってくれていた。すごい金額だ。当選者を決めて、窯元のガラテアにボウルの送付を依頼した。次の仕事は、集まったお金をどう分配するか決めることだ。一〇〇〇ポンドずつ十三の施設や団体に送ることにして、送付先のリストを作りはじめた。

これに勇気を得て、もっと積極的な資金調達を計画した。ナラの写真を集めたカレンダーを作って、収益金はすべてチャリティーに回すのだ。手に負えるだろうかという心配もあった。パソコンはそれなりに使えるが、カレンダーをデザインするなんてできない。しかしチーム・ナラは才能の集まりだ。すぐにそのスキルを持っている人が見つかった。ニューヨークにいるカット・マクドナルドというデザイナーだ。ぼくはいまほんとうに価値のあることができていると感じている。物事を変えることができているのだ。

ぼくが受け取った何千ものメッセージのうち、完全に否定的なものは一、二通だ。みんなぼくらに味方して、楽しんでくれている。見てくれている人たちの日々を明るくして、世界に小さな光を当てられているなら嬉しい。ぼくは決して、調子に乗っているわけではない。ぼくのささやかなユーチューブチャンネルはナショナル・ジオグラフィックやBBCワールド・サービスとは違う。これはぼくが世界に向けて開いた窓で、ぼくの旅の次章へのスタート地点だ。ここは《1bike1world》なんだ。

ナラと一緒にいるということは、猫の海外旅行に必要な技術的なことについて学ばなければならないということだ。いまでは、新しい国に入国する前には動物病院で健康証明書を取得しなくてはならないことを知っている。これは国際ペット・パスポートの制度によって決められているのだ。だからナラの唇がすっかり治っても、ジョージアに行く前にトルコの動物病院に行く必要がある。アゼルバイジャンに行く前も、同じことの繰り返しだ。これはずっと続けていくことになる。しかしもう慌てることはない。検査は簡単だ。まず書類を確認して、簡単な診断をする。それで次の国に入る準備が整う。ナラにとって嫌なのは、体温計を不快なところに差し込まれることくらいだろう。

いま悩ましいのはルート選びだ。だんだん複雑になってきた。

何日か前に、アスカライに向かう幹線道路沿いのガソリンスタンドに水とスナックを買うために立ち寄った。そこで自転車で旅をしているドイツ人カップル、デイビッドとリンダに出会った。彼らもインスタグラムで発信していた。アカウントは《@zwei_radler》〝ふたりの自転車乗り〟の意だ。コーヒーを飲み、しばらく一緒に旅をすることにした。たまには同行者がいるのもいいものだ。ナラといるのは楽しいが、人との会話が恋しくなることもある。

一日一緒に走り、スルタンハンという静かな場所でキャンプをした。町を探索して、古くからある、壁に囲まれたモスクを見たり、夜にはナラも一緒に食事に行った。彼らと話すのは楽しい。共通点がたくさんあった。ぼくと同世代の彼らは、数か月前にドイツのバイエルン州で結婚したという。普通のハネムーンではなく、アジアまで自転車で旅をすることに決めたのだ。

「わたしたちは世界を発見したいのよ。破壊なんてしたくないわ」リンダは言った。まったく同感だ。バイエルン州を出て、オーストリア、ハンガリー、ブルガリアを経由してトルコにやってきていた。

「最終目的地はないんだ。いつでも自由に変えられるようにね」デイビッドが言った。

「来年の三月までに職場に戻ればいいの」リンダは微笑んだ。

最近までの彼らの計画は、ぼくと同じようなものだった。ジョージアからアゼルバイジャン、それからイラン北部、トルクメニスタン、ウズベキスタンという、いわゆるパミールハイウェイを通り、かつてはマルコ・ポーロたちがヨーロッパから中国まで渡ったシルクロードをたどる予定だったのだ。その途中でブハラ、サマルカンド、ヒヴァといった美しい町を通り、ヒマラヤ山脈を越えてインドに行くつもりだった。彼らはそこをとても楽しみにしていて、旅の一番の山場だと考えていた。ところが、夕食の席で、その計画は諦めたと聞かされた。

「もう八月下旬だし、天候が変わろうとしている。もう遅いと思う」デイビッドが説明した。「パミールハイウェイのもっとも過酷で危険なところは、もうすぐ雪で通れなくなる。冬のあいだ立ち往生するには楽しい場所ではないからね」

ショックだった。ちょっと遅れぎみだと感じてはいたが、思っていたより限界が早かったのだ。十一月までは大丈夫だと思っていたのだ。

デイビッドとリンダのいまのプランは、アゼルバイジャンに向かってから南下してイランに行くというものだ。そこからパキスタン、そしてインド、ミャンマー、タイに向かうという。「そういう予定よ。今のところはね。あなたもそうだと思うけれど、自転車での旅はしょっちゅう予定が変わっちゃうもの」リンダは笑顔で言った。

「言えてる。しかもぼくは猫まで連れているしね」

次の朝、連絡を取り合う約束をして別れた。またどこかで会いそうな気がする。この出会いでいろいろ考えさせられた。調べていると、心配なことが見つかった。

イランを自転車で巡るについてはいいことばかり聞いていた。地理的にも素晴らしいし、イスラムの国なのでナラも歓迎される。だが政治的な問題はあった。外務省のホームページには、旅行会社によるツアーでなければ入国できないとある。そういう手配をしてくれる会社はあったが、手続きがかなり面倒だ。行ける場所が制限されてしまう気もする。それに、これはもっとも大事なことだが、ツアーで行くホテルはほとんどがナラを受け入れてくれないらしい。ナラは屋外か、近くの預かり所で寝なければならない。それなら意味がない。ぼくはインスタグラムで次の行動について相談してみた。ぼくの頼もしいフォロワーたちには旅行コンサルタントがいるかもしれない。誰かいい解決方法を教えてくれるかもしれない。

やっぱりだ。いくつか有益な情報が返ってきた。トルコ航空に勤めている人が、インドまで直行便があると教えてくれたのだ。ナラが貨物室に閉じ込められるのが嫌で、飛行機は乗り気ではなかったのだが、キャリーケースに入れておけば客室に乗れると教えてもらった。しかし、書類上の手続きは大変そうだ。

けっきょくジョージアと、アゼルバイジャンを目指すことにした。いつでも変更は可能だ。自転車でも、電車でも、飛行機でも、船でも。アゼルバイジャンの首都でカスピ海の端に位置するバクーまでは一八〇〇キロ。なんとかするさ。なんとかかね。

カッパドキアの見どころはその壮大な風景だ。『スター・ウォーズ』の映画みたいだ。谷には尖った岩が無数にあって、砂糖細工のように見える。この奇観を眺めるのに一番いい方法は、気球から見ることだ。夜明けには、たくさんの気球が空へと上がっていく。これには乗らなくては。

気球ツアーの会社に連絡してみると、驚いたことにぼくらのことをインスタグラムで知っていた。ナラも乗せてくれるという。しかしその案には不安があった。ナラは大きい音や騒がしい音が苦手だ。フェリーでサントリーニ島に着いたときの反応は忘れられない。気球を膨らますためのバーナーはかなりうるさい。ナラは間違いなく怯えるだろう。やむを得ずナラは置いていくことにした。スタッフはとても残念がったが、ぼくの決意は固かった。無料で乗るためにナラを怖がらせるつもりはない。ほかの人と同じように、料金を払えばいい。

数日後、四時半に起きて集合場所に向かった。高いところはあまり得意ではないし、何人もの人たちと大きなバスケットに乗ることに不安もあった。しかし、眼下に美しい奇岩群を眺めながら浮かぶのは忘れられない体験になった。一〇〇くらいはありそうな色とりどりの気球が、淡いピンクとブルーが混じった朝の空に浮いているのだ。絶景だった。世界を見ようと故郷を飛び出したときの気持ちを思い出した。

一週間後にカッパドキアを離れて、黒海沿岸からジョージアに急いだ。カメでいることは嫌ではないが、たまにはウサギのように行動しないといけない。デイビッドとリンダの話を聞いて不安になっていた。

良いニュースは、一週間の休養でナラの状態が良くなったこと。国境を越える前にはまた診断が必要なので、ここで動物病院に連れていくことにした。唇を診てもらうと思いがけない返事だった。「何もないね」「えっ」カクン、ときた。獣医師の言うとおり、唇はきれいになっていた。「とても健康な子猫だね。よく世話をしているのがわかるよ」

その言葉には励まされたが、また同じような症状を再発させたくない。ここと黒海のあいだには、また山脈がそびえているのでバスに乗っていくことにした。ナラにとってもぼくにとっても、暑さと戦いながら山道をのぼるのは体力が消耗する。

スィヴァスからバスに乗ることにした。前日の晩に近くまで来ていたので、朝一〇時出発のバスの停留所に、ずいぶんと早く到着した。バス停のそばで時間をつぶした。ナラは眠っている。一〇時になったがバスは来ない。一〇時半になっても、十一時になっても来ない。気配すらない。小さなチケット売り場がようやく開いた。そこに聞きに行った。どうやら時刻表を読み間違えていたようだ。バスは午後一〇時の出発で、午前一〇時ではなかった。さらに十一時間も時間をつぶすことになる。

最悪だ。とりあえず町に行き、写真を撮ったり公園でひと眠りした。夕方にまたバス停留所に戻り、すっかりなじみになったベンチに座った。

古いバスは一〇時少し前にやってきた。早く座席について眠りたい。起きたときには、黒海沿岸に到着しているだろう。

運転手がバスから降りて、下の荷物収納スペースを開けて、大きな荷物を積み込みはじめた。ほかにも何人か乗客がいて、ひとりはスーツケースを持っていた。手持ち無沙汰なぼくは、自転車やほかの荷物を自分で積もうとした。

運転手はそれが気に食わないのか、トルコ語で何か叫んでいる。彼が積むというのならそれでいい。彼のバスなのだ。任せよう。

バスのドアに歩いて行って、ステップを上がろうとしていたとき、また運転手がぼくに叫んだ。

「ケディ、ケディ」

ナラはキャリーケースですやすや眠っている。最初は、彼がナラのことを言っているのだと気づかなかった。ぼくは運転手のほうに戻った。彼はバスの下にあるメッシュの箱を指さしている。

「ケディ」

通訳は必要なかった。ナラを荷物スペースに入れろと言っているのだ。従えるわけがない。説得しようとした。「眠っているんだよ。ね・て・い・る」キャリーケースの中を見せて言った。だが頑として受け付けない。少し英語が話せるほかの乗客が来て、運転手と話をしてくれた。

「猫は、走行中音を立てるからダメなんだって。他の人が眠れなくなるからって」そう言って肩をすくめた。

ぼくは諦めて両手を振った。自転車とほかの荷物を取り出す。ナラがそばにいられない旅はしない。

運転手は肩をすくめ、勝手にどうぞという目で見ていた。おかしな話だ。数日前にチケットを買ったときも、この日の夕方に小さなチケット売り場で聞いたときも確認したのに。ナラがキャリーケースに入っている限りは、一緒に座席に乗れると聞いた。

今日は自転車に乗るにはもう遅すぎる。街灯はなく、行き交う車もスピードを出している。テントを張れそうな場所もなく、さっきまで座っていたベンチに戻った。明日になってから、次にどうするか考えよう。しばらくインスタグラムを更新したり、スコットランドに電話したりした。肌寒くなってきたから、寝袋を取り出した。深夜過ぎに眠りに落ちた。

数分も寝ないうちに、肋骨のあたりに固いものが当たった。

ああ、ついにこの時がやってきた、殺される…。

がばっと飛び起きると、目の前にふたつの笑顔があった。女性だ。「こんにちは」ひとりがためらいながら言った。「インスタグラムで見たの。ここで寝ることはないわ、うちにいらっしゃい」

驚いた。ぼくはトルコのど真ん中の、小さな町にいる。三〇分前くらいに、このベンチで今から寝るという投稿した。そうしたら誰かがやってきて、家に連れていってくれるという。そんなことがほんとうにあるのだ。ぼくはチーム・ナラをみくびっていた。メンバーの家の近くを、たまたま通りかかる可能性はあったのだ。

もっとひどいところで眠ったこともあると言ってみたが、聞いてもらえなかった。

自転車を押して裏通りを歩いて、町にある小さな家に着いた。女性の名はアーヤ、彼女の友だちのほうは純粋にトルコ語らしい名で、恥ずかしいが聞き取れなかった。アーヤは食事まで用意してくれた。スナックや道端で見つけたフルーツを食べているぼくには、王様の食卓のようだった。感謝しかない。

そして王様のように眠った。

翌日、アーヤはスィヴァスの町を案内してくれた。誇らしげに、有名なブルジエ神学校や公衆浴場などを見せてくれる。黒海沿岸まで送迎サービスをする男性からも連絡があり、できるだけ早く山脈を抜けて、ジョージアに向かうという目的はなんとかなりそうだ。

その日の夕方、ぼくの自転車や荷物は、エアコンつき快適シートの白いワゴンに積み込まれた。アーヤは見送り、遠ざかるぼくとナラに投げキッスをくれた。不思議な感覚だ。出会って二十四時間も経っていないのに、長年の友だちと別れるような気持ちだ。トルコにもさよならを告げた。

山脈の一番高い地点を通っていると、黒海の沿岸が見えてきた。ジョージアとの国境まで続いている。数日後にはそこに着いているはずだ。トルコでの時間はもうすぐ終わるが、ずっと記憶に残るだろう。ぼくが、新聞やテレビのニュースで見るだけでは足りない、世界をじかに見たいと思ったことは正しかった。マスコミの情報は説明が足りない。どちらかに寄りすぎている。対立を煽ろうと躍起になっているようにも見える。宗教、人種、文化の違いで人を区別しようとする。

ぼくはべつにピュアな人間だなんて言うつもりはない。世界はもちろん複雑だ。困難な社会状況や政治情勢が絡み合っている。善人ばかりではない。それでも、ぼくはみんな同じなんだと信じたい。人間は、本質的には悪いことより善いことをするようにできている。トルコはそれを証明してくれた。間違いなく。たくさんの人が友情の手を差し伸べてくれた。みんなチーム・ナラのメンバーだ。ジェイソン、アーヤ、トラックに乗せてくれた家族、ほかにもたくさん。みんながぼくを助けてくれたのは、それが自然の本能だからだ。

もし、世界を二周したとしてもこれほど心が温まる経験をすることはないだろう。

17

異なる世界

道にいた野良ヤギを避けるために自転車を脇に逸らした。ナラはハンドルに手を置いて座っている。耳をぴんと立て、何かを見つけたときによくやるように、頭を忙しく動かしている。見ているのはヤギではないようだ。

少し前のほうに、黒いスモックと帽子をかぶったおばあさんが、大きな声で叫びながら棒をふりかざし、大きな白い牛を二頭、森の端にある小さな牛舎に入れようとしていた。牛は言うことを聞かない生き物だ。二頭は頑なに拒否して、あらがうようにモーモーと鳴いて中に入ろうとしない。おばあさんはますます大声を出して、牛の背中を棒でバチンと叩いた。効いた。二頭の牛は頭を下げ、牛舎への小さな入口をくぐっていった。おばあさんも一緒に入ってすぐにドアを閉めた。

ぼくは大きな声で笑った。

「牛をお茶に招待していたのかな?」ナラに話しかけて首を掻きながら、ペダルを踏んだ。

ジョージアに来て数日になるが、こんな光景は、違う国に来ただけではなく、違う世界の違う時代にでも来たような気分にさせる。

最初にそれを実感したのは、国境検問所前に何マイルも続くトラックの列だった。ぼくは自転車で彼らを追い抜いたが、それでも長時間待たされた。ようやく一番前まで来たときに理由がわかった。重装備の軍隊がいて、何人もの検問官が入国する人全員の書類をつぶさに調べている。ナラがかごから出てきてぼくの腕にのぼり、若い検問官の目を引こうとした。が、ここではナラの魅力も効果がなかった。彼は向こうに行ってしまった。同僚の検問官はたっぷり十五分のあいだ、ぼくらのパスポートをいじくりまわし、声高に話し合っていた。そして何やらぶつぶつつぶやきながらぼくらを通した。

道路を走りだした。ジョージアの風景はアルバニアを思い出させた。旧ソ連から独立してまだまもない。飾り気のない角ばったコンクリートの建物が崩れたまま野ざらしになっている。通りかかった家や村も、風雨にさらされたまま古びている。全体に荒れた状態だ。道路も穴や陥没があって、油断できない。車線を無視する車までいて危険きわまりない。ワゴンやトラックがあまりにどんどん追い抜いていくので、ナラも運転手を怪訝そうに見やるほどだ。自転車が倒されなかったのは幸運だった。すぐにどこか細くてもいいから安全な田舎道を走ろうと思った。ジョージアの田舎は美しい。木々が生い茂り、丘はなだらかに起伏し、絵に描かれたような川の向こうに美しい山々が見える。旅をしていると、時代が遡っていくような錯覚におちいる。あるいは、見たことのない、おとぎの国に来たような。

あのおばあさんと牛もそうだったが、動物はどこにでもいて飼い主と共生している。ヤギ、牛、栄養不足に見える痩せた馬は、道の真ん中を自由に歩いている。犬も猫もガチョウも豚もニワトリもいる。動物園みたいだ。道路は農場の一部と見なされているようだ。かといって、動物たちを気にかけようという人はいないらしい。みんなひどい状態だった。

もちろん貧しくて、動物福祉にまで気を回すことができないのだという言い方はできる。しかしぼくの考えでは、動物に優しくするだけならお金はいらない。ぼくはいらだちを感じた。風景の美しさがかすんでいく。

一週間程度で首都トビリシに行こうと思っていた。シュヴァルベが送ってくれた新しいタイヤをそこで引き取るのだ。

小さな村で小さな車がけたたましいエンジン音をさせて、五、六倍もある大きさのトラックを牽引しようとしている。こんな光景は見たことがない。子どもたちがへたったバスケットボールで遊んでいる。笑ったりはしゃいだりしながら、木にくくりつけた古いバケツにボールを投げ込んでいた。何か月か前に見た、難民キャンプの子どもたちを思い出した。あの子たちと同じように、新しいもの、高級な道具など彼らは必要としないのだ。

ここでもいたるところに動物がいる。どの家でもヤギやニワトリやロバを飼っている。あらゆる種類、形、大きさの犬がどこにでもいる。ほとんどが野良犬のようだ。通路や野原を自由に歩き回っていて、餌や寝る場所を探している。心が痛む。何時間か走っていると、一匹の脚のひょろ長い、耳が垂れ下がった、白に茶色のまだら模様の犬と出会った。

ダンバーで飼っていたポインターのティールを思い出した。しかし、この子はひどい状態だ。骨と皮しかない。ぼくらの二〇か三〇ヤードほど後ろを歩き、頭を下げているが目はじっとこちらを見ている。ぼくは立ち止まって、おやつを少しあげた。ひと口で飲み込んだ。かわいそうにこの子は何日も何も食べていないのだろう。そのうち寝ぐらへ戻っていくだろうと思ったが、何マイルもついてくる。トビリシに続く主幹道路に着いたときに、別れを告げる決心をした。道路を走りながら、振り向いて犬を見ると、道の端に希望を失ったように佇んでいた。ごめん。しばらくはずっとそのことを考えずにはいられなかった。助けに戻るべきだったという思いは何日も続いた。

かわいそうな生き物を見ると、ますますナラとの結びつきが強くなる。ナラも同じ境遇だった。誰の助けもなく、たったひとりで。奇跡的にぼくはナラと出会い、健康で、安全な生活を与えることができた。これまでいろいろと心配していたことは過去のことになっていた。唇はもうすっかりきれいになっているし、トルコの獣医師にはすこぶる健康だと太鼓判をもらった。ぼくと自転車も健康ならよかったのだが。走っているあいだなのか、埃っぽい安ホステルにいたせいなのかはわからないが、目がものすごく痒くなった。ついこすってしまい、悪化した。トビリシまで半分くらいまで来た時点で、目が開けられないほどになった。目を閉じて自転車に乗ってはいられない。特にジョージアの道では。二〇マイルかそこらでその日は諦めなければならなかった。

自転車もしょっちゅうパンクしていた。道路の状態を考えたら驚くにはあたらないが、古いタイヤが限界に達した合図でもあった。加えて、ディスクブレーキにひび割れを見つけた。ひどく曲がっている。トビリシの修理工場でかなりの修理が必要になりそうだった。

トビリシまであと数日というところで、天候がどんどんひどくなり、首都へとつながる鉄道に飛び乗った。駅に行くまでに空は黒に近い色に変わり、聞いたこともないような雷鳴が響いていた。車窓の風景も見られないほどの雨だったが、ナラは楽しんでいた。電車に揺られながら、窓の外を流れている雨粒を捕まえようとしていた。

トビリシには夕方に到着して、予約していた小さなアパートに向かった。町を見渡せる丘に建っている。ナラはすぐに気に入った。飛んだり走ったりできる空間がある。誰にも邪魔されずに何時間でも遊べる。用事があって出かけるときも、ここなら安心してナラを置いておくことができる。

最初の数日は、自転車を修理に出し、新しいタイヤを受け取るのに費やした。二重構造になっていて、ガラスや釘といった鋭利なものを踏んでも中のチューブは守られるらしい。新しい自転車に生まれ変わったようだ。アパートをオンライン作業の基地として、チャリティーくじで集めた資金を分配した。簡単な作業ではなかった。資金を必要とする団体はたくさんあるから悩んでしまう。この最初のチャリティーは、理論的にも感情的にも納得できる行く先を選びたかったのだ。

ぼくが六歳のとき、近くに住んでいた祖父は、庭に小さなヒイラギの木を植えた。そのとき祖父はぼくに、木が地球にとってどれほど大切なものかを教えてくれた。木は酸素を作り、二酸化炭素を吸収し、土壌を豊かにし、野生動物の住処まで提供する。祖父が亡くなったとき、父と一緒にヒイラギを掘り起こし、家の庭に植え替えた。それはいまもそこにある。ぼくは、祖父を記念して、最初の一〇〇〇ポンドを《One Tree Planted》という、非営利団体に寄付することに決めた。一ドルにつき一本を植樹する活動をしている。世界中に一万三〇〇〇本の木が植樹されるとあれば、祖父もきっと喜んでくれるだろう。

この一番目はほんとうに悩んだが、そのあといくつかはすぐに決まった。特にいままでぼくを助けてくれたジーニー、ルシアとクリスティーナは、外せない。一〇〇〇ポンドあれば、いろいろできるはずだ。それから、いまではぼくが強く関心を持っている環境問題関連にも。たとえば、オーストラリアのサンゴ保護団体などだ。

ナラがいなければ募金なんて集まらなかっただろう。だから一〇月の最初の週にジョージアで買える最高級のツナ缶を買った。それだけではない、誕生日だったからだ。ナラは一歳になった。モンテネグロの動物病院でパスポート用に設定した誕生日ではあったが。

晩秋の美しい日で、トビリシの気温は二〇度ちょっとだった。町に出て散歩していると、ぼくの肩に乗ったり、リードをつけて歩くナラの姿は、地元の人たちの注目の的だった。

公園で一時間くらいゆっくりした。ナラはボールで遊んだり、木にのぼったりしている。遊んでいる姿を見ていて、最初に出会ったときから、よくここまで無事に育ったとつくづく思う。見つけたときと比べ、四、五倍は大きくなっているが、それよりも成長したのは内面だ。どこかで猫の最初の一年は人間の十五年に相当すると読んだことがあるが、さもありなんだ。ぼくの若いころと比べたらおとなしいものだが、ナラもティーンエイジャーらしいことをいっぱいしてきた。

熟年のカップルが鳩の群れに餌をやっていた。ナラはそこに飛び込もうとしたが、リードの先にいたから、止めることができた。ナラは公園を出るまでずっと首輪を外そうとニャアニャア騒いだ。大きな声で、モスクワ近くまで聞こえていたかもしれない。

散歩して疲れたのか、そのあとランチでレストランに入ったとき、ナラはテーブルのあいだにあった植木鉢の中で寝てしまった。居合わせた地元の人や観光客は喜んだ。ぼくも笑ってしまった。ナラには、寝ているときでさえ、人を楽しませる能力がある。すごいことだ。丘を上がって家に帰るころには、ナラは疲れ切っていて、記念日は、ぼくがひとりビールを飲みながらインスタグラムを更新して締めくくった。何百もの誕生祝いのメッセージが届いていた。

それを読んでいるとじーんときた。ナラがぼくに及ぼした影響は計り知れない。ぼくだけではない。もしナラと出会っていなかったらどうなっていただろう。ぼくはいまごろどこにいただろう。タイのビーチでのんびりしているか。オーストラリアにいるか。それとも、人生を変えようと思った野望に破れて、ダンバーに戻っているかもしれない。わからない。現実には、ぼくはナラとここにいて、一緒に先のわからない冒険を楽しみ、ここまでに成し遂げたこと、これから成すべきことに誇りを持っている。

次の一歩も考えなければならなかった。イランを越えていくのはいまも魅力的だが、どうすればいいかわからない。政治情勢も難しくなっていて、万が一、ぼくが何かをやらかせばイランの独房で人生を終わることになりかねない。ぼくのせいでナラをそんな目に遭わせることはできない。

ぼくはまだパミールハイウェイには未練があった。冬を過ごして春になってから山を越えられるかもしれない。しかし、五か月間もどこにいたらいいだろう。

トビリシは気に入ったが、ここにはそこまで留まることもない。イスタンブールに戻るか。トルコに戻ればまた選択肢は広がる。そこにしばらく滞在し、黒海沿岸をブルガリアからルーマニアと移動し、北ヨーロッパまで行くのもいいかもしれない。あるいはインドや、ほかのどこかまで飛行機で行く手もある。考えがまとまらない。とりあえずは今を生きて、一番大事なことに注力しよう。ナラの世話だ。それと、新しい仕事に着手する。

ナラのカレンダーづくりは難航していくつか計画の変更があった。最初に配送を頼んだ会社が手を引いた。ぼくは世界中に送りたかったが、それができない。だからまたインスタグラムのチーム・ナラに相談して、急いでほかの方法を探そうとしていた。ひとつのあては、スコットランドにいる友だちと家族だ。解決法は見つかるだろう。そして募金先のリストは日に日に長くなっていく。

ユーチューブチャンネルもいい感じで伸びていた。ぼくにも少しお金が入ってくるようになった。どの動画が好評だったのかを調べるのは面白い。ぼくが自転車をこぎながらナラと遊んでいる動画の評判が一番よかった。あとは、サントリーニ島で足を痛めたぼくをナラが看病してくれている動画。この再生数もすごかった。それから、田舎道をゆっくりと移動する動画も好評だ。普通では行かないところを観光するにはいい方法だ。ジョージアは、自転車で旅するには理想的なところだ。トビリシを去る準備をしながら、アゼルバイジャンへの期待が膨らんだ。

一〇月の終わりのある朝に出発した。アゼルバイジャンまでの距離は三〇から四〇マイル。この区間の道路は快適だ。長距離を移動するときは、自転車専用レーンを走る。新しいタイヤのおかげで順調だ。午後に入るころには国境も間近となった。

がんばった自分をほめながら、書類を出そうとしたとき、反対側の道路脇に何かが見えた。最初は何かわからない、白い小さいものだと思ったが、ぼくの本能はこのごろでは発達していて、次の瞬間何かわかった。犬だ。遠くからでも、苦しそうなのがわかった。体をよじっている。自転車から飛び降りて、近寄った。

ジョージアを旅しているあいだ、たくさんのひどい状況の動物を見てきたが、こんなに悲惨なのは見たことがない。小さな、オフホワイトの子犬で、生後数週間というところ。ガリガリの脱水症状で、懸命に目を開けようとしている。しっぽを振るエネルギーさえなく、生きる気力ももうたいして残っていないように見えた。

ぼくは反射的に動いた。ここで放っておくわけにはいかない。デジャヴだ。一〇か月前、モンテネグロの国境で同じことがあった。頭の中にさまざまな考えが駆け巡る。この子を拾ってどうする。どこにどうやって連れていくんだ。

ボスニア・ヘルツェゴビナでやったようなことは繰り返せない。どちらにしろ国境はもう目の前だ。もう見られている可能性だってある。もちろん書類はない。ジョージア入国時のことを考えると、ここの検問所も厳しい部類に入るだろう。おそらくこの犬は没収されるだろう。

すべきことはすぐに決まった。ぼくはかがんで、子犬をできるだけやさしく持ち上げた。どこか痛むのかキャンキャン鳴き、身をよじって逃げようとする。よしよしとなだめ、キャリーケースに入れた。ナラはまた怒ったようにぼくを見ている。「今度は誰を拾ったの？」

「ごめん、ナラ。ちょっと引き返すよ」と言って、Uターンをしてトビリシに向かった。

まだ正午過ぎだ。できるだけ早く戻って獣医師に診せよう。子犬の状態を考えると、治療をしなければ今夜を越せないだろう。道中ひどく長く感じた。行きにはなかった丘まで出現したほどだ。

夕方になってようやくトビリシ郊外まで帰ったときには、汗でびっしょりだった。

二十四時間営業の動物病院を見つけて電話をした。スタッフは子犬をひと目見て、弾かれたように行動に移った。体液が循環しはじめるように点滴が行われた。それから子犬はレントゲン室に連れていかれた。モニターでレントゲン写真を一緒に見る。

「骨があまりいい状態じゃないわ。関節が弱いみたい」看護師は英語で言った。「まだ確信は持てないけれど、何かいけないものを食べたんじゃないかな」

ほかの検査もするために、数日預かるという。

「そのあとは?」ぼくは聞いた。

「この子に帰る家があるかどうかですね」看護師は言った。その言葉で心が決まった。

「家は探すから心配しないでくれ。でもいまからアゼルバイジャンのバクーに行かなきゃならない。帰ってくるまで預かってもらえないかな?」

「いつごろ帰ってくるの?」疑わしそうな目をしている。

「一〇日後くらいかな」

「一〇日ね、わかった。でもそのあとは行く先を探してね。トビリシには動物用のシェルターはあまりないの」

「どこにもやらないで。絶対に戻ってくるから」電話番号を交換した。「またね」子犬に声をかける。翌日、新しい目的とともに、ふたたび自転車をこぎはじめた。

⑱

紅茶

地図によればジョージアの国境から、カスピ海の端にあるバクーまでは三〇〇マイルほどだ。その移動を一週間から九日のあいだでしなくてはならない。そして電車に乗ってトビリシに戻ってきて、子犬を引き取りにいく。それ以上は預かってもらえない。動物病院にそれ以上頼むのは現実的ではなかった。もちろんかなり厳しい日程だ。道路と天気がぼくに味方をしてくれて、ナラも元気だとよいのだが。

最初はすべて願いどおりにいった。

アルバニアとジョージアの経験から、旧ソ連の共和国に入国するには不安もあったが、アゼルバイジャンの検問官は、陽気にしゃべり、ナラを撫でて、写真を撮ろうとした。手を振って見送ってくれる。幸先がいい。空は青く、一〇月にしては信じられないくらい暖かく、しかし、風景にはときめきがなかった。はるかに山並みは望めるが、幹線道路は平坦で、不毛な田舎道だ。ときどき、巨大な工事現場を走っているような気がした。石油工場や設備がどこにでもある。アゼルバイジャンがガスと石油で潤っているのは知っていた。これら新しい資源で国が丸ごと再生されたようだ。しかし、ぼくがもっともよく見かけたのはもっと日常的なものだった。なるほどアゼルバイジャンはガスとオイルが豊富だが、人々は別のものを燃料にしているようだった。紅茶だ。

このあたりで供される濃くて深い赤色の紅茶は、トルコで初めて飲んだ。ジョージアでも飲んだ。だいたい小さな洋梨形のコップで出てきて、ちょっと苦い。ぼくはたいてい砂糖を入れる。ここアゼルバイジャンでも、この紅茶からは逃げられない。

どこでも止まるたびに紅茶を勧められる。人々はキッチンに駆け込み、ここではチャイと呼ばれている紅茶を乗せたトレーを持ってくる。甘いケーキか、パンとジャムと一緒に楽しむのだ。これは見知らぬ人をもてなす大切な習慣であり文化だった。問題は時間だ。最初の二日で四回いただき、そのあとは丁重に断らなければならなかった。もしすべて受けていたら、バクーに着くまでに一〇週間かかってしまう。

三日目の日曜日には、ギャンジャのホテルでユーチューブ用動画を編集して投稿した。Wi-Fi環境はちょっと難ありだ。次にこの国が整備したほうがいいのはこれだな。

いまでは前より長めの動画を作っていた。だいたい二〇分から三〇分。喜んでもらえそうな動画をたくさん撮っていた。フォロワーにも評判がいい。

毎週一〇〇〇ポンドを寄付する活動も続けている。トビリシの獣医とも連絡を取り合うようになり、また動物福祉について考えていた。この週は、《オマーンの野良猫》という団体に寄付をした。ここはレスリー・レウィンスというイギリス出身の女性が運営している。夫がオマーンに職を得たのを機に引っ越してきたそうだ。ギリシャのルシアや、トルコのジーニーと同じようなことをしていた。もう一〇〇〇ポンドをインドの《アニマルエイド》という団体に寄付した。ここは子どもや地域に動物福祉について啓蒙活動をしていた。ジョージアにもこういう団体があればよいのだが。いまでは寄付は大きな意味を持ちはじめていた。

カレンダーの制作も進んでいた。カナダの素晴らしいアーティスト、ケリー・ウルリヒが描いてくれるイラストも加えるつもりだった。一万から二万部売れたら、ほんとうに大きな仕事を達成したことになる。わくわくしていた。

月曜の朝からまた走りはじめた。バクーまで半分近くは来たところで、日程的にもちょうど半分だ。水を補給しようとガソリンスタンドに寄ったら、二台の自転車が目に入った。

小さな店の中に入ると、デイビッドとリンダがいた。トルコで別れたあと、彼らは、ぼくとはまったく違う進路をとり、ジョージアに入ったあと、北のバトゥミからヨーロッパ大陸の最高峰エルブルス山に近いコーカサス山脈を越え、ロシア国境まで行き、そこから尾根づたいに走って、アゼルバイジャンに来た。これからイランを目指すという。ここから一〇〇マイルくらいは同じ道を走れることが嬉しかった。分岐点はバクーから五〇マイルほどのところだ。ふたりは南に向かう。

ナラも再会を喜んでいる。特に美しいブロンドのリンダとのあいだに心地よい友情が育っていたようだ。最初の夜にキャンプをしたとき、ふたりは仲良く遊んでいた。

ここまではうまく時間管理ができていて、トビリシに余裕をもって戻ることができそうだった。リンダとデイビッドと走るのもいいだろう。ぼくの毎日はより社交的になってくるだろう。停まるたびに紅茶とケーキのもてなしにあいながら。大きな分岐点の手前で、道路沿いのカフェに入った。それぞれの道を行く前に、一緒に食事することにしたのだ。

きれいな店とは言い難かった。ぼくはオムレツを注文したが、運ばれてきたものはちょっと違っていた。灰色で水っぽい。味もほとんどしない。それでも食べ物は食べ物だ。パンと一緒に残さず食べて、いつものように出てきた紅茶で流し込んだ。

さよならを言うときにはすでに吐き気をもよおしていた。何かよくないものを食べたか飲んだかしたのだ。怪しいのはオムレツだ。直観に従えばよかったのだ。

顔色も悪かったに違いない。デイビッドとリンダは心配し、別れるのを渋った。ぼくは昔の、マッチョとしての見栄を張った。「大丈夫、なんてことないさ」そう言って手を振った。実際はまったく大丈夫ではなかった。

どんどん具合が悪くなってきた。数マイルごとに止まらなければならない。足は鉛のように重い。めまいがして汗がとまらない。少し走ってはすぐに止まる。のんびりした田園風景が急に起伏が激しくなった。道路脇の丘には人影もない。ぼくはしょっちゅう止まっては、水を飲み、吐こうとした。ナラはぼくが苦しんでいるのを察し、かごの中から見守っている。あまりに弱ってペダルを踏むことさえ難しくなった。ふらついて、転びそうになった。

ぼくはもう終わりなのか。アゼルバイジャンのど真ん中の側溝で、死体になって発見されるのか。もともと何もないところを通っている道だが、いまやまったくの不毛地帯だ。見る限り生き物はいない。スマホで一番近くのホテルを探した。四〇マイル向こうにあった。心が折れる。どうやったらそんな先まで行けるんだ。数マイル進んだところで、ぼくは廃屋のそばにへたりこんだ。

ありがたいことに、ぼくにはナラがいた。ナラには二〇ヤードから三〇ヤード伸びるリードがついていたが、いまは外界に興味を持たず、ぼくの横に座り、喉を鳴らしながら、ときどきぼくのおでこを舐めていた。

一時間くらい眠って少し気力が回復したが、そこから先は人生で一番きつい四〇マイルだった。ようやくホテルにチェックインし、服を着たままシャワーに駆け込んだ。

一晩中具合が悪かった。熱に浮かされ、うわごとを繰り返した。心細かったが、前と同じようにナラが一緒にいてくれた。目を覚ますと、いつもナラの顔があった。ナラは心の支えだ。サントリーニ島では、そう見えるだけかと思っていたが、いまは確信できる。ナラはぼくの具合が悪いのを知っている。もう一度、ナラに看護師になってもらおう。ぼくの小さなふわふわの天使に面倒をみてもらおう。ナラがいてよかったと心から思った。

夜は永遠に続くように思われた。しょっちゅうベッドから起きて、トイレに駆け込み、頭から水を浴びた。きつかったが、効果はあった。翌朝には回復しはじめていた。水を飲めるようになり、パンも少し食べられた。最悪の時期は去っていた。

ナラにもそれがわかったらしい。ぼくのそばを離れて、部屋の中を飛び跳ねはじめ、かくれんぼに誘ってくる。

「今はダメなんだ」ナラに朝食を出しながら言った。「急いで道路に戻らないと」

少しふらつきながらも、翌日の夕方にはバクーまでの幹線道路にたどり着いた。足はまだ重いし呼吸も荒いが、動くことはできる。最悪の夜を過ごしたあとでは、それだけでもありがたい。

体調不良はぼくのエネルギーを枯渇させたようだ。翌日バクーに着くと、まったく元気がなかった。完全に回復していないせいもあるが、トビリシに戻るまでに二十四時間しかないというストレスも原因だった。この旅の目的は、面白そうな新しい場所を探検して経験することなのに、表面をひっかくくらいのことしかできそうもない。バクーは興味深い町で、華やかで近代的な建物と、歴史的な建物が混在し、カスピ海を見下ろしていた。

高層ホテルにチェックインする。部屋からの眺めは息をのむばかりだった。夕闇が迫ると、街の壮大な摩天楼は色とりどりの光のショーに姿を変えた。ここは、『ブレードランナー』などの未来映画に出てくるような町だ。ナラと一緒に部屋のバルコニーに立ち、景色を堪能した。

不思議な感情が混じり合っていた。

ダンバーから五〇〇〇マイルは離れた、ここ中央アジアの玄関口にぼくはいる。インド亜大陸と極東がその向こうにある。だが、誰にでも開かれている玄関口ではない。ぼくはそこには入れない。おかしなものだ。新しく、エキサイティングな世界は閉じられている。もし眼下に見える港から、夕方無理やり船に乗り込んだとしたら、明日の晩にはカスピ海の向こうにあるトルクメニスタンに着けるだろう。だがそのあとは独房行きだ。ぼくはビザを持っていない。ナラがどうなるか、考えるだけでも耐えられない。

南東のイランに目を向けても同じような状況がある。埠頭に並んでいる巨大な石油のタンカーは、おそらくイラン北部の沿岸に向かう船だろう。仮にぼくがビザを持っていたとしても、イラン行きはあらゆる危険をはらんでいる。最近、ふたりのサイクリストの記事を読んだ。ひとりはイギリス人、もうひとりはオーストラリア人だ。ロンドンからシドニーまでの行程をユーチューブにあげていた。ふたりはドローンを飛ばしたことで、テヘランのもっとも悪名高い刑務所に収監されたのだ。悪気があったわけではなく、軍隊の基地が近くにあることに気づいていなかっただけだ。ちゃんとした裁判も受けられず、いつ解放されるのかもわからない。

いまは、次の行き先について考えすぎないようにしよう。そろそろ約束の一〇日が過ぎる。トビリシの子犬のもとに帰らなければならない。バクーでの短い時間を満喫しよう。その夜遅くにいろいろなところを駆け足でまわり、朝大急ぎで動物病院を探してナラがジョージアに再入国できることを証明してもらった。ナラはもうこの手順にはすっかり慣れていて、若くてチャーミングな獣医師に、おとなしくチェックをしてもらった。

「いい子ね、ナラちゃん」獣医師は言い続けていた。

半時間ほどで、ナラのパスポートにサインしてスタンプを押してくれた。浮いた時間で美しい旧市街とウォーターフロントを見てまわった。

夕方早くに、バクーの輝くばかりに新しい鉄道の駅に到着した。『オリエント急行殺人事件』に出てきそうな豪華列車がぼくらを待っていた。紫色の制服を着た、厳しそうな女性も。規則をぜったいに曲げないタイプだ。

列車に全部の道具を持ち込めるかどうか心配だった。なにしろたくさんあるのだ。しかし検札をすると、その女性はむしろナラが気になったようだ。ナラを指さし、興奮気味に腕を振っている。またか。もしこの列車に乗れなかったら、子犬を引き取りに行く時間に間に合わない。

幸い別の検札係がふたりやってきた。ひとりは十八歳くらいの男性で、上手な英語を話した。女性としばらく言い争っていたが、「大丈夫です」とぼくに言った。「彼女は鉄道で旅をする猫を見たことがなかったので。でも切符をお持ちですね、どうぞ乗ってください」と言った。

「ありがとう」と言いながら、背中をポンポンと叩いた。

「でも気をつけて」彼は小声で言った。「彼女はこの列車に乗務します。だからなるべく個室の中にいて、通路に出ないようにしてください。猫は通路に出られません」

ぼくらはこれから十二時間の宿になる、居心地のいい個室に落ち着いた。駅から列車が滑り出して町から出ると同時に夕日が沈んでいく。列車の心地よいリズムでナラは眠りについた。

日が沈み、見えるのはバクーに続く幹線道路だけになった。不思議な気持ちだ。この道を昨日来たばかりだ。これが違う状況だったら、すぐに引き返さなければならないことにがっかりしていただろう。しかし、いまは違う。ここ数か月の体験が、ぼくの旅は、ほかの誰のものでもない、ぼくのものだということを教えてくれた。まっすぐな道でもなければ、誰かがならしてくれた道でもない。ぼくはナラの世界を旅している。ナラがそばにいる限りそれでいい。

トビリシに戻るのには理由があった。ぼくには使命がある。子犬の運命がかかっていた。失望させるわけにはいかない。列車はスピードをあげ、ぼくはインクのように黒い、アゼルバイジャンの田園地帯を見ながら確信した。ぼくは戻るのではない、正しい方向に向かって前進しているのだ。

第三章

旅のゆくえ

ジョージア

〜

トルコ

〜

ブルガリア

〜

セルビア

〜

ハンガリー

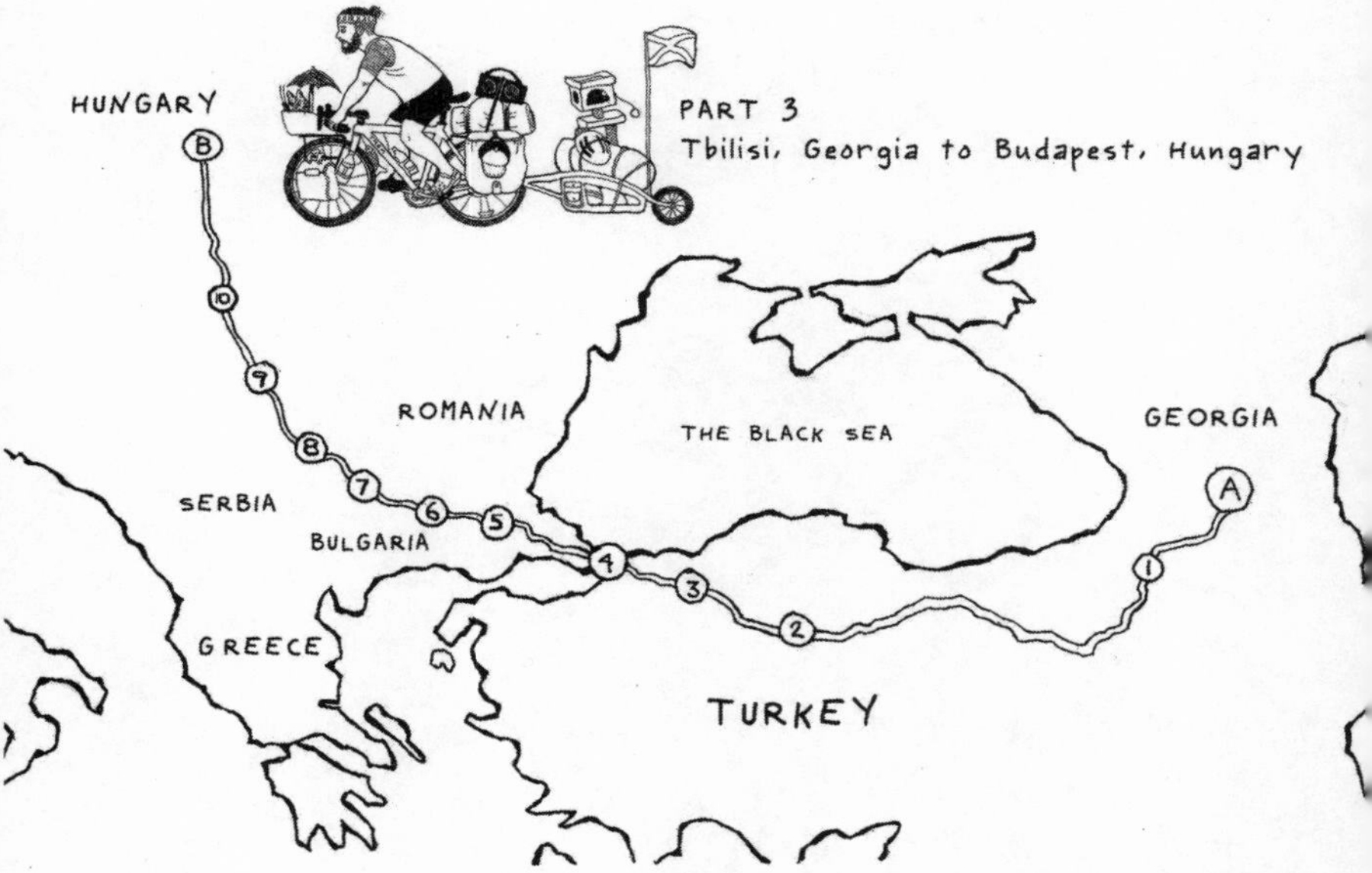

MAP

ジョージア
A トビリシ

トルコ
① カルス
② アンカラ
③ サカリヤ
④ イスタンブール

ブルガリア
⑤ スヴィレングラード
⑥ プロヴディフ
⑦ ソフィア

セルビア
⑧ ニス
⑨ ヴェリカ・プラナ
⑩ ベオグラード

ハンガリー
B ブダペスト

19
ゴースト

朝トビリシの駅に着き、すぐに、借りていた旧市街のアパートに向かった。前日の夕方電車に乗ったとき、獣医師から子犬の引き取りについての、リマインドメールが来ていたのだ。荷物をアパートに置き、ナラがひとりで過ごせるように水と食事を用意してから、大急ぎで動物病院に駆けつけた。

スタッフが笑顔で迎えてくれた。

「待ってたわよ」英語のできる看護師がスマホをかざして、ナラが電車の窓から外を見ている写真を見せた。ぼくが何時間か前にトビリシで投稿したものだ。

彼女はぼくに手招きをして、受付を通り抜け、病院の裏に案内した。

「上の犬小屋にいるの。連れてくるから待ってて」数分後、子犬を腕に抱いて戻ってきた。預けたときよりもずっと健康そうだ。毛は清潔そうでつやつやしている。目にも光が宿っていた。「見違えたよ」

「この子もがんばったのよ。でもまだ前足を引きずっているし、後ろ足の関節も弱いわ」

子犬を床に下ろして遊ぶのをしばらく見た。しっぽを振って、ぼくを見てというようにぴょこぴょこ跳ねている。

「これからどうするつもり？」看護師が聞いた。

ぼくはダンバーにいる妹のホリーと、このことについて話し合っていた。ホリーとパートナーのスチュアートは、飼い犬マックスの友だちを探していた。イギリスにこの子を連れて帰ったら、喜んで引き取るという。

「スコットランドに連れて帰ろうと思う。だからパスポートが要るな」

「わかった。もう少し体力がついたら。そうね、一〇日くらいしたら、最初の注射を打ちましょう。そうそう、マイクロチップも入れないと」またもデジャヴ。

「そして三か月になったら狂犬病の注射だね？」ぼくが言うと彼女は笑って頷いた。

「ナラで経験済みなのね。でも犬は四か月なの。だから狂犬病の予防接種は年が明けてからよ」

そう言いながら用紙を差し出した。ぼくは子犬の引き取りに必要な書類を書いた。今回はもう名前を決めてある。この子犬を見つけたとき、ぼくはイェラウルフのラップを聴いていた。彼の名からファンタジードラマ『ゲーム・オブ・スローンズ』で、主人公が飼っていたディアウルフ（一万年前まで棲息したイヌ属の一種）を連想した。ゴーストという名前だった。「さあゴースト。家に帰ろう」抱き上げて、ナラのキャリーケースに入れた。

ペットショップに寄ってアパートに帰る。音が出るおもちゃ、ベッド、ドッグフード、食事用と水用のボウル。いつもなら、帰宅するとすぐナラが足元にまつわりついてきて、抱っこをせがむ。

でも、この日のナラはぼくじゃないほうに興味津々だった。ほんとうに一〇日前に出会った子犬なのか、あやしむようにゴーストを嗅いでいる。

ゴーストのほうは遊びたくてうずうずしていた。床に下ろすとキュンキュン鼻を鳴らして、ナラを誘っている。ナラも最初は警戒していたが、やがて打ち解けてきた。夕方には一緒に床に寝転がり、公園の砂場で遊ぶ、幼児みたいにじゃれあっていた。予定が狂いっぱなしだったが、遊んでいるふたりを見ていると、これでよかったのだと思えてきた。

来週からもうしばらくは、ゴーストを外の世界に慣れさせて、スコットランド行きまでの三、四か月間預かってくれるところを探す。そうしてから、ぼくとナラはインド行きの飛行機に乗るためにイスタンブールまで自転車で行く。いろいろ考えると、それがベストかつ唯一の選択肢に思えた。

それまでのあいだは、できる限りの愛情をこめて、注意深くゴーストの面倒をみる。ゴーストにはまだ世話が必要だ。

前足にまだ痛みがあるらしい。体重を乗せると痛がってキャンと鳴く。後ろ足もあまりいい状態とはいえない。アパートの滑りやすい床を歩くとき、後ろ足が体の外側につるつると滑ってしまう。スケートをしているみたいだ。少しずつ運動させれば足も強くなるかもしれないと思い、おもちゃをあちこちに投げて追いかけさせた。ナラも参加し、おもちゃを獲ろうと飛び跳ねる。

ゴーストは、もともとは素直な、性格の良い犬だったのだろう。しかし、モンテネグロ時代のナラのように、なんらかのトラウマを抱えているのは明らかだ。ときどき神経質になり、何かに怯えるように固まったり、周囲を見回したりする。ぼくが買ってやったおもちゃを噛んで音がしたときは、恐怖で身をすくませた。

ぼくは犬を飼っていたことがあるから、食事をやるときには、気をつけなければならないことを知っている。そういうとき、犬は縄張り意識から攻撃的になりがちだ。だから食事の時間は、ふたりがなるべく離れるように工夫した。ナラのボウルは窓台に置き、ゴーストのボウルは大きな部屋の反対側に置く。問題を起こさないように。

ぼくがドッグフードの入ったボウルを置いてやると、ゴーストは信じられないという顔をした。ほんとうに自分のものだということがわかると、歯を剥き出し、ぼくに向かって唸った。意味は明らかだ。「これはぼくのだ。あっちへ行け!」二秒ちょうどで空になった。

嬉しいだけでなく、ほっとした。もしナラの食事中にゴーストが近づいていたら、芽生えかけた友情が台無しになるところだった。反対に、見るもほほえましいほど、絆は強まったようだ。その夜ぼくが映画を観ているあいだ、ソファーの反対側の端にふたりは並んで寝そべり、ゴーストがぱたんぱたんと振るしっぽを、ナラはじっと見ていた。

すっかり仲良くなったふたりではあったが、寝るときは別々にしようと思い、壁のくぼみにゴーストの寝床をつくり、椅子と洗濯物干しでブロックして出られないようにした。真夜中に部屋を歩き回って、そこらにあるものを噛みちぎったりしてほしくない。ぼくはナラと一緒にロフトに上がった。ナラは気に入らなかったようだ。夜中に目を覚ましたぼくは、いつもは胸の上で寝ているナラがいないのに気づいた。ロフトを下りて探しにいくと、ナラは、ゴーストの近くの椅子の上ですやすや眠っていた。嫉妬しそうになった。

聞いていたとおり、ジョージアに動物シェルターはほとんどなかったが、インスタグラムを通じて知り合った人が、できすぎた話を持ってきてくれた。彼の名はパブロ。スペイン人でまたの名を、インスタグラムのアカウントで《bikecanine》。ふたりの友だちと一緒に、世界を西から東へと、自転車で旅をしていた。パブロはヒッピーという名の犬を連れていて、ふたりの友だちには、ジョージアの田舎で保護した二匹の子犬がいた。冬のあいだ彼らは、中央アジアへのルートが開くのを待ちながら、小さな保護シェルターを運営するそうだ。

彼らが滞在しているアパートには素敵な庭があった。ゴーストもここなら幸せに過ごせるだろう。バクーへの急ぎ旅の疲れもとれた数日後、ぼくたちはそこを訪れた。

パブロとその友だちはとても気持ちのいい人たちで、ぼくらはすぐに打ち解けた。二匹の子犬は不思議なほどゴーストに似ていた。どちらも白っぽく、大きさも同じくらいだ。兄弟かと思うほどだ。そのことも、ゴーストを預けることへの安心材料になった。パブロは新年までゴーストの面倒を引き受けてくれた。バルーのためのクラウドファンディングの残高が、ゴーストのスコットランド行きの経費を差し引いてもまだ少し残る。それを使ってほしいと言ったが、パブロは要らないという。彼もチャリティー用のアカウントを持っているらしい。

彼らを知れば知るほど、ここに預けるのが最善だと思えた。彼らの保護した二匹の子犬は、ゴーストほどひどい状態ではない。けれども一匹には、体の片側に大きな皮膚病があった。最初の予防接種をしてもいいころだったから、翌日、ぼくが三匹まとめて動物病院に連れていくことになった。そうすれば次の予防接種も同じ時期にできる。

ところが次の日、動物病院に連れていくと、思ったように事は運ばなかった。皮膚病を持った子犬は、まずそれを治すための治療が必要だったし、ゴーストは血液検査をしなくてはならなかった。皮膚の状態が良くないので、原因を調べる必要があるという。が、これで、当面のあいだすべきことははっきりした。ゴーストの回復の道筋は立ててやれた。ここからはほかの人に引き継ごう。

パブロたちと別れてアパートに戻った。翌日にはゴーストを渡すことになっている。あと一晩は一緒に過ごせるが、明日にはお別れだ。複雑な気持ちだった。ぼくはこの子犬がすっかり好きになっていた。可愛くて、だんだんと本来の性格を現しはじめている。ロープのおもちゃを買ってやると、アパート中追いかけ回して、ぼくと綱引きを楽しんだ。ナラもますますゴーストのことが好きになっていて、また階下でそばに眠っている。寂しくなるな。しかし、バルーのときと同じだ。別れはつらいが、けっきょくはそれが子犬の幸せにつながるのだ。いまロンドンの公園を元気に走り回っている健康な犬が、今年の初めには、あんなにみじめな姿だったなんて、誰も思わないだろう。

「次に会うときはダンバーの海岸だね」ソファーの上で、ぼくとナラの隣に寝そべっているゴーストに声をかけた。翌朝、ゴーストのためだとわかってはいても、パブロに託すときには、少しばかり涙が抑えられなかった。大の大人が恥ずかしいことだが。

ジョージアからトルコに入ってイスタンブールに戻る旅では、あらゆる点で我慢の限界を経験した。まずジョージアからトルコへの、最初の入国審査が最悪だった。いままでナラのパスポートに押されたひとつひとつのスタンプを、ここまで細かく調べられたことはない。トルコの検問官は、ありとあらゆる微細な質問をしてきた。ぼくには書類に不備のないことはわかっていたのだが、彼は重箱の隅をつつき続けた。次にはバッグを開けて、中身を確認するという。あまり人のいない検問所だったから、暇だったのだろう。今回の件で、獣医師からは常に最新の証明書をもらっておくのが、どれほど重要か痛感した。それがなければナラを危険にさらすことになる。あのうるさい検問官は、ぼくからナラを没収しようとしていたに違いない。

そして、経験したことがないほどの寒さ。カルスの町へ向かう途中、低山で何泊かキャンプをしたが、死ぬかと思うくらい凍えた。

カルスからアンカラまでは列車の座席を予約していた。トルコ中央部を横断する合計二十九時間の列車旅行だ。ここでも駅員が、ナラの乗車に難癖をつけてきた。別の駅員がやってきて、自分たちの会社のウェブサイトで約款を調べ、猫が乗車することに何ら問題がないことを突き止めてくれて、事なきを得た。一事が万事、こんな感じだった。しかし、ぼくは、自分で道を切り開けるようになったことが嬉しかった。お役所仕事への対処の仕方も身についてきた。

アンカラに向かうにはいくつか理由があった。まずはトルコの首都で、訪れる価値がある町だということ。そしてそこなら、インドへの飛行機に乗る手はずを整えられること。いったい、どれほどのお役所仕事を乗り越える必要があるのかわからないが、これが一番いい方法に思えた。デリーかムンバイまで飛行機で行き、そこからヒマラヤ山脈を自転車で走るのだ。

ぼくはすっかり夢中になっていた。ずっと、インドをゆっくり訪れてみたいと思っていたのだ。見るべきものが山ほどあるだろう。募金をしたことで、慈善団体《PEOPLE FOR ANIMALS》とのつながりもできていた。団体の代表メーンカー・ガンディーは、有名な政治家一族の出で、ぼくたちがインドに着いたら、医療面でのサポートをしてくれることになっていた。この大移動は特にナラには負担になるだろうから、獣医師に、適応するための協力をしてもらうのだ。

インドから、カンボジア、ベトナム、タイを訪れる予定だった。できればマレーシア、シンガポール、そこからがんばってオーストラリアに行けたらいい。オーストラリアの入国には厳しい検疫規則があるが、サポートしてくれる人がシドニーにいて、ぼくらを招いてくれていた。あらかじめ準備や検査をしておくと、入国後三〇日の係留期間が軽減されるらしい。オーストラリアの奥地やゴールドコーストを自転車で縦断するのは魅力的だ。アゼルバイジャンで行き止まりを食らってから、世界がふたたびぼくらの前に開かれるのを、ずっと待ち望んでいたのだ。

まずはインドに行くために必要な書類を揃えなくてはならない。ビザの取得手続きは複雑だった。ナラだけではなく、ぼくの分もだ。まずはアンカラの英国大使館を訪ねてみると、予約が必要だと言われた。予約を取って出直すと、インド大使館に行くように指示された。しかし、そこでは何もわからなかった。猫を連れて飛行機でインドに入国しようという人は、いままでいなかったのだろう。けっきょく英国大使館に戻るようにと言われただけだった。

諦めかけたときに、チーム・ナラのメンバーが手を差し伸べてくれた。数日後にようやく、手続きが進みはじめた。トルコ在住のツアー・オペレーターのおかげで、十二月一週目のフライトが予約できたのだ。もっとも、ナラを客室に連れていけるかどうか、再確認する必要はある。

一連の手続きはとにかく煩雑だったが、十一月も終わりに近づいて、カレンダーが準備できたと知らせがあったのだ。デザイナーのカットは素晴らしい仕事をしてくれた。さらに加えて、オンラインペットショップの《Supakit》と、配送についての契約を結べた。初版は思いきって四〇〇〇部とした。内心多すぎやしないかと心配で、販売告知を始めたときには、興奮と不安が交錯していた。買ってくれる人はいるだろうか。用をなさなくなった在庫の山に、埋もれることになりはしないか。

数時間で結果が出た。完売したのだ。信じられない。世界中から注文が来た。爆買いしてくれた人もいた。予想外の売れ行きに、すぐ再販の段取りを組んだ。初版と同じ数だ。

すごいことになった。印刷や流通コストなどを差し引いて、およそ八万ポンドの利益になった。偉業だ。ぼくはさっそく、寄付をする団体のリストアップにとりかかった。たくさんの活動を援助できると思うと、心が躍る。正しいことをしているという自信が増し、インド行きの準備という悪夢と戦うための新たな原動力になってくれた。次にとりかかったのは、自転車と持ち物一式を飛行機で運搬する方法だ。特殊荷物の扱いにして、自転車を分解し、サイクルトレーラー、バッグ、道具をすべてまとめて特別な貨物用の箱に収めれば、なんとかなりそうだ。ぼくはリュックとナラを入れたキャリーケースだけを、機内に持ち込めばいい。

十一月も終わりになって、これら特殊貨物に通じているイスタンブールの住人と会う約束を取りつけた。これですべてが軌道に乗った。アンカラを出てイスタンブールに向かって走りながら、何もかもが順調に思えてきた。失敗や挫折の繰り返しを経て、旅の次の章が始まっている。つまずきや厄介ごとを乗り越えて、クリスマスにはインドにいるだろう。

⑳
地元のヒーロー

アンカラからイスタンブールまでの中間地点、サカリア近くの交通量の多い道路を走っていた。スマホにパブロの名が表示された。

彼がぼくに連絡してくるのは珍しい。嫌な予感がした。自転車を停めてメッセージを読んだ。最初の数文字で予感が当たったことがわかった。「ディーン、悪い知らせだ。子犬たちは病気にかかっている」

すぐに電話をかけた。電話の向こうの声は動揺していて、ほとんど涙声だ。

「検査結果が返ってきたんだが、三匹ともパルボウイルスに感染している。感染力が強くて子犬には危険な病気だ。ヒッピーもかかっているかもしれない」

パルボウイルスは死に至ることもある悪性疾患だ。消化器に作用してひどい下痢や嘔吐をもたらす。

「薬で治療できるんだよね?」

「いや、子犬には治療薬がない。自己回復力に頼るしかないんだ。もしそれが弱かったら…」パブロは最後まで言えなかった。

ぼくは無力だった。罪の意識も感じた。ぼくはゴーストと一緒にいるべきだったのだ。小さい声で、治療にいくらかかっても構わない、いくらでも支払うと約束した。

「ありがとう。それが役に立つとは思えないけれど。とにかく、全力を尽くすよ」と彼は言った。まめに連絡し合うことにして電話を切った。ふたたび自転車にまたがり、イスタンブールに向けてペダルを踏みはじめたが、集中できない。ゴーストのことばかり考えてしまう。どこで感染したのだろう。ぼくらと一緒にいたときか。ゴーストがほかの子犬にうつしたのだろうか。

もっと恐ろしいことが頭に浮かんだ。ナラはどうだ。感染していないだろうか。

その晩は小さなホテルに泊まって、遅くまでパブロと話した。アルバニアのシェメや、いままで世話になったほかの獣医師にも電話をかけた。シェメが言うには、ナラがパルボウイルスに感染する可能性はほとんどないらしい。犬に特有の病気で、猫はかからないそうだ。不幸中の幸いだ。それはささやかな救いとなった。続けてシェメが、このウイルスがどれほど危険なものであるのかを話すのを聞いたあとではなおさらだ。「ディーン、残酷なことを言うようだけれど、子犬たちが助かる可能性は五分五分だ。それでも楽観的だと言っていい」

絶望に打ちひしがれてインスタグラムに書き込みをすると、フォロワーたちはすぐに、ありとあらゆるウェブサイトのリンクを送ってくれた。パルボウイルスから回復した子犬の話を紹介しているものや、あれやこれや。どれもありがたかったが、状況を変える力はなかった。頼んだぼくが悪いのだ。藁にもすがる思いだったが、誰も助けることはできない。ゴーストの運命はぼくらの手の届かないところにあった。

イスタンブール郊外に着いたのは数日後だった。午後も遅くなっていて、交通量が異常に多かった。乗用車もバスもトラックも、すごいスピードで通り過ぎていく。衛星ナビシステムに頼ってなんとか走り続けてきたが、ややこしい交差点で道を間違えてしまった。このままの精神状態では安全に走れないと思い、タクシーをひろって、予約していたアパートまで行った。仕方がない。ナラもぼくも死ぬわけにはいかない。

絶望ばかりが感じられた。イスタンブールをまわるのをほんとうに楽しみにしていたのだ。会う約束をしていた人も、行きたい場所もたくさんあった。絵のように美しい通りや印象的なモスク、宮殿を見ても、ぼくの心はうつろだった。心はふたつ、いや正確にはみっつに引き裂かれていた。すぐにトビリシに飛んで帰ってゴーストの世話をしたいと思う。一方で、ウイルスの恐怖に怯え、ここに留まってナラの安全を図りたい気持ちもあった。

それなのに、これからの七十二時間はナラとも一緒にいられないのだ。こんなにタイミングが悪いことはない。だが、ぼくには絶対に破ることのできない、もうひとつの大切な約束があったのだ。

「当機はまもなく着陸態勢に入ります。座席を元の位置に戻し、安全ベルトをお締めください」

アナウンスで深い眠りから覚めた。ベルトを締めて窓に顔を近づけ、眼下に広がる厚い雲のあいだから、数千フィート下にある灰色の景色に目を凝らした。

ロンドン。嬉しさと緊張が交じり合う。これからの数日は忙しくなる。ぼくは特別な日のために一時帰国を決めた。祖母の九〇歳を祝うためだ。

ナラはイスタンブールに置いてきていた。以前知り合ったふたりのトルコ人女性が世話をしてくれている。ゴクスとはもともとインスタグラムを通じて知り合った。彼女の住むアンタルヤを通りかかったときに、彼女と妹のナチェナズと三人で飲みにいったのだ。ふたりとも会うなりナラとは意気投合して、それ以来やりとりを続けている。イスタンブールで猫の面倒をみてくれる人を探していると漏らすと、すぐに手を挙げてぼくの借りているアパートに来てくれた。猫の面倒をみるのには慣れていて、彼女たちに任せておけば安心だった。

大慌てで出かけてきたので、ほとんど服を持ってこなかった。エディンバラからダンバーへと向かう電車の中ではかなり目立っていたと思う。この季節に短パンにベストというでたちの人はそう多くない。ダンバーに着いたのは午後十一時ちょっと前。旅の始まりを共にしたリッキーに会うために、パブに直行した。

別れてからほぼ一年になるが、ほとんど連絡をとっていなかった。だから、一時帰郷する際に会えるかどうか尋ねたとき、すぐに返事をくれたのは嬉しかった。恨まれているかもしれないと思っていたのだ。恨まれてもおかしくない。ふたりで立てた旅の目標を、ぼくは実現しようとし、リッキーはダンバーでの元の生活に戻ってしまった。面白くないと思われていても当然だ。けれどもそれは杞憂だった。パブに一歩入ったとたん、リッキーは立ち上がってぼくをがっしりとハグした。

「おいおい、地元のヒーローが帰ってきたぜ！　サインしてくれよ」

ぼくはここには書けない下品な言葉で断った。それからビールで乾杯した。

別れたのが嘘のように、まったくの元通りだった。冗談を言い、からかいあった。心底嬉しかった。

リッキーは意外な話をした。別れた晩、リッキーはけっきょくモスタルに留まっていたという。とっくに遠くに行ってしまったと思っていたが、実は道を何本か隔てたところに泊まっていたのだ。そのとき知っていたら、飲みながら徹底的に話し合えたのに。彼はまた、新しい旅の計画についても話した。新年にはオーストラリアに行くつもりだという。

「それで、道端でコアラかカンガルーを拾うんだ」笑いながら付け加えた。

「一緒に自転車で連れていくんだろ?」

実のところ、その話にはわくわくした。「ぜひそうしろよ」グラスをリッキーに向けてかかげた。「そのおかげで人間としてぼくは変われた。もっと人生を大切にするようになった」

パブを出て海沿いの空きガレージに場所を移し、明け方までずっと語り合った。リッキーとのあいだに何のわだかまりもなくなったことが、しみじみと嬉しかった。ほどなくぼくは現実に戻ったのだが。

帰ることは妹にだけ伝えていた。両親と祖母にはサプライズにしたかったので、実家の近くに住むホリーとスチュアートのところに泊めてもらった。彼らは海沿いの新居に引っ越していた。

翌朝彼らは、ゴーストのことを聞いてきた。ぼくが投稿した最新の写真を大喜びで見ている彼らに、パルボウイルス感染のことを伝えなければならない。

パブロの名がスマホ画面に現れた。

前の晩、電話をかけ、ゴーストやほかの子犬たちの具合を尋ねたとき、彼はどこか歯切れが悪かった。ヒッピーと二匹の子犬は大丈夫そうだと言っていたが、ゴーストについては触れなかった。その理由はすぐにわかった。メッセージの最初の単語だけで十分だった。「ごめん」覚悟はしていたつもりだったが、やはり雷に打たれたようなショックだった。手から力が抜けてスマホが落ちた。キッチンにいたホリーが駆け込んできて、何かあったのかと尋ねた。なかなか言葉が出なかった。「ゴースト、ダメだった」

ホリーも同じくらいショックを受けた。スチュアートとふたりで、いろいろ計画していたのだ。大事なものを失ったとき、人は自分を責める。それが人間なのだと思う。どうすることもできない場合だとしても。アゼルバイジャンに行くのをやめてゴーストと一緒にいたら、と考えずにいられなかった。あるいは、冬のあいだパブロたちと一緒に、ぼくもトリビシに残っていたら。そうしたらゴーストを看病して回復させ、春には落ち着き先を見つけてやることができたかもしれない。

実際のところ致命的な感染症だった。潜伏期間が長いから、出会う前から感染していたに違いない。けれども、それが慰めにはならなかった。フォロワーからの励ましの言葉も傷を癒してはくれなかった。むしろ罪悪感が増すばかりだった。ぼくのせいで、ゴーストは死んだ。

これ以上何もできないのだから、考えないようにするしかない。祖母のバースデーパーティーのことを考えよう。けれども自分の中で何かが変わる予感がした。旅の分岐点がやってきたのだ。

祖父母、母の両親であるアグネスとネビルは、ぼくにとって子どものころから大きな存在だった。小学校は彼らの家の裏手にあって、いつも自転車をそこに停めてから、壁をよじのぼって朝礼に駆け込んだ。両親は仕事で忙しかったから、よくランチや夕食を食べさせてもらっていた。祖母のマカロニチーズは絶品だ。彼女はぼくを育て、人生の指針を示してくれた。第二の母親だと思っている。

祖母の誕生会は翌日の土曜日に予定されていた。ダンバーではよく知られた、マック・ホテルが会場だ。スコットランド中の親戚が終結する。父方の親戚はニューキャッスルからやってくる。大がかりなイベントになりそうだった。

ぼくは当日登場し、祖母を驚かせるつもりだったが、心臓発作は困る。だからその日の夕方、妹にも協力してもらって家に向かった。いたずらの誘惑には勝てなかったのだ。

ぼくは子どものころから悪ふざけばかりしてきた。家族でカナリア諸島の島に行ったとき、眠っている父の右の眉毛をそり落としたことがある。あるバーの店先の黒板に、ぼくが書いておいた文句を見るまで彼は気づかなかった。「ニール・ニコルソンの眉毛を拾ってくださった人にはお礼として二〇ユーロ差し上げます」ぼくがやられることもあった。ぼくが一度、祖母のマカロニチーズに歯が混入していたフリをしたときのこと。母はマカロニのメーカーからの、偽の謝罪文と商品券をぼく宛に郵送した。ぼくはまんまと騙された。

ぼくはキッチンに入っていき、両親を大いに驚かせたあと、みんなで次の計画を練った。

祖母も同じ家に住んでいたが、そのときは美容院に行って留守だった。帰ってきたら、妹と父が、母が寝込んだと伝える。パーティーの準備で疲れてしまったと。祖母は必ず母の様子を見に行くはずだ。母のベッドまで来て、掛布団をめくったらぼくがいるっていう寸法だ。母は心臓に悪いんじゃないかと心配したが、祖母の反応はその危険を冒すだけの価値があった。大喜びで最大のキス。その日一日中、ぼくをそばから離さなかった。

祖母の九〇歳を祝う準備をしながら、ぼくが留守中の話で盛り上がった。まもなくぼくの子どものころの話になって、どれほど向こう見ずだったかという話になった。

祖母は、ぼくが九歳くらいのときに、ダンバーの海沿いを自転車で走っていて、ハンドルを飛び越して落ち、両手首を骨折した話を始めた。

「おまえがそのあとも、自転車に乗り続けるとは思わなかったね」

母は、やはりそのくらいのころ、何かの理由で外出を禁じられたぼくが、町の青年団が主催するディスコに行くために、こっそりと家から抜け出したときの話をした。

「庭の小屋に着替えを入れたバッグを隠しておいて、キッチンの窓を乗り越えていったのよ。パーティーに行くためなら、どんなことでもしていたわよね」と笑った。

夕食の話題はぼくの旅の話だった。中央アジアから極東やインドに行くのがどれほど大変なのかを話した。両親はぼくより気楽な様子で聞いていた。

「おまえが逆境に強いのは知っているよ。いつも正しいとは限らないけれど、自分で決めるのが一番大切だ。おまえが羨ましいよ。代わりに行きたいくらいだ」と父が言った。

母がこう言ったのには驚いた。「家にいられるよりも、外にいてくれるときのほうが安心なのよ」

翌日のパーティーには大勢が集まった。一〇〇人くらいは来ただろう。親族と会うのは楽しかった。従兄妹、叔父、叔母に挨拶してまわるのに一時間はかかった。

自分の居場所に戻ってきたと実感した。何もかもがいままでどおりだった。一点を除いては。

ぼくは旅に出るまで、仕事はどうだとか、何か変わったことはないかとか聞かれることはなかった。返事は決まっていたからだ。「特にないよ」

真面目な問題で意見を聞かれることもなかった。誰の目にも、ぼくは真剣に生きていない、パーティー好きでお気楽な人間に映っていたはずだ。

しかしいまは違う。みんながぼくに、どこに行ったのか、次にどこに向かうのか、旅の計画について聞いてくる。ぼくを見る目が変わったように思えた。もはや村のお調子者ではなくなった。ぼくのことをひとつの手本として認めてくれている。

ある友だちは、ホリーとスチュアートのように、ガールフレンドとふたりで海外の動物保護団体から犬を引き取りたいと考えているのだと話した。インスタグラムでゴーストのことを知っていて、一緒に悲しんでくれた。「でも、途中で諦めちゃダメだ。きみのやっていることは、ほんとにいいことだ。だから続けてくれ」

表情には出さなかったけれど、彼の言葉には胸を打たれた。ぼくには、映像の中の世界もある。何千もの見知らぬ人々が、毎週のようにインスタグラムやユーチューブのコメントを通じて、ぼくをほめてくれる。でも、ぼくをよちよち歩きのころから知っている人たちが、励ましてくれるのには、またぜんぜん違う意味がある。ぼくのことをよく知っている人たちが、ぼくのしていることを認めてくれているのだ。人生で初めて自分のことが誇りに思えた。もちろん口には出さない。ダンバーはうぬぼれる者を好まない土地なのだ。

みんな幸せで元気にしている。すべてのことがいままでどおりに営まれている。旅が終わったら、帰ってこられる場所があるのはいいものだ。まだずいぶんと先の話だが。

いまのところ、ぼくの居場所はナラのいるところだ。ナラと一緒に旅を続けたい。ふたりで始めたことをふたりで終えたい。

翌日、気分も新たにグラスゴー空港に向かったぼくは、ここで大きな決断をすることになった。

ぼくにはゴーストのことがあってから、ずっと気になっていることがあった。ダンバーであったさまざまな出来事のあいだに、何か大切なことを見落としているような気がしていた。イスタンブールまでのフライトはちょうどいい機会だ。数時間かけて、自分の置かれている状況を冷静に振り返った。考えがまとまってきた。

スコットランドに出発する前にイスタンブールで交わした会話が、ぼくは気になっていたのだ。猫と一緒にインドをバイクで旅している、ブロガー兼ユーチューバーの知人との会話だった。お互いにフォローしあっていて、プライベートで電話する仲だった。インドの道路はすごい状態らしい。車、バイク、トラック、リキシャが道路標識も法律も無視して走り回っている、何度かバイクを倒されそうになったという。

その話の数日後、ナラの予防接種を担当してくれる獣医師との会話も気になった。

「天候や生活様式の変化は、ナラには大きな負担になるだろうね。人間でもあそこに行くと体調がおかしくなるけれど、動物も同じだよ。ナラの健康には十分注意しないといけないよ」

ぼくの顔がショックを受けた表情になったのだろう。彼は続けた。「ほんとうに飛行機でインドに行くつもりなのか？　自転車でほかのルートを行けばいいじゃないか。そうすればきみもナラも、もっとゆっくり気候の変化に適応できる」

その晩、中央ヨーロッパの上を飛びながら、ふたりの意見に一理あると考えていた。インドはナラにとって、そしてぼくにとっても大きな賭けだ。ぜんぜん知らない世界の只中に飛び込む、そんなことがほんとうに必要だろうか。

不安を抱えながら地図を片手に、世界を旅するサイクリストたちのブログやウェブページを読んだ。たしかにほかにもルートはあった。東ヨーロッパから北上してロシアに入り、モスクワ経由で極東へ行くというルートだ。ロシアの極東にはウラジオストクがあり、そこから日本や韓国行きの船が出ている。飛行機で行くよりずっと長い道のりを旅することになるだろうが。

すごい距離だ。ロシアは世界で一番大きな国で、西から東まで六〇〇〇マイルもある。そして寒い。特に冬はスコットランド人のぼくでもつらいだろう。でも構わない。この旅に期限はない。時間は問題ではない。優先すべきものはほかにある。

「安全ベルト着用」のサインが点き、飛行機がイスタンブールに向けて下降を始めたときには、決心がついていた。インドに行くことより、ナラの健康のほうが大切だ。ぼくはゴーストを亡くした。ナラまで失うわけにはいかなかった。

㉑ ひとりの男と彼の猫

翌週がクリスマスだというのに、その気配はみじんもなかった。見る限りもみの木もイルミネーションもなく、聖歌隊も教会の鐘もない。自転車で走りだして三日目、ぼくとナラはブルガリア南部の野原で立ち往生していた。濃霧だ。

霧は冷たく、ナイフで切れそうに濃かった。テントから外を見ても一〇フィート先が見えない。数百ヤード離れた道路上をたまに走る、車やトラックの音が聞こえるだけだ。鳥すら静かにしている。この奇妙な静けさは気味が悪かった。しかし、ここでナラとふたりきりで閉じこもっているというのは、それほど悪いものでもなかった。むしろいい休息になる。

イスタンブールを離れて一週間になっていた。ぼくたちはそこに、十二月一〇日、出会って一周年を祝うまでのんびりと滞在していた。あの日曜の朝、ボスニアの山のてっぺんで出会ってから、十二か月も経ったというのは驚きだ。ふたりでいろいろなことを体験し、さまざまなところへ行き、たくさんの人と出会った。ぼくらはそれぞれに成長した。ぼくはひとつ年をとって、賢くなった。人生という大学で短期集中講座を受けたってわけだ。

イスタンブールに長くいたおかげで、カレンダーの最終版が販売されるのを見届けることができた。八〇〇〇部作って、ほとんどすぐ売り切れた。利益を計算してみると驚きだった。いまでは、ぼくが寄付できる金額は九万ポンドに達している。こういうお金を長く持っているのはいいことではない。ほかに必要としているところがあるのだから。数週間かかったが、長いリストができあがった。小規模の、あまり知られていない三〇の団体に三〇〇〇ポンドずつ。このお金をほんとうに活かしたかったのだ。

けっきょくのところ、ぼくはこれからの旅の計画について自信が持てていた。インド行きをキャンセルしたのは正解だった。肩の荷が軽くなった。世界の半分を飛び越えるという難題から解放され、本来の自分の楽しみを思い出すことができた。ナラと自転車で走ることだ。

自転車に戻ったことで苦い思いもした。イスタンブールから北を目指し、初日は五〇マイル進んだ。しかし、到着した晩にそれなりの代償があった。ひどく背中が痛んだのだ。列車に頼ったりしたことで、軟弱になったに違いない。ハンモックの上で痛みをこらえた。

このあたりの天候は変わりやすいとは聞いていた。ぼくはまた、廃屋や廃墟で眠るのを楽しみにしていた。いくつか恰好の場所を目にしてもいた。三日目の晩は、ブルガリアの国境に近いところで、星空の下で寝た。スマホの天気予報によれば晴れだった。ぼくは思ったのだ。これから冬に入ればこういう機会も少なくなるだろうと。しかし、大きな間違いだった。日が暮れて数時間で突然大雨が降ってきて、小さなホテルの部屋に逃げ込むことになった。いつになったらぼくは、天気予報アプリに頼るのをやめるのだろう。

トルコからブルガリアへの入国も、スムーズにはいかなかった。トルコの国境検問官が、ぼくのビザが三日前に切れていることを発見したのだ。

罰金を支払うか、トルコへの入国を今後五年にわたり禁じられるかの二択だという。三〇ポンドの罰金を払った。いままでの旅のスタイルからすると、それしか考えられない。一週間くらいで戻ってくるかもしれないのだ。検問官に対して思うところはない。ビザの日付を確かめなかった、ぼくが悪いのだ。

天気が悪くなると、気持ちも沈む。ブルガリアに入ってからは、空は暗く厳しく、灰色一色の世界になった。光が乏しく、誰かが世界の照明を落としてしまったかのように薄暗い。どこかに太陽が出ているとは信じがたかった。そこへ霧が発生した。しばらくは自転車をこぎ進めたが、最初の大きな町スヴィレングラードを通過したときに状況は悪化した。一〇〇ヤード先くらいは見通せていたのが、次の瞬間、二〇フィート先も見えなくなったのだ。

急速に危険な状況になりつつあった。車やトレーラーやトラックが突然現れ、何台かはぼくらを避けるために、大きくハンドルを切らなければならなかった。道路はアップダウンが激しく、カーブも多い。丘から飛び出したり、急カーブで対向車線に突っ込んでしまいそうな気がした。

大事をとって、道路から茂みを隔てた野原に避難した。スマホの天気予報では、霧は翌日には晴れるようだったが、もはや信じていいのかわからない。この霧は翌朝消えるかもしれないし、一週間続くかもしれない。

テントを張り、持ち物すべてを中に入れてナラと腰を落ち着けた。食料も数日はもつ。いろいろな意味で、以前のシンプルで幸せだった時間が戻ってきた。ナラと会った最初の週を思い出す。ほぼ一年前のいまごろで、ブドヴァにいた。あのときは、ぼくら対世界という構図だった。誰もぼくらのことを知らない。気にかけない。ひとりの男と彼の猫が、テントの下で雨風をしのいでいただけだ。ぼくはそれが気に入っていた。ナラとふたりだけでいるのはシンプルに楽しかった。

ゴーストのことやスコットランドへの一時帰国のせいで、ここ数週間ナラのことをあまりかまってやれなかった。いま、ナラと四六時中一緒にいられる。文句の言いようがないほど、一日中テントの中で過ごした。これほど長いあいだ、ナラをくすぐったりレスリングごっこをしたりしたことはない。夕方テントの中で、紐の先につけたおもちゃをずっと追い回したナラは、夕飯を食べたあとすぐ、疲れ果てて眠ってしまった。

ナラが寝ているあいだ、ぼくは寒いテントの中で横になって音楽を聴いた。幸いフルに充電されていたから、ノートパソコンでメールを送ったり、ユーチューブで動画を見たりすることもできた。バッテリーは使い切らないように気をつけた、トルコで熊に襲われそうになった夜のことは忘れられない。また逃げることになったら、今度は明かりが欲しい。

翌朝、せめてここから約五マイルの隣町まで動ける程度には、霧が薄まっていることを期待して起きだしたが、濃霧は頑固に居座っていた。トイレのためにナラを外へ出し、ぼくも外へ出て体を伸ばした。が、数ヤードのところにある茂みまでしか行かなかった。午後には真っ暗になってきて、移動は諦めざるを得ない。翌日も同じ状況だった。三日目に入ると、食料が心配になってきた。ナラの食事は大丈夫だが、ぼくには豆の缶詰が少しとココナッツウォーターしかない。あと一晩ここで過ごすとなるとちょっと困る。まあパニックになるほどではない。もっと大変なことも経験してきた。一日くらい空腹でもどうということはない。

ぼくの頭の中の霧はすっかり晴れていた。この時間を使って、新しい旅の計画に肉付けを始めていた。一番の方針は決めてある。必要以上にナラの生活にストレスを与えないようにすることだ。だから飛行機には当面乗らない。ロシアに入って広大な国土を行くようになれば、有名なシベリア鉄道を移動に使うことはあるかもしれない。ナラは列車は好きだ。けれどもぼくの希望としては、暖かい季節に、できるだけ自転車でロシアを走りたかった。

もちろん、長期的には、世界を自転車だけでまわることは不可能だ。それでも一年くらいかけてロシアの東の端まで行き着けば、そこから船で日本か韓国へ渡れる。ナラもそのときには二歳になっていて、気候や文化が違う場所にも順応できるだろう。ナラの体に大きなショックを与えるのは避けたかった。ゴーストの記憶はまだあまりにも新しかった。

四日目にテントから顔を出してみると、視界が回復してきていた。なんとか隣町までは行けそうだ。ブルガリア第二の都市、プロヴディフにクリスマスイブまでには着きたい。今日は十二月二〇日だ。がんばればなんとかなりそうだ。

まだ薄暗くて接近してくる車もいたので、最初のガソリンスタンドで、ちょっと早い自分へのクリスマスプレゼントとして、黄色いセイフティ・ジャケットを買った。いま一番必要なものだ。

予定どおりクリスマスイブにプロヴディフに到着した。数週間過ごす予定でアパートを借りてあった。ヨーロッパ的な文化のある町で、楽しいものがたくさんありそうだ。みんな、クリスマス休暇をのんびり過ごしていた。ぼくたちもそうしていいだろう。

フォロワーたちにクリスマスの挨拶をして、休暇中は活動しないことを伝えた。何か面白いことがあればインスタグラムには投稿するが、ユーチューブチャンネルの更新は新年になってからにする。それまでは充電期間として、自分のなすべきことを、もう一度考えるつもりだった。みんな理解してくれて、温かいメッセージがたくさん返ってきた。

クリスマスはなかなか楽しかった。近くのスーパーで見つくろったご馳走をナラと食べ、映画を観たり、ユーチューブの動画を見たりした。もちろんその前には実家の両親と話をした。先日会ったことで少しホームシックを感じていた。去年のクリスマスも寂しかったが、今年は家から離れていることがより身に沁みる。ここ数週間、ジェットコースターのように感情の浮き沈みが激しかった。肉体よりむしろ精神的に疲れ果てていた。

今回もナラが教師になってくれた。ナラはアパートがとても気に入って、路地を見下ろす小さなバルコニーで、何時間も世の中を見ていた。眠くなれば寝る。ぼくはまたナラに倣うことにした。スイッチを切るんだ。毎日を楽しむ。それだけでいい。

クリスマスの数日後、電話が鳴った。表示された名は思いがけないものだった。

「トニー！」サントリーニ島のカヤックガイドのトニーだ。ぼくは大喜びで電話に出た。

「やあ、ディーン。ぼくはいまどこにいると思う？」

そういえばトニーはブルガリアに留学していたことがあると聞いたことがある。そこに部屋を借りているということも。だがそれがプロヴディフだとは思わなかった。こんな偶然があるのか。

トニーはアテネの家からやってきていた。プロヴディフの住人から車を買い、それを取りにきて、そのまま新年までここで過ごすという。ぼくがここにいることは、インスタグラムで知っていた。

彼にはほかにもニュースがあった。サントリーニ島にいたとき、ガールフレンドのリアには何度か会ったことがあるが、ふたりは二週間前に結婚したらしい。リアはおめでたでもあった。

「祝ってもらってもいいだろ？」トニーが言った。

ぼくのささやかで穏やかな生活は一変した。新年までの残りわずかな日々が、サントリーニ島に戻ったようなパーティー三昧となり、結婚ともうすぐ生まれてくる赤ちゃんを祝って、何度もグラスをかかげた。ぼくも大きなパワーをもらった。友だちはいいものだ。

大晦日はトニーの友だちが開いた、大規模なホームパーティーに参加して過ごした。ぼくのアパートから近くて、ナラはたくさんのおやつと一緒に部屋に置いてきていた。

「で？　新年の抱負は？　もう一周、この辺をまわるかい？」トニーがふざけて聞いた。

「ヨーロッパとアジアをまわるほうが、毎日同じ島をカヤックでまわるよりも面白そうだな」

「そりゃそうだ」トニーは笑った。ぼくはこれからの計画を彼に話した。

「ロシアに入国できたら、世界がまた大きく広がる。うまくいけば、春の終わりごろには日本にいるかもしれない。夏にはタイとベトナムだ」

「それなら気をつけろよ。ロシアの道路はほんとうに危ないから」

ほかの人からも同じ忠告を受けていたが、危険のないルートなどない。その覚悟はできていた。

年が明けて最初の週にトニーはギリシャに戻り、ぼくはこれからの準備を始めた。プロヴディフにはクリスマスくらいから大雪が降っていた。東欧にいるならこれからもっと降られるだろう。一番に考えるべきは、ナラとぼくの防寒だ。夏のあいだ使っていたバスケットでは寒すぎる。しっかりと防寒されたものを買った。バケツ型の防水仕様で着脱できるふたがついている。完璧だがひとつだけ惜しいところがあった。正面に犬のマークがついていた。

シュヴァルベに新しいタイヤとホイールも注文した。雪道や凍結した道に対応できる、小さなスパイクがついた、グリップ性能に優れたタイヤだ。すぐに必要になるだろう。

ロシアでの旅程を調べはじめた。一月の半ばに、ロンドンのロシア大使館内に拠点を置く、ロシア観光課と話をした。ロシア国内に特化した旅行会社にも連絡をとった。彼らはロシアを横断するための、別のルートを提案してくれた。とても魅力的で、イメージが膨らむ。

自転車と列車を使い分けながらシベリアに行き、そこから中国を通ってベトナムのサイゴンへ向かう列車に乗る、というプランだ。とにかく、東南アジアを自転車でまわりたかった。

中国に入国するとなると、多くの手続きが必要になるし、ナラの予防接種も増えるだろう。でも、このルートなら列車を降りないのだからずっと楽なはずだ。ぼくらにとって新しい世界の扉を開く、最適な方法に思えた。

どちらのルートをとるにせよ、ロシアのビザを取得しなければ始まらない。それも普通の観光ビザではダメだ。観光ビザは期間が三〇日しかない。ぼくは、途中で列車に乗るとしても六〇〇〇マイル移動しなければならないし、できれば近隣の国にも寄ってみたかった。カザフスタンとかモンゴルとか。なんならそこからウズベキスタンへ南下してもいい。パミールハイウェイの一部を通ることができるかもしれない。

大使館も旅行会社も、一年間有効なビジネスビザを取得することを勧めてきた。ロシア政府からの招聘状が必要になるが、応対してくれたロシア大使館のヴィクターは手配できるという。ぼくはヴィクターに、ぼくらを取り上げた新聞記事や、インスタグラムとユーチューブのアカウントなど、必要な情報を送った。インスタグラムとユーチューブのフォロワーを合わせると八〇万人以上になる。旅の目的は、あまり知られていないロシアの美しい景色を世界に紹介することとした。ビザ交付の最終判断は誰がするのか見当もつかない、ひょっとするとクレムリンなのかもしれないが、やれるだけのことはやった。

一月も終わりに近づくころには、インドへのフライトよりずっと、ロシアに行くことのほうが楽しみになっていた。この新しいルートは、この旅にも、ぼくにも、ナラにも、すべてにとって都合がいい。突然目の前が開けた思いだった。力がみなぎる。ぼくは一月最後の日に、プロヴディフを後にして自転車で出発した。

二月初旬の天候はスコットランド人にもつらかった。ある朝、テントの中で目覚めるとテントの床が凍っていた。ぼくは氷を枕に眠っていたのだ。

外には夜通し降った雪が厚く積もっていた。ナラにとってはこんなに嬉しいことはない。世界が一夜にして、巨大な遊び場になったのだ。プロヴディフでも雪は降ったが、いま初めて見たようなはしゃぎぶりだった。真っ白な粉雪にそろそろと前足を置く。恐るおそる踏みだして心配そうにぼくを見た。「この奇妙なものは何？　ブルブル。とっても冷たいんだけど」

慎重なのは最初だけで、それからの一〇分間は雪の中を転げ回り、あっちこっちに頭を突っ込んでは後ろに下がり、自分のつけた穴を満足気に眺めていた。大きな雪だまりの周りを飛んだり跳ねたりしているのを見ていると、つい雪玉を投げたくなった。雪玉が耳の横をかすめて通り過ぎたときのナラの顔ったらなかった。びっくりしたのか、わくわくしたのか。ちょっとのあいだ目を細め、首をかしげたけれど、こっちのほうはわかりやすかった。「覚えておきなさいよ」だろう。

二月第一週の終わりにはセルビアに入った。このあたりの道はとても整備されている。アスファルトも白線も新しい。白線で区切られた、自転車通行帯も走りやすかった。とても楽しくて、快調に飛ばして北へ進んだ。

二月のうちにハンガリーに着くだろう。そこからスロバキア経由でポーランドか、あるいはチェコか。チェコのほうが楽かもしれない。ドナウ川に沿う道はアップダウンはなさそうだから。

バレンタインデーにはニスという町に到着した。カタリナとジョヴァナというふたりのフォロワーの家に招待されていた。素晴らしい食事に、ナラにはバレンタインのプレゼントとカード。初めて会った人たちが、思いもかけず親切なのには、いつもほんとうに驚かされる。

そこからハンガリーの国境まで走った。すべて計画どおりで、これまでで一番順調だ。一日平均して五〇マイルから六〇マイル走っている。この調子でいけば、三月にはブダペストにいるだろうし、六月にはモスクワを走れるだろう。

ひとつだけ気になることがあった。ロンドンに滞在中のある旅行者の言葉だった。マーフィーの法則だ。中国経由でベトナムに行く計画を決めたとたん、問題が発生した。インフルエンザだか何かのウイルスのせいで、中国に行くのが難しくなったという。

そのニュースは知ってはいたが、あまり注意を払っていなかった。自転車でひとり旅をすることのメリットのひとつは、他の世界で発生している問題や雑音を締め出すことができることだ。けれども、旅行会社の担当者ユーリのメールを通じ、しだいに情報は増えてきた。問題は日に日に深刻になっていた。中国の武漢で危険なウイルスの集団感染が起こり、特にお年寄りや免疫力の低い人が亡くなっているらしい。すでに八〇人が亡くなっていて、町全体が感染防止のためロックダウンされたという。最新のメールでは、事態はさらに悪化していた。中国のほかの地域にも広がって、香港まで感染者が出ているらしい。中国政府は特に外国人の入国に関して、規制の強化を始めた。

〝列車で中国を通ってサイゴンに行くのは難しそうだ。いまはそのルートでの旅行の企画はできない〟ユーリからのメールにはこうあった。

残念だった。完璧な行程に思えたのに。だが仕方がない。ほかの方法を探そう。

べつに世界全体が閉じたわけではない。

そのときには、そう思った。

㉒ ナンバーワンのファン

二月下旬には雪が消え、かすかに春の気配が感じられるようになった。ぱりっと晴れた朝の、澄んだ青い空の下、快適に自転車を飛ばした。野宿するのもこの天気なら最高だ。ベオグラードから五〇マイルほど南の、ヴィリカ・プラナという小さな町を過ぎたあたりで、森の奥深くにテントを張った。ぼくは木に囲まれているのが好きだ。においも、音も、自然が織りなす天蓋に包まれている気分も。もっともこの季節にはほとんどの葉は落ちてしまっているが。とにかく心が落ち着く。赤ん坊に戻ったように眠ることができる。簡単な食事をしたあと、ナラとぼくはハンモックで眠った。

朝の五時くらいに、犬の吠え声で目が覚めた。ナラも気がついて不安そうに空気を嗅いでいる。危険を嗅ぎとろうというように。犬の声はすぐにやんだが、ぼくらは落ち着かなかった。それからはろくに眠れず、太陽が昇るとそわそわと起き上がった。

八時くらいになって、森の中から声がした。キャンプ地からそう遠くないところに小道があった。だから、最初は、誰かが犬を散歩させているのだろうと思った。しかし、近づいてくるにつれ、それが英語だということに、ぼくは気づいた。

「ハロー、ハロー」

ハンモックから頭を出して見ると、驚いたことに一〇フィートほどのところに、女性が立っている。とても若く、おそらくは二〇代で、しゃれた服を着ている。笑顔で何かを差し出した。水筒だ。

「コーヒーを持ってきたの」

ポケットに手をつっこみ、缶を出した。「ナラには、ツナよ」

ぼくはぽかんとした。なぜこの女性は、朝も早くから、森のど真ん中で、ぼくにコーヒーを持ってきてくれたのだろうか。知らないうちに宅配を注文してしまったのだろうか。なぜ、ナラの名前を知っているのだろう。しばらく混乱した。そういえば前日の夜、ナラがハンモックに乗っている写真をインスタグラムに投稿した。だけど背景にあったのは、何百という同じような木ばかりだ。いったい彼女はどうやってここを突き止めたんだろう。森林が専門の探偵とか、特殊な訓練を積んだ追跡者とか。何がどうなっているのか、さっぱりわからない。

失礼なことはしたくなかったから、ハンモックから這い降りた。

「あの、ありがとう、どうもご親切に」水筒を受け取り、自分のマグカップにコーヒーを注ぐ。

「よかったらうちに朝ごはんを食べに来ない？　ここからそんなに遠くないの」女性が言った。親切は素直に受け入れる主義だ。すぐに片付けて申し出を受けた。彼女は車で来ていたから、ぼくは自転車でついていった。五分ほどで農場のある小さな家に着いた。離れには何台かトラクターが置いてあって、ニワトリやアヒルや猫が走り回っている。彼女は家の中にぼくを招き入れ、もう一杯コーヒーを淹れてくれた。ナラには食事を床に置く。二匹の猫がうろうろしていたが、短い睨み合いとシュッという牽制の唸り声のあとは、それぞれお気に入りの場所に散っていった。

「ナラ、心配いらないわよ。あの子たちは邪魔しにこないから」

女性は、夢中で食べているナラの背中を撫でた。彼女がストーブのそばに立ったとき、ナラはその足にすり寄っていった。相手を気に入ったときのナラのしぐさだ。

「ごめん、まだ名前を聞いてなかった」

「ジョヴァンカよ」

「初めまして。ナラもジョヴァンカに挨拶して」

彼女の夫はスイスで働いている。彼女自身の職場もそこにあって、明日には飛行機で戻ると言った。

「だからそんなに英語が上手なんだ」

「ありがとう。そうね、仕事で英語を使うの。あなたが通りかかったときに、わたしがここにいたのはほんとにラッキーだったわ。明日だったら会えなかったもの。すごく残念な思いをしたでしょうよ。あなたのファンなの。最初から、インスタグラムをフォローしていたのよ」

そう言って、セルビア式の素晴らしい朝食を作ってくれた。卵とパンとトマト。

「聞こうと思ってたんだけど」半分くらい食べたところで思い出して聞いた。「あの森の中でどうやってぼくを見つけたんだ?」

「トルコのバス停で、女の人があなたのこと見つけたでしょ。あれと同じよ。インスタグラムを見たの」

　スィヴァスのアーヤのことまで知っているなんて。

「あの時とはちょっと違うよ。大きな町のバスの停留所にいたんだ。見つけるのは簡単だよ。でも今回は森の中だ」

　ジョヴァンカはにっこり笑った。

「うーん、そうね。まずインスタで町の名前を見たときに、このすぐ近くだと思ったの。夫に見せたら、すぐにどこかわかったわ」

「どうやって？」

「彼はよく森の中を歩いているの。でも、わたしは信じられなかったから朝の五時に確かめに行ったのよ」

「五時に？　それで犬が吠えていたのか」

「きっとわたしね。農場の近くに車を停めたから。そこに大きいウルフハウンドがいるのよ」

　ぼくは頭を振って笑った。すごいな。信じられない。ジョヴァンカは恥ずかしそうにした。

「ごめんなさい、いかれたストーカーみたいよね。あまり朝早くに起こしたくなかったから、出直したの」

　映画『ミザリー』で、キャシー・ベイツ演じる女性が流行作家に「ナンバーワンのファン」だと伝えるシーンを思い出した。その女性はサイコパスと化し、作家を監禁してしまうのだ。

　ぼくを見つけるために尽くしてくれた手段を考えると、ナンバーワンのファンかもしれない。話しているうちに、彼女が実によく、ぼくとナラ、そして旅のことを知っているのがわかった。もちろん、彼女はほんとうに可愛らしくてちょっと恥ずかしがりな、信頼できる人だ。ナラのお墨付きでもある。

もう一匹、小さな可愛い白猫が入ってきた。ジョヴァンカがナラに出してくれた食べ物のにおいに引かれてきたようだ。別のボウルに食べ物を入れ、キッチンの反対側に置く。

「ここには何匹猫がいるの？」

「五匹よ。それに村やほかの農場から来る野良猫もいるわ。ここは広いもの。両親がここで農業をしていて、わたしたちがいないあいだは、猫たちの面倒をみてくれるの」

白猫は食べ終わると、ストーブの近くにいるジョヴァンカの膝に飛び乗り、顔を彼女のほおにこすりつけた。ジョヴァンカは微笑んだ。

「無条件の愛。それが猫のいいところだと思わない？　批判したり、要求したりすることもないわ」

「そうだね、あまりないね。でも、ナラが朝一番にごはんをねだるのを聞いてみなよ」

彼女と話しているのはとても楽しかった。彼女のほうからも、ぼくの旅についていろいろ尋ねてきて、昼近くなってもまだおしゃべりは続いていた。

天気が崩れ、雨が降りそうだった。ぼくはランチの誘いもありがたく受けた。彼女はパンケーキを焼いていた。

「よかったら、飲み物はいかが？」ヘンドリクス・ジンの大きなボトルをかかげた。スコットランドの銘酒だ。「ジン・アンド・レモネードはどう？」

「きみも飲むなら」

「もちろんよ」

今日はもう自転車はやめだ。けっきょく夕食の誘いも受けて、泊めてもらうことにした。

ガレージにマットレスを敷いてもらう。いい感じだ。

夜になると、お互いすっかり気楽にしゃべり合っていた。

「なんでフォローしてくれたんだい？」

「もちろん彼女よ」ジョヴァンカは、椅子に体を伸ばして眠り込んでいるナラに向かって頷いた。

「ナラが自転車の前に座って、周りの世界を眺めている動画が大好きなの」

「〝ナラカム〟の動画だね」

「ええ。でもそれだけじゃなくて、あなたがクレイジーなのも好きよ。ときどき信じられないようなところで寝ているもの。それにジョークも面白いわ」

神経質なフォロワーにはあまり評判が良くなかったが、いくつかの映像をつなぎ合わせて、ナラをドローンからぶら下げて撮ったように見える動画も楽しんでくれていた。いい機会だと思って、ぼくはイスタンブールを発ってから、ずっと気になっていたことを質問してみた。

「インドに行かなかったことに、がっかりしなかった？」

「がっかり？　どうして？」

「だって〝自転車一台・世界一周〟ってアカウントだろ？　地球を一周するって思われてる。だけど、ぼくもナラもいまは、スタート地点のすぐ近くに戻ってきている」

ほんとうだった。調べたのだ。運命的な日曜の朝に出発した、ボスニア・ヘルツェゴビナのトレビニェは、ここから直線距離でおよそ二七〇キロしか離れていない。

彼女はもう一杯、ジンとレモネードを注いでくれた。

「あなたたちが元気で安全なら、どこに行こうがどれだけかかろうが、誰も気にしたりしないわ。だってあなたたちのことが気になるからフォローしているのよ。あなたは十分、わたしたちを楽しませてくれてるわ」

それこそがぼくが望んでいたことだが、人に言われて安心した。それも、ぼくに最初から興味を持ってくれていた人の意見だ。ぼくらは遅くまで起きていて、さらにジンを飲みながら、あらゆる話をした。

途中でちょっとスマホのニュースをチェックすると、四〇〇〇人を乗せたクルーズ船が日本の沖の海上で隔離されていた。乗客のひとりが、いまではコロナウイルスと呼ばれるものに感染しているらしい。ヨーロッパにウイルスが蔓延することが心配されはじめていた。

「あんなふうに閉じ込められたらどうする？　ぼくはおかしくなっちゃいそうだよ。ブルガリアの霧で三日間テントにいただけで我慢の限界だったのに」

「でも楽観はできないわ。フランスやイタリアにも感染者が出たって聞いたもの」

「反対の方角に向かっているのが救いだな」

ぼくとナラはガレージでぐっすりと眠った。翌朝、ぼくは猛烈な二日酔いで目が覚めた。万力で頭を力いっぱい締めつけられている感じだ。ジョヴァンカはけろりとしている。今日はスイスに行くための荷造りもあるというのに、立派な朝食を作ってくれた。軽食まで持たせてくれる。サンドイッチに、ケーキに、どこからか持ってきたジンのボトル。

「ごめん、それはもう入らない」丁寧にボトルはお返しした。「入ったとしても、しばらく飲む気になれない」

「わかった。じゃあわたしと夫で飲むわ」そう言って笑った。

インスタグラムのユーザー名を教えてもらって、連絡を取り合う約束をした。ぼくはまた道路に戻り、夕方にはベオグラードに到着した。

その夜ホテルの部屋で、さっそくジョヴァンカのインスタグラムを見た。発信するのは好きではないと言っていたのはほんとうだった。ぼくらのことを最初からフォローしてくれていたのだから、アカウントはずいぶん前から持っていたはずだ。それなのに、最初の投稿がナラとぼくとの自撮り写真だった。短い、けれども温かいコメントが添えられていた。「いつも動画と記事をありがとう。あなたは人々を幸せにしています。ナラ女王との旅をシェアしてくれてありがとう。旅の安全を祈っています。ヘンドリクスのストーカーより」

ベオグラードで数日過ごしたあと、ハンガリーとの国境に向かい、三月初旬に国境を越えた。ドナウ川に沿って走り、素晴らしい景色と快適な自転車旅行を楽しんだ。順調に距離が伸びていく。

一週間ほどでブダペストに到着した。ひと目でこの町に魅了された。建築物は優美で、通りには魅力的なカフェやバーが立ち並び、にぎわっている。じっくり見てまわるために数日滞在することにした。

町に着く少し前に、ジュリアという女性から連絡をもらっていた。旅行業界で働く彼女の案内で町を見てまわった。すぐに打ち解けることができたのは、ナラもジュリアのことが気に入ったからかもしれない。アテネの少女リディアを思い出したほどだ。あのときのふたりのように、会った瞬間からお互いに惹かれあって強い絆で結ばれていた。

ブダペストに到着してすぐに、ダンバーの友人、フレーザーとマヤからメールがあり、週末を利用してこちらに来ると言ってきた。ぼくは、ダンバーの話を聞こうと、楽しみに待っていたが、フレーザーときたら、ナラに会うことで頭がいっぱいの様子だった。

話題はやはりコロナウイルスのことだった。イギリスでは、彼らのように旅行に出ることもはばかられるようになってきたらしい。

「どうも変だよ。世界中がおかしくなってきている」ビールを傾けながらフレーザーは言った。

そのとおりだ。イタリアでは何千人もが感染し、日に日に死者が増えている。政府は移動に厳しい制限を設け、いくつかの都市がロックダウンされ、人々は家から出られないでいるらしい。イギリスも同じような状況になりつつある、とフレーザーは言った。他人との距離をとり、握手もなしらしい。それをソーシャル・ディスタンスというのだとか。パブやレストランも営業できなくなっている。世界のあらゆるところで同じことが起こっていた。アメリカ、カナダ、インド、オーストラリア。ハンガリーの最新ニュースでも、ロックダウンが検討され、国境が閉鎖されるのもまもないと報じている。

ぼくはスコットランドの家族に思いをはせた。母の職場には体が弱くて、孤独な老人たちがたくさんいる。そういう人々がもっとも重症化しやすいらしい。母は父や祖母と住んでいるから、何かあっても大丈夫なはずだ、懸命に自分に言い聞かせた。

ウイルスの影響を気にしはじめた矢先に、ロシア大使館のヴィクターから連絡があった。ロシア政府からの招聘状が届いたらしい。あとはイギリスに戻って面接を受けたら、めでたくビジネスビザがおりる。心配はいったん忘れることにした。ウイルスがどうなるかなど、誰にもわからないのだ。このチャンスを逃したくない。とうとう世界中を旅してまわる、第一歩が踏み出せる。極東へのルートが目の前に開かれたのだ。

ビザの発効は四月からだったが、状況を考えると早く動いたほうがいい。ジュリアにナラの面倒を数日頼んだ。喜んで引き受けてもらえた。彼女なら安心して任せられる。ナラはぼくがいないあいだ、たっぷり甘やかしてもらえるだろう。

すぐに翌日のフライトを予約した。荷物をまとめて、ジュリアのアパートにナラを連れていった。お気に入りのおもちゃや食料も一緒だ。別れる前にナラをぎゅっと抱きしめて言った。「ジュリアといい子にしているんだよ。すぐ帰るから」頭を撫で、キスをしてから、タクシーを捕まえるために、アパートの戸口を出た。

すぐ帰れることを心から祈りながら。

23

ロシアン・ルーレット

機内放送も眼下に広がるどんよりと暗い田舎の風景も、おなじみのものだった。しかし、シートベルトを締めたとき、いつもとは違う何かを感じていた。三か月前にイギリスに戻ったときには興奮していた。いまは緊張でピリピリしている。ずっと時計ばかり見てしまう。

ロンドンでの滞在時間はだいたい三十六時間の予定だった。一泊だけで、次の日にはナラの待つブダペストに戻る。そのつもりで、翌日にロシア大使館とのアポイントメントを入れていた。それにギリギリ間に合うようにブダペストを出発した。すべてが計画どおりにいかないと困ったことになる。

その日の午後から夕方にかけて大使館に行く準備をした。散髪をしてパスポートサイズの写真を撮る。

ロンドンは妙な雰囲気だった。翌朝地下鉄に乗ると、たくさんの人がマスクをしていて、除菌剤や除菌シートで手を拭き、できるだけ他人との距離を空けようとしている。何人かは過敏とも思えるほどだった。朝のニュースでは、来週中にもイギリス全土がロックダウンされるという。スーパーでは人々がパニックになって買い物をしている。嵐の前といった雰囲気だ。どんな嵐が来るのか想像もできないが。

ノッティングヒル・ゲート駅で地下鉄を降りてベイズウォーター通りを行く。ロシア大使館はケンジントン宮殿にほど近い、古くて威厳のあるヴィクトリア様式の建物だが、ぼくが向かっているのはその近くのもっと近代的なビルにある事務所だった。時間に余裕をみて行ったので、着いたのはちょうど事務所が開くタイミングだった。

ぼくに対応してくれていた観光課のヴィクターが温かく迎えてくれた。彼は若くて親切で、こういった役所で働く人物として、ぼくが思い描いていたキャラクターとはまったく異なっていた。

さっそく、政府からの正式な招聘状を出してくれた。

「ビジネスで一年間滞在することが認められました。出入国も自由です」そう言って微笑んだ。

ぼくは写真を渡して、すでにオンラインで入力していた申請書を確認した。何か所か記入漏れがあった。詳細が書けなかったのだ。どこに訪れるか詳しく記入しなければならない欄があった。そういえば、ロシアを訪れる旅行者は、すべての移動を記録し、レストランやホテルの領収書をとっておかなければいけないと聞いたことがある。しかしすぐにヴィクターがフォローしてくれた。

「いまの段階では、おおまかな計画しかないですよね」

「まあそうなんだ。モスクワまで自転車で行くとして、それからどこかの区間ではシベリア鉄道にも乗ると思う。それから違う国も自転車で走るつもりなんだ、たとえば、カザフスタンやモンゴルなんかを」

ヴィクターは入力を始めた。「では、まず大きな都市を訪れると書いておきますね。モスクワ、エカテリンブルク、オムスク、ノヴォシビルスク、イルクーツク、ウラジオストク」

「いい感じだね」

「ところで、シベリアのバイカル湖には行ったほうがいいですよ。モンゴルの北にあります。世界で一番深い湖でサイクリングにぴったりです」

「聞いたことがあるよ」そう言いながらぼくは頷き、すべてが順調に進んでいることに安心しはじめた。帰りの飛行機までたっぷり時間がある。無事今晩のうちに、ナラのところに戻れそうだ。

「パスポートをお預かりできますか」

「もちろん」そう言って渡した。申請書に入力された内容と照合が必要なのだろうと思った。

しかし、違った。

「ビザを貼りますので数日間お預かりします」

「いま何て?」

絶句した。待っているあいだに貼ってもらえると思っていたのだ。あるいはビザは別書類になっていて、あとで送ってもらえるのだと。

「数日間って、具体的には?」

「早ければ明日の晩にはできるかもしれませんが、保証はできません。基本的には休日を除いて四日間みていただいています。来週ですね。週明けには大丈夫です」

失礼な態度はとりたくなかった。彼はできる限りのことをしてくれたのだ。明らかにぼくのミスだった。きちんと要項を読んでいなかったか、勘違いしていた。

「もう少し早くなりませんか。ブダペストに戻らないといけないんだ」

「すみません。できるだけ早くするようにしますが、四日より早くできるとはお約束できません」
一、二週間前であれば問題はなかっただろう。三、四泊増えたところでたいした違いはないし、引き換えに手にする自由のほうがずっと貴重だ。しかし、いま事態は急速に変化していた。ひどく急速に。
ロシアン・ルーレットをしているような気がしてきた。もし帰りを遅らせたら、ハンガリーの状況が変わってしまう可能性がある。国境が閉ざされてぼくがイギリスに足止めを食らったら、ナラはそこでひとりぼっちになってしまう。

もう二度と会えなくなるかもしれないのだ。

ヴィクターはパスポートを手にしたままぼくを見ている。決めるのはあなたです、とその目が言っていた。考える時間もなかった。ほかにもビザをもらうために待っている人々がいた。みんなそれぞれに事情を抱えているはずだ。

決めなければならない。

「すみません。すべてが落ち着いてから戻ってきて、またやり直したい。いま数日待つのはリスクが高すぎる」

「わかります。いまの状況はとても難しいですから。あなた次第です」ヴィクターはそう言って、パスポートを返した。「ビザはここにありますから、戻ってこられたらいつでも、パスポートに加えられます。幸運を祈っていますよ」

残念なんていうものではなかった。もう少しだったのだ。招聘状は届き、必要な情報もすべて揃った。だが、ギャンブルはできなかった。

自分をののしりながら地下鉄の駅に戻った。ぼくはどうしてこんなにバカなんだ。どうしてこうなることが予想できなかったんだ。ぼくは、いままでやりとりしたメールをすべて読み返してみた。パスポートを預かるということは、どこにも書かれていなかった。

もしかして、もう一冊パスポートを持っていると思われていたかも。

思わず立ち止まった。

ちょっと待てよ。もう一冊のパスポート?

もし今日のうちに、別のパスポートを取得できれば、片方をヴィクターに預けて、あとで国際郵便か外交伝書便で送ってもらえる。これならいけるんじゃないか。まだ午前中だ。時間はある。すぐにパスポートセンターに電話をかけた。場所もここから遠くない。ヴィクトリア駅の近くだ。特別料金を支払えば、即時発行してもらえることもわかった。しかし、ぼくの希望はすぐにしぼんだ。予約が取れるのは、最短でも三日後だった。またもや打ちひしがれる。この方法もダメだ。

新聞スタンドを通り過ぎたとき、ヨーロッパがロックダウンされ、国境が閉鎖されるという見出しが読めた。

ディーン、おまえはいったい何をやっている。

すぐに空港行きの電車に飛び乗ったが、心は千々に乱れていた。これでよかったのか。ビザを待つべきではないのか。何もかもが不確かだった。だが、ニュースをチェックするほどに、状況は悪いほうへ変化しているように見えた。新しく入るニュースはすべて、移動の規制に関するものだった。まるで世界全体が閉鎖されていくみたいだ。ハンガリーの最新状況を調べたが、出てこない。あそこはいまどうなっているんだろう。もしすでに国境が閉鎖されてしまっていて、フライトがキャンセルになっていたら！　ぼくは戦慄した。

ガトウィック空港には夕方早めに着いた。フライトまでまだ二時間半もある。空港内の空気はぴんと張りつめていた。出発ロビーに行くと、案内カウンターと、大きな出発案内板の前に人だかりがあった。何人ものビジネスマンが案内板を見上げ、頭を振りながら電話でせわしなく話をしている。若いアジア系の女性が夫だか恋人だかに慰められている。騒ぎの理由はすぐにわかった。出発案内板に目を走らせる。すでにかなりの便が欠航になり、それ以外もほとんどが遅延になっていた。目を下のほうへやって自分のフライトを見つけた。息をのむ。そこにはこうあった。

〝未定〟

近くのバーに向かった。アルコールが必要だ。とんでもない一日だ。なぜかここにもぼくを知っている人がいて、写真をせがまれた。ナラが肩に乗っていないのに、どうしてぼくのことがわかったのか不思議でならない。

バーにはテレビが置いてあってニュースが流れていた。画面の赤いバナー上にコロナウイルス関連の最新情報が表示されている。あいつぐ国境閉鎖にフライトの欠航。ぼくがハンガリーに帰り着けるかどうかは、ブダペスト空港に降り立つまで予断を許さなかった。

インスタグラムに届いた膨大なメッセージを読んでも、ぼくの神経は休まらなかった。前日、ぼくはこのロンドン行きについて投稿していた。すでにたくさんのフォロワーが、ぼくの代わりにパニックになっていた。ハンガリーへの帰途が大変なことになっているだろうと、みんなわかっていたのだ。

ブダペストのジュリアにメッセージを送る。すぐに返信が来た。彼女も心配していたのだ。ハンガリーのローカルニュースでは、明日あたり国境が閉鎖されると言っているらしい。今晩かもしれないとジュリアは言う。

「ぼくが空の上にいるあいだに閉鎖になったら、どうするんだろう。引き返すのかな」

「わからない。誰にもわからないんじゃないかしら」

そして、彼女はソファーで丸くなっているナラの写真を送ってくれた。満ち足りていて、いつものように世界で起きていることには興味がなさそうだ。ぼくを安心させようと送ってくれたのだろうが、逆効果だった。とてつもない罪の意識が襲ってくる。なぜナラを置いてきてしまったのか。ビザのためにこんな危険を冒す必要があったのか。ぼくはもう一度ナラに会うことができるのか。

離陸予定時刻まで一時間を切ったときには、イライラはさらに募っていた。バーと出発案内板とのあいだを何度も行き来する。ぼくのフライトよりあとに離陸するフライトでも、すでに表示が出ていた。だが、ぼくのフライトは未定のままだ。早く表示が出ることを望みつつも、それが〝キャンセル〟だったらと思うと恐ろしい。実際、その表示が多くなっていた。案内板に〝キャンセル〟

の文字があふれてきた。

離陸予定時刻まで三〇分を切るというところで、ついに案内板の表示が変わった。

〝搭乗中〟

ほとんど人のいない通路を全速力で走った。

乗客はすでに機内に案内されていた。タラップを歩いて機内に入ると、空席だらけだった。

ぼくのほかには一〇名ほどで、新しいソーシャル・ディスタンスに従って、うんとあいだを空けて座っている。

フライトはこれが現実とは思えない様子だった。客室乗務員はマスク姿で、手袋をして食事や飲み物をサービスし、トレー上のすべてのものを拭くように、アルコール除菌シートが配られた。何もかもが落ち着かない。だが、少なくとも帰途にはついている。

これからどうするか、考え直さなければならなかった。本心では自転車で走りたかった。だが、もしすべての国境が閉鎖されるのであれば、ブダペスト周辺の自然豊かなところでキャンプをしていたい。それなら人と接することもないだろう。世界の終末がテーマの映画で描かれた、地上に残されたひと握りの人類みたいだ。ぼくの場合は猫もいるけれど、その役回りを演じるのもなかなかよさそうだ。

しかし、よく考えるとこれも危険だ。平時ではないのだから、警察や兵士がやってきて、ぼくのことを危険人物だと断じるかもしれない。そうしたら非常にやっかいなことになるだろう。ぼくに必要なのはナラと安全に過ごせる避難場所だった。帰ったらそれを探さないと。

飛行機は現地時間で真夜中に到着した。タクシーに飛び乗ってジュリアのアパートに直行する。階段を駆け上がってドアをノックしたときには心臓がバクバクしていた。ぼくは、いままでの人生で、これほど強く誰かに会いたいと念じたことはなかった。

ドアが開くとすぐに、ナラがジュリアの腕からロケットのように飛んできた。息が顔にかかるほど、ぼくにしがみつく。肋骨が飛び出してしまいそうなほど、ナラの呼吸は深くて激しい。間違いなく、ナラは状況を理解していた。もう少しで会えなくなるところだったのを、悟っているのだ。

その晩ナラはいつもよりぼくの近くにくっつき、ゴロゴロと喉を鳴らしていた。猫の本能はほんとうにすごい。前にも離ればなれになったことはあった。ぼくがバルーに会いにアルバニアに戻ったときと、祖母の誕生日を祝いに戻ったとき。今回は何が違うのだろう。ぼくの不安を感じ取ったのだろうか。それとも、ぼくの呼吸から何か聞き取れるのだろうか。わからない。

翌朝、アパートに戻ってから、夜のあいだのオンラインニュースをチェックした。さらに深刻な状況になっている。ブダペストでも、政府は感染拡大防止のため、ハンガリーの国境を閉鎖したと発表した。出国も入国ももうできない。ぼくは頭を振った。ほんとうに間一髪だったのだ。

24

善き旅人

それからの数日で、事態はいっそう緊迫した。刻々と変化している。

ハンガリー政府は新しい規則や条例を設定しはじめた。人々は外出を自粛し、不要不急の移動は禁止された。薬局やスーパーに行くのは許されているが、それだけだ。町の中心にある部屋に閉じこもっているのは、ぼくにもナラにもつらかった。ナラには走り回れる場所が必要だ。まだ若いのだ。

インターネットで検索してもどこにも居場所は見つからなかった。ほとんどの場所が立ち入り禁止だ。ロックダウンは着実に浸透していた。

ナラとスコットランドに戻ることも考えたが、いろいろな意味で非現実的だった。けっきょく、いつもそうしてきたように、心配はやめて流れに身を任せようと思っていたときに、完璧な解決法が見つかった。住まいを提供してくれる人が現れたのだ。インスタグラムをフォローしてくれているカタという女性からメッセージが来た。ブダペストから車で三〇分ほどの郊外に住んでいるが、彼女たち家族はイギリスから出国できないらしい。帰るまでのあいだ留守番を頼みたいという。すぐに返事をした。願ったりかなったりだ。

カタの両親も同じ敷地内に住んでいるが、庭の反対側の小さな家にいるようだ。

ぼくはすぐに荷物を詰めて自転車でブダペストを出た。道路封鎖などはなく、まだそこまでロックダウンを厳しく取り締まってもいないようだ。数時間で着いた。家は細い道を丘の上までのぼる、静かな集落にあった。三階建ての広い家で、ぼくに必要な最新の設備もすべて揃っていた。田園風景を見渡せる素晴らしいバルコニーまでついていた。すべての点で理想的な住まいだったが、初めのうち、近所の人からは歓迎されていなかったようだ。

隣家の夫婦は、ぼくの到着を見るとすぐ、カタの両親に文句を言いにきた。よそ者のぼくが、この地域にウイルスを持ち込むのではないかと心配だったのだろう。その気持ちは理解できるし、非難するつもりもないが、残念ではあった。ぼくは、地域で困っている人や外出できない人のために、食料を運ぶなどの手助けをしたいと思っていたのだ。しかし、それには時間が必要のようだった。ぼくはいまのところ警戒の対象だ。普段でも人目につくぼくたちだから、この状況ではもっと目立っていることだろう。

仕方なく、できるだけ静かに新しい生活を始めた。少なくとも、ぼくにはナラがいた。

家にはナラが楽しく走り回れる大きな庭があった。ぼくのほうは自転車で三マイルくらいのスーパーに行ったり、近くの湖まで走ったりした。それ以外のほとんどの時間は家の中で過ごし、故郷のみんなとしゃべったり、ナラと遊んだりした。そうそう、スコットランドの父とチェスも始めた。

外へ出るたびに、世の中がどんどん静かになっていくのがわかった。見かけるわずかな人々もみんな不安そうで、話もせず、いつもどこかに急いでいた。

三月の終わりにぼくの誕生日がきた。三十二年間生きてきたなかで、一番不思議な誕生日だった。たくさんのお祝いメッセージが届き、スコットランドの家族とは電話で話をした。しかし、その日見たリアルな人物は、庭仕事をしているカタのお父さんだけだった。彼はぼくに気づくと、遠くから小さく手を振った。

もちろん希望の光もあった。それはいつだってある。世界が縮むにつれ、ぼくとナラとの距離もまた縮んでいた。ぼくは庭や家の周りで何時間もナラと遊んだ。ナラは、玄関を出たところにある草むらをパトロールするのが好きだ。玄関広間の木製の階段を、隙間からぼくが捕まえようとするのを、うまくかわしてのぼっていくのも気に入っている。ナラは決して退屈することはない。むしろぼくは自分のことが心配だった。もし隔離が長期間にわたって続いたら…。

少なくともしばらくのあいだは、することは山ほどあった。写真の整理に数か月はかかりそうだ。ノートパソコンやスマホを合わせると、数千枚とは言わないまでも数百枚はある。ファイルに分類し、記憶が新しいうちにメモをつけよう。いつか、振り返るときのために。

いろいろなことが昨日のことのように思える。ボスニア・ヘルツェゴビナの山の頂上でナラを見つけたこと。モンテネグロ、アルバニアで過ごした旅の初め。サントリーニ島での日々。トルコの旅。たくさんの人と出会った。ほんとうにいろいろな人と。ナラのおかげだ。難民キャンプで出会った男。トニーとパブロ。ジェイソンとシレム。ニックとイリアナとリディア。こんなにたくさんの素晴らしい人々と出会えて、何人かとは一生の友だちになれた。人々から受けた思いやりも忘れることはできない。そして何よりも、ナラと過ごした時間はずっと消えることはないだろう。いい時も悪い時も。楽しかったときも、恐ろしかったときも。

写真を整理していると、改めてナラへの感謝の念がわきあがってきた。

ナラはぼくにたくさんのことを教えてくれた。人生で一番貴重な時間をどう楽しむか。自分をしっかりと持つということ。したいことをして、余計なことは顧みないこと。そして人の役に立つということ。ナラがぼくに、たくさんの人の助けになるための道筋を示してくれた。ぼくはこれからもそれを続けるだろう。

ナラはぼくに友情についても教えてくれた。善き友とは、いつもそばにいるわけではなくても、いざというときに頼りになる。ナラにとってのぼくがそうだと信じたい。ナラはといえば、ぼくが困ったときにはいつでもそばにいてくれた。サントリーニ島でも、アゼルバイジャンの真ん中でも。トルコの山奥で、熊らしきものがテントの外をうろついていたときには警告もしてくれた。ナラがいなかったら、ぼくはどうなっていたかわからない。

ナラがぼくに及ぼした影響はいいものばかりだ。一年半前、ダンバーを出発したときのぼくはやんちゃだった。いまは、そのときよりずっと分別があり、穏やかで成長したと思う。ナラのおかげでぼくは落ち着き、思慮深くなり、ストレスがかかったときでも、うまく肩の力を抜けるようになった。ハンガリーでロックダウン下にあるいまも、ナラの影響力を感じている。

ぼくの横で丸くなって、ナラはここで隔離されてることを、現実のものとして受けとめている。

いつものように、ただすべきことをしている。だからぼくも見習って、冷静になり、腰を落ち着けることにした。ほかにどうしようがある？　地球上でもっとも権力を持っている人たちだって、いまは無力だ。この状況と戦っても無駄だ。いまぼくには、大局的なこと、ほんとうに重要なことを考える時間ができた。ぼくは世界の複雑性をこの目で見ようとスコットランドを飛び出した。訪れたのはわずか十八か国で世界の国々の一〇パーセントにも満たないけれど、わかったことがある。国や地域により大きな違いはもちろんあるけれど、似ている点も多い。突き詰めれば、みんな同じことに苦しみ、同じことに勇気づけられている。コロナ時代には特に。

ぼくは自分がハンガリーにいようが、ハワイにいようが、ダンバーにいようが、アフリカのダーバンにいようが、そんなことは構わない。ぼくらはみんな同じ船に乗っている。いま、みんなが同じ問題にとらわれているというのがその証拠だ。いつかコロナウイルスを克服したときに、そこから学んだことを世界中で共有して、今後の教訓にしなくてはならない。ひとつの惑星に、ひとつの種族だ。互いのことを考えなければ、いつか破滅するだろう。

ぼくの旅について言えば、遠回りにもロックダウンにもすっかり慣れた。それらは以前も経験している。モンテネグロ、アルバニア、ギリシャ、ブルガリア、ジョージアで。いままでたくさんの嵐を切り抜けてきたように、今回も乗り切れるだろう。いまのところ、さまざまな団体に、寄付を続けることはできている。前にも増して、彼らは資金を必要としていた。

ぼくはナラと世界をまわることを諦めてはいない。どのルートを通るとか、いつまでにどこに行くとか、そういったことはもはや問題ではない。ここまで旅をしてきて、何が重要で何がそうでないかについては、迷いがなくなった。

クリスマスに、スコットランドの友だちから旅の名言を集めた本をもらった。ぼくはその本を何度も読み返した。お気に入りの名言がいくつかある。

まず、〝善き旅人とは、予定を定めず到着するつもりがない〟だ。

まったく同感だ。

計画を立てすぎても意味がないことには、自転車で旅をするうちに気がついた。予期できないことを予測することを学んだ。ここ数か月はまさにそのとおりだ。

お次はアーネスト・ヘミングウェイ。〝愛していない人と旅に出てはいけない〟

それも、そのとおりだ。

ナラ。ぼくはナラという完璧な旅の伴侶に恵まれた。ぼくがナラを愛しているのは、毎日自転車に乗っているときに、楽しませてくれるからだけではない。ナラの目を通して、世界を見せてもらえるからだ。ナラがぼくの人生にもたらしてくれたもののために、ぼくは彼女を愛している。ナラのおかげで、ぼくは責任というものについて考えるようになったし、目的や方向性といったものを与えられた。ナラはぼくに、善き道を示してくれたのだ。

最終的に、どこに向かうのかいまはわからない。北か、南か、東か、それとも西か。それは運命が決めることだ。それでいてそれは、なるべくしてなることなのだ。ぼくらふたりの道が交わった最初からそうなのだ。〝起こることはすべて必然〟だ。運命は、このあとぼくらをどこに導くのだろう。どこであろうが、一緒にいる限り大丈夫だ。

謝辞

本を書くというのは、それなりに骨が折れることだ。ぼくが旅を通じて直面したいくつかの困難にほぼ匹敵するくらいに。でも、ほぼ、だ。この本では、ぼくとナラが主人公になってはいるが、世界中で出会ったさまざまな人たちが、物語を紡ぐ上で重要な役割を果たしてくれた。この本が刊行されるまでにはたくさんの人の力添えがあったことに、ぼくは改めて感謝したい。

この本の企画は、ぼくの人生が激動に巻き込まれたきっかけである、《The Dodo》の動画が世に出た直後に持ち上がった。本を書くなどということは、夢にも思ったことはなかった。しかも自分について書くなんて！

ライターのギャリー・ジェンキンズがサントリーニ島まで会いにきてくれたときに興味が湧いた。メガロホリ村の火祭りを眺めながらビールを飲んで、ぼくらはこの共同作業を進めることを決めた。そしてこのプロジェクトは、ぼくのエージェント、レスリー・スローンや、ロンドンの出版社ホッダー・アンド・ストートン社のロウェナ・ウェブと編集者たち、ニューヨークのグランド・セントラル・パブリッシング社のエリザベス・クルハネクといった出版のプロの人々にチームとして支えていただいた。この本は彼らや彼らの有能なスタッフの協力なしには完成しなかった。心からお礼を申し上げたい。同様に、家族、そして世界中に散らばる、ぼくの一歩一歩に寄り添ってくれた友人たちにも。

最後になるが最大の感謝をナラに。人類が望める最高の旅の伴侶でいてくれることに。ぼくの歌、料理、そのほか、自分では気づかないあらゆる悪癖に耐えてくれていることに。ぼくは幸運な男だ！　ありがとうナラ、あの日あの山の上で、ぼくを待っていてくれて。

ディーン・ニコルソン

ヨーロッパのどこかで。　二〇二〇年七月

訳者あとがき

　スコットランドに住むマッチョでタフガイのディーン青年は、代わり映えのしない日常から脱するために、自転車で世界を見てまわろうと一念発起する。彼のバックパッカー自転車旅行記は、ボスニア・ヘルツェゴビナの山岳地帯で捨て猫と出会うシーンから始まる。ディーンはそこで子猫が遊んでいる動画を撮り、一緒に旅することを決意する。子猫をナラと名付けて。この行動が、彼の人生を思いがけない方向に大きく変えていくことになる。

　ひとり旅だが、ナラを連れていることで予定はどんどん狂ってくる。たとえば幾つもの国境を越えることになるが、そのたびに大変な苦労をする。フロントバッグに隠したり、さまざまな書類が必要だったり、猫用のパスポートまで作ったり。また、ナラに狂犬病の予防注射を打ったり、肺が良くないことがわかって獣医を訪ねたり。そのために同じ町に足止めを食ったりする。計画を優先して悪天候の中を強行したりするものの、ナラが体調をこわすとつい落ち込んでしまう。やがてディーンのなかにナラへの愛情がふつふつと湧き、日に日に深まっていく。しかもどうやらディーンの片想いではないらしい。ナラのなかにも、飼い主ディーンへの愛情が深まっていく様子だ。

　ひとりで思うがままに世界を見たいと出かけた旅が、いつしか子猫ナラを中心にした旅になる。

　ナラは可愛い。どこにいても人気者で、人が集まってくる。ディーンの旅の目的は、ひとつに旅先の人々と交流することであった。ナラがそれを可能にする。タトゥーを入れた髭面のいかつい大男、というハードルを一気に下げてくれるのだ。人々との交流は、さらにSNSを駆使することによって想像を超えて広がっていく。それはこの旅行記の、もうひとつの大きなテーマになっている。旅行の形態はいまや大きく変わったといってよい。旅をしながらインスタグラムやフェイスブックで情報を発信し、また他の旅行者の情報を得てはそれを共有し、旅をつくっていく。これらのアカウントを持つことはいまや若い旅行者の常識といってよい。

ディーンもまたスマホはもちろん、ノートパソコン、ドローン、アクションカメラを携行し、たえず写真や動画をアップする。ナラの動画は瞬く間に拡散されて人気を集め、フォロワー数は爆発的に増える。フォロワーたちは彼が困っているときにアドバイスをしたり、動物保護のための金銭的支援をしたり、近くを通りかかったときには待ち受けて部屋を提供したりする。そんな交流によって、ディーンは自分の世界を開いていく。ナラとともに、SNSなくしてこの旅行記は成立しない。

二〇二一年現在、コロナ禍で足止めを余儀なくされているが、ふたたび世界が開いたときには、ディーンとナラが、日本に立ち寄ってくれることを願ってやまない。できるものなら北海道から沖縄まで、日本の四季や、異なる気候、風土、文化を楽しんでもらいたいものだ。

最後に、本書とのご縁をいただき、ご指導くださったK&Bパブリッシャーズの河村季里氏、編集に携わっていただいた川島有希氏、最後まで読んでくださった本書の〝チーム・ナラ〟の皆様には心から感謝申し上げる。

二〇二一年三月

山名弓子

著者　ディーン・ニコルソン Dean Nicholson

2019年初め、ボスニア・ヘルツェゴビナの山中で捨て猫ナラと出会う。その様子をインスタグラムに投稿した動画が、動物専門サイトThe Dodoに取り上げられ、瞬く間に世界中のメディアの注目の的になる。最初の動画は1億3000万回以上も再生されている。また、ふたりの冒険は、インスタグラム（@1bike1world）や800万回以上再生されたYouTube チャンネル（1bike1world）で世界中にシェアされている。

訳者　山名弓子

兵庫県神戸市生まれ。

大阪女学院短期大学英語課卒業後、大阪女学院短期大学専攻科修了。

Photograph: Inset 1, p.1, top left: Neil Nicholson; middle; Gill Last;
p.3, bottom: Arbër and Kornelia from Dog Walking and Coaching, Tirana;
p.7, top right: Melina Katri.
Inset 2.p,5, bottom: Pablo Calvo. Endpapers, Nala on rug(second row, first photo):
Kathrin Mormann. Picture research by Jane Smith Media.
All other pictures were taken by the author Dean Nicholson from his own collection.

Illustration: ©Kelly Ulrich

写真協力: 口絵1　1ページ　上左:ニール・ニコルソン　中:ジル・ラスト
3ページ下:アーバー&コーネリア（ドッグ・ウォーキング・アンド・コーチング）　7ページ　上右:メリーナ・カトリ。
口絵2　5ページ　下:パブロ・カルボ。表紙裏　2段目左:キャサリン・モルマン（ジェーン・スミス・メディア・写真リサーチ）
このほかの写真は、すべて著者ディーン・ニコルソンによる。

イラストレーション:ケリー・ウルリヒ

【ディーン・ニコルソンとナラのSNS】

HP ▶ www.1bike1world.com

Instagram ▶ @1bike1world

Facebook ▶ /1bike1world

Twitter ▶ @1bike1world_

ナラの世界へ

子猫とふたり旅　自転車で世界一周

2021年5月10日　初版第1刷発行

著　者　ディーン・ニコルソン
訳　者　山名弓子
装　幀　井上則人デザイン事務所
発行者　河村季里
発行所　株式会社 K&Bパブリッシャーズ
〒101-0054　東京都千代田区神田錦町2-7 戸田ビル3F
電話03-3294-2771　FAX 03-3294-2772
E-Mail info@kb-p.co.jp
URL http://www.kb-p.co.jp

印刷・製本　中央精版印刷 株式会社

落丁・乱丁本は送料負担でお取り替えいたします。
本書の無断複写・複製・転載を禁じます。
ISBN978-4-902800-68-5
©K&B Publishers 2021, Printed in Japan